W0046929

KNAUR✲

Von Sabatina James sind bereits folgende Titel erschienen:
Sterben sollst du für dein Glück.

Gefangen zwischen zwei Welten
Scharia in Deutschland.

Wenn die Gesetze des Islam das Recht brechen

Über die Autorin:
Sabatina James (Pseudonym) wurde 1982 als Muslimin in Pakistan geboren und kam im Alter von 10 Jahren mit ihrer Familie nach Österreich. Als sie vor der Zwangsheirat mit ihrem Cousin floh und zum Christentum konvertierte, fällte ihre Familie das Todesurteil über sie. Seitdem lebt die Autorin an geheimem Ort und wird von der Polizei beschützt. Mit ihrer Organisation Sabatina e. V. hilft sie Frauen aus islamischen Ländern, wenn sie aus Angst vor einer Zwangsehe oder gar einem Ehrenmord vor ihrer Familie fliehen müssen.

Sabatina James
mit Regina Carstensen

Nur die Wahrheit macht uns frei

Mein Leben zwischen Islam und Christentum

Dieses Buch schildert die eigenen Erfahrungen und Erinnerungen der Autorin – es sind aber im Zuge der Recherche auch Erlebnisse Dritter eingeflossen. Mag sich die eine oder andere Begebenheit auch tatsächlich anders zugetragen haben, so sind doch alle Schilderungen, Vorkommnisse und Dialoge im Buch an die Wirklichkeit angelehnt oder hätten sich so zutragen können und basieren auf Unterlagen, Erinnerungen der Beteiligten und Gesprächen mit Betroffenen.

Besuchen Sie uns im Internet:
www.knaur.de

FSC
www.fsc.org
MIX
Papier aus ver-
antwortungsvollen
Quellen
FSC® C083411

Erweiterte Taschenbuchausgabe März 2017
Knaur Taschenbuch
© 2011 Pattloch Verlag
Ein Imprint der Verlagsgruppe
Droemer Knaur GmbH & Co. KG, München
Alle Rechte vorbehalten. Das Werk darf – auch teilweise – nur mit
Genehmigung des Verlags wiedergegeben werden.
Covergestaltung: ZERO Werbeagentur, München
Coverabbildung: FinePic®, München (Helmut Henkensiefken)
Satz: Adobe InDesign im Verlag
Druck und Bindung: CPI books GmbH, Leck
ISBN 978-3-426-78540-9

2   4   5   3   1

Deine Liebe hat mich getragen, als ich nicht mehr gehen konnte. Dafür danke ich Dir, Herr.

Es ist besser, für die Wahrheit zu sterben,
als für nichts zu leben.

Inhalt

Vorwort zur
Taschenbuchausgabe

Jahrelang hatte ich den Eindruck, dass viele Menschen in diesem Land der Meinung waren, das Thema Islam würde sie gar nicht betreffen. Was geht mich das an?, dachten sie achselzuckend, wenn wieder einmal Schlagzeilen von Zwangsverheiratung oder Ehrenmord die Runde machten.

Oder noch schlimmer: Ich habe mit Menschen zu tun gehabt, die der Auffassung waren, derartiges Unrecht an Frauen habe mit dem Islam gar nichts zu tun. Sie sprachen von Einzelfällen, tragischen Schicksalen, die aber nicht repräsentativ seien für die islamische Kultur. Ihnen antwortete ich: »Soll ich den Frauen, die mein Verein Sabatina e.V. betreut, ins Gesicht sagen, sie seien nur ein Einzelfall und würden deshalb nicht zählen?« Vielleicht sollten die Frauen gar Verständnis haben für die Täter, die noch nicht so weit seien, dass sie Begriffe wie Freiheit und Selbstbestimmung respektieren können? Verständnis dafür, dass die Täter trotzdem straffrei blieben und nicht abgeschoben wurden, denn wer weiß, vielleicht würden sie unsere Werte ja eines Tages doch noch teilen?

Mich macht diese Ignoranz, die sich hinter dem Vorwand der Weltoffenheit und Toleranz versteckt, wütend. Wo bleibt die Solidarität mit all diesen Frauen, denen schreckliches Unrecht widerfährt? Hier bei uns, jeden Tag, direkt vor unserer Haustür? Wir diskutieren darüber, ob man muslimischen Frauen das Recht absprechen darf, ihr Kopftuch zu tragen. Ob man sie zwingen darf, Badekleidung zu tragen, denn dadurch würden sie ihre Ehre, ihre Würde verlieren. Wer diskutiert mit ebenso viel Eifer über die Ehre der Tausenden von Frauen, über deren Leben einfach entschieden wird, indem sie verheiratet werden, vergewaltigt von ihren »Ehemännern«, entrechtet und bevormundet? Wo bleibt ihre Würde?

Seitdem seit Sommer 2015 über eine Million Menschen, zumeist Männer, aus muslimischen Ländern zu uns gekommen sind, können wir nicht mehr achselzuckend fragen: »Was geht mich das an?« Jetzt geht es uns alle an.

Deutsche Frauen, die sexuell belästigt wurden, weil die Täter, junge Männer aus islamischen Ländern, der Meinung waren, als »Ungläubige« seien sie ohnehin rechtlos. Christliche Asylsuchende, die in Auffanglagern mit Eisenstangen bewusstlos geschlagen wurden, weil sie nicht an den richtigen Gott, nicht an den wahren Propheten glauben. Und eine Justiz, die dieser neuen Dimension von Auseinandersetzungen und Übergriffen machtlos gegenübersteht. Die jungen Männer begehen diese Straftaten meist in Gruppen, damit sie später als Zeugen füreinander aussagen können. Häufig muss man sie alle wieder laufen lassen, weil das Opfer keine Zeugen hat, die seine Geschichte bestätigen. Angst vor Strafverfolgung müssen junge muslimische Männer hier kaum haben, wenn sie Frauen belästigen oder »Ungläubige« zusammenschlagen. Denn wie viele dieser Straftäter werden als Konsequenz ihrer Tat abgeschoben? Kaum einer.

Die wirklich Verfolgten sind nach wie vor muslimische Frauen, alle, die sich vom Islam losgesagt haben, Homosexuelle, Christen und Juden, die im Namen Allahs bedroht und zusammengeschlagen werden. Mitten unter uns. Jeden Tag. Und das soll uns nichts angehen?

Die deutsche Bundesregierung schreibt sich auf die Fahnen, ihre Asylpolitik sei geprägt von Moral und Mitgefühl. Und doch kann niemand leugnen: Deutschland verändert sich. Die Zuwanderung von über einer Million Muslime, zumeist junger Männer, hinterlässt ihre Spuren. Auch wenn die Verantwortlichen das nicht wahrhaben wollen.

Wer Bedenken oder gar Kritik übt an der Asylpolitik, an der Einstellung, es dürfe keine Obergrenze bei der Zuwanderung aus islamischen Ländern geben, gerät schnell in Verdacht, fremdenfeindlich zu sein und »rechts außen« zu stehen. Sachlichen Argumenten wird so jede Grundlage genommen. Eine politische Debatte im Keim erstickt.

Was bleibt, sind Lügen und Unwahrheiten, die eine Politik legitimieren sollen, die nicht im Interesse der Mehrheit in diesem Land ist. Es ist an der Zeit, diese Lügen beim Namen zu nennen und zu widerlegen:

Es ist nicht wahr, dass flüchtende Muslime nur in Deutschland und Europa aufgenommen werden könnten. Abgesehen von den Nachbarländern Syriens hat – soweit bekannt – kein Land der islamischen Staatengemeinschaft und der arabischen Liga Flüchtlinge aufgenommen. Und das, obwohl es in diesen Ländern keinerlei kulturelle Unterschiede hinsichtlich der Religion oder der Sprache und Schrift gäbe. Weder die Bundesregierung noch die EU-Kommission hat bei der Arabischen Liga oder der islamischen Staatengemeinschaft überhaupt einen Antrag auf Aufnahme muslimischer Flüchtlinge gestellt. Ungerechter könnte die Verteilung kaum sein. Es ist unzumutbar, dass Deutschland und Europa muslimische Flüchtlinge aufnehmen, solange die hiesigen Regierungen die islamische Staatengemeinschaft und die Arabische Liga nicht in die Pflicht zum Aufnehmen genommen haben.

Es ist eine Lüge, dass die Bevorzugung von Nichtmuslimen bei der Aufnahme Rassismus wäre. Ganz im Gegenteil: Es sollten bevorzugt diejenigen Opfer hier aufgenommen werden, die nicht einfach in ein anderes muslimisches Land gehen können, weil sie dort ebenfalls mit Verfolgung rechnen müssen. Das sind vor allem religiöse Minderheiten wie Christen, aber auch muslimische Feministinnen oder Homosexuelle, die durch ihre Einstellung oder Lebensweise in Konflikt mit der islamischen Weltgemeinschaft geraten sind. Doch die Bundesregierung lehnt es ab, bedrohte Minderheiten bevorzugt aufzunehmen. Schlimmer noch: Die Aufnahme von Flüchtlingen erfolgt nach einer festen Quote, die die Zusammensetzung der Bevölkerung des jeweiligen Herkunftslandes widerspiegelt. Da es in den meisten muslimischen Ländern 90 Prozent und mehr Muslime gibt, müssen laut der Quotenregelung auch 90 Prozent der Flüchtlinge aus einem islamischen Land Muslime sein. Denn nur so sei die Aufnahme gerecht. In Wahrheit ist das menschenverachtend. Denn aufgrund dieser Quote haben verfolgte religiöse Minderheiten kaum eine Chance, aus den Ländern, in denen sie verfolgt werden, zu fliehen.

Es ist nicht wahr, dass die Kosten für die muslimischen Flüchtlinge vorrangig von Deutschland und Europa getragen werden müssten. Dabei wird ein falscher Eindruck erweckt, wenn nicht über Alternativen gesprochen wird. Es ist keinerlei Kostenübernahme hinnehmbar, solange nicht von den reichen islamischen Scheichstaaten ein angemessener Kostenanteil verlangt wird. Die europäischen Regierungen sind ihren Wählern gegenüber rechenschaftspflichtig, welchen Kostenanteil sie von reichen islamischen Ländern verlangen, bevor sie das Geld der europäischen Wähler für muslimische Flüchtlinge mit vollen Händen ausgeben.

Es ist nicht wahr, dass Artikel 16 Grundgesetz eine Obergrenze bei der Aufnahme von Flüchtlingen grundsätzlich ausschließe. Mit dieser Formulierung wird ein fal-

scher Eindruck erweckt. Das Fehlen einer Begrenzungs-
formulierung bei der Flüchtlingsaufnahme aus Artikel 16
Grundgesetz bezieht sich lediglich auf Flüchtlinge, die
direkt und nicht über sichere Drittländer wie z.B. Österreich zu uns kommen. Für andere Flüchtlinge gilt im
Grundgesetz die Einschränkung von Artikel 16a, wonach
es keinen Asylanspruch gibt bei Einreise aus einem siche-
ren Drittland, was sogar für die allermeisten muslimischen
Flüchtlinge zutrifft. Damit ist die Aufnahme solcher anderen Flüchtlinge freiwillig und ohne Verbot einer Obergrenze durch das Grundgesetz.

Es ist nicht wahr, dass eine Auswahl der Flüchtlinge
nach Integrationsfähigkeit und Mengenzuträglichkeit verboten oder sinnlos wäre. Es sind selbstverständlich auch
die Interessen des aufnehmenden Landes zu berücksichti-
gen und nicht nur die Interessen von Einwanderern. Wer
mit der Scharia fortfahren möchte, muss nicht hierher-
kommen, er kann auch irgendwohin gehen, wo die Scharia
praktiziert wird, wenn sie ihm so wichtig ist.

Es ist nicht wahr, dass es keine Einflussnahme muslimischer Scheichstaaten in Deutschland gebe, die die Zuwanderung aus islamischen Ländern noch vorantreiben
sollen.

Wie wir wissen, sind die radikalsten der islamischen
Staaten auch gleichzeitig die reichsten: Saudi-Arabien, die
Emirate, Katar, Bahrein, Kuwait und Brunei. An saudi-arabischen Universitäten wird ganz selbstverständlich gelehrt, dass Konvertiten, die vom muslimischen zum christlichen Glauben übertreten, der Kopf abgeschnitten werden
müsse. Hierzulande bekannte Islamisten wie Mohammed
Ciftci oder Pierre Vogel berufen sich ausdrücklich darauf,
ja, sie haben das sogar dort gelernt. Wundert es da, dass
vor allem diese Länder beim G20-Treffen in China den
Westen dazu aufriefen, noch mehr muslimische Flücht-

linge aufzunehmen, während bei ihnen drei Millionen Flüchtlingsunterkünfte leer stehen? Beheizt und mit Strom versorgt?

Es ist nicht wahr, dass die reichen islamischen Scheichstaaten nicht mit ihrem Geld zur gefährlichen Radikalisierung hiesiger Muslime beitrügen. Genau das haben Ende 2016 der Bundesnachrichtendienst und der Bundesverfassungsschutz über Saudi-Arabien, Katar und Kuwait gemeldet.

Es ist nicht wahr, dass die Bundesregierung abgelehnte Asylbewerber ohne Asylgrund zurückschicke. Ganz im Gegenteil verbietet die neue Gesetzeslage das Zurückschicken abgelehnter Asylbewerber in vielen Fällen. Für nicht Asylberechtigte entsteht ein Bleiberecht durch den Antritt einer Ausbildung sowie später ein Bleiberecht durch die Suche eines Arbeitsplatzes und danach durch den Beginn eines Arbeitsverhältnisses. Mit vorübergehender Hilfe in Zeiten des Bürgerkrieges hat das nichts mehr zu tun.

Es ist nicht wahr, dass die muslimische Flüchtlingseinwanderung notwendig sei, um Arbeitskräfte zu gewinnen. Im Gegenteil kommen zu einem großen Teil Ungelernte, die nicht benötigt werden, sondern auf Unterstützung angewiesen sind. Dagegen werden diejenigen nicht angeworben, die am ehesten benötigt würden. So dürfen dringend benötigte integrationswillige christliche Krankenschwestern von den Philippinen nicht kommen, ohne dass die Bundesregierung helfen würde. Für viele Spezialisten gilt das Gleiche.

Es ist eine Lüge, dass es keine Probleme bei der Integration muslimischer Einwanderer gebe. Solange die islamische Staatengemeinschaft in der islamischen Menschenrechtserklärung Frauen und Nichtmuslimen die rechtliche Gleichwertigkeit verweigert, kann es gar nicht anders sein, als dass viele Menschen von dort mit diesen Vorstellungen indoktriniert sind und entsprechende Probleme bereiten.

Es ist eine Lüge, dass die Integrationsprobleme durch Aufklärung aus der Welt zu schaffen wären. Wenn das stimmen würde, hätten gar keine Parallelgesellschaften entstehen können. In Wirklichkeit kann man gläubigen Muslimen den Glauben an die Lehren Mohammeds nicht einfach systematisch mit westlichen Argumenten austreiben.

Es ist eine Lüge, dass die Lehren Mohammeds friedlich und nur falsch verstanden worden seien. Tatsächlich hat Mohammed die Gewalt gegen Andersdenkende und Andersglaubende und Anderslebende nicht nur gelehrt, sondern auch durchgeführt. Mohammeds Taten kann man nicht missverstehen.

Es ist eine Lüge, dass die historischen Gewaltlehren Mohammeds unschädlich seien für die Gegenwart. Dafür müsste Mohammed nämlich als Vorbild abgeschafft werden, und das ist bisher nirgends geschehen.

Es ist eine Lüge, dass die Muslime in Deutschland nicht in die Mehrheitsposition kommen könnten. Tatsächlich hat von 1980 bis 2000 eine Verdoppelung der Muslime von 1,5 Millionen auf 3 Millionen stattgefunden. 2010 waren 5 Prozent der Bevölkerung und 10 Prozent der Neugeborenen Muslime. Damit kommen wir aus einer Verdoppelung des muslimischen Bevölkerungsanteils pro Generation und gehen in eine weitere Verdoppelung in der nächsten Generation, noch ganz ohne Flüchtlingszuzug. Eine islamische Mehrheit ist ohne Änderung dieser Entwicklung unvermeidlich. Jedes Land hat das Recht, selbst zu entscheiden, ob es eine solche einschneidende Veränderung wünscht oder nicht. Es ist absurd, diejenigen als Rassisten zu beschimpfen, die eine solche Entwicklung nicht gutheißen. Ist es nicht vielmehr so, dass diejenigen, die anderen das

Recht auf ihre Meinung und Sichtweise absprechen, Antidemokraten sind?

Es ist nicht wahr, dass die gegenwärtige Akzeptanz des Grundgesetzes durch Islamverbände in Deutschland bedeuten würde, dass für Demokratie und Menschenrechte keine Gefahr mehr bestünde. Es gibt Aussagen führender Mitglieder der Islamverbände, dass die im Grundgesetz verankerte rechtliche Gleichstellung aller Menschen nur so lange gültig sei, wie die Muslime in der Minderheit sind und aus dieser Regelung Vorteile ziehen können. Werden die Muslime eines Tages die Mehrheit der Bevölkerung stellen, wird jedoch die Einführung der Scharia beansprucht – was die Aufhebung der rechtlichen Gleichstellung von Nichtmuslimen und Frauen nach sich zieht. Äußerungen wie diese sind zweifelsfrei verfassungswidrig. Sie kamen aus den Reihen derjenigen Islamverbände, die Partner der Bundesregierung sind.

Es ist eine Lüge, dass die Säkularisierung eines Teils der Muslime die Einführung des islamischen Rechts verhindere. Es wird ja der Anspruch auf islamisches Recht mit der Mehrheit an Muslimen begründet, nicht mit der Zustimmung aller Muslime. Dass immer mehr islamisches Recht auch mit unfairen Mitteln durchgesetzt werden kann, musste schon oft genug schmerzlich erfahren werden, nicht zuletzt im Iran Khomeinis, und könnte auch für die Türkei zu befürchten stehen mit der Machtergreifung Erdoğans.

Es ist eine Lüge, dass alle Flüchtlinge Opfer seien. Etliche von ihnen kommen, weil sie bessere wirtschaftliche Bedingungen suchen oder auch: weil sie die Botschaft ihrer Religion verkünden und durchsetzen wollen. Ebenso falsch ist die Annahme, dass von Flüchtlingen keine Gefahr ausgehen könne. Sunnitische wie auch schiitische Scharia-

Anhänger sprechen sich gegenseitig das Recht zu leben ab – klingt das nach unschuldigen Opfern, denen man Schutz gewähren sollte?

Es ist eine Lüge, dass durch die massenhafte Aufnahme muslimischer Flüchtlinge die Terrorgefahr nicht steigen würde. Wahr ist, dass die versuchten und gelungenen Terrorakte in Berlin, Würzburg und Ansbach in direktem Zusammenhang mit der Flüchtlingspolitik standen. Beide Täter waren eingewanderte muslimische Flüchtlinge, die sich hier radikalisiert haben. Was bislang nicht erfolgt, ist eine genaue Prüfung der Personen, die hier als Asylsuchende aufgenommen werden.

Es ist auch nicht wahr, dass die Ausweisung von Terrorverdächtigen die reale Terrorgefahr nicht mindern könnte. Die Wahrheit ist, dass die Zahl der Scharia-Anhänger und Demokratiegegner wächst und sich immer mehr von ihnen radikalisieren. Würde man islamistische Kreise noch konsequenter beobachten und Terrorverdächtige ausweisen, würde zumindest die Gefahr, die von ihnen ausgeht, beseitigt. Nichts dergleichen passiert im Moment. Und wenn straffällig gewordene Muslime oder gar Islamisten verurteilt werden und abgeschoben werden könnten, passiert auch das häufig nicht.

Es ist eine Lüge, dass nicht mit ernsthaften Problemen aufgrund der massenweisen Zuwanderung muslimischer Flüchtlinge gerechnet werden müsse. In praktisch allen islamischen Ländern herrschen mehr oder weniger, ganz oder teilweise Scharia-artige Zustände. Die islamische Staatengemeinschaft hat einstimmig eine Erklärung verabschiedet, nach der Nichtmuslimen keine rechtliche Gleichstellung zu gewähren sei.

Es ist eine Lüge, dass über den antidemokratischen und verfassungswidrigen Islamismus aufgeklärt werde. Im Gegenteil hören wir wieder aus Schulen, dass genau diese Aufklärung und Auseinandersetzung eben nicht stattfindet. Schlimmer noch, Lehrer und Schüler reagieren oft verunsichert, weil sie der Islamfeindlichkeit bezichtigt werden, wenn sie sich nur mit dem antidemokratischen Islamismus auseinandersetzen, so dass die notwendige Beschäftigung mit dem Thema vielerorts regelrecht erstickt wird.

Was geht uns das an? Diese Frage ist falsch. Sie sollte lauten: Was können wir dagegen tun? Es sollte uns alle etwas angehen, wenn vor unseren Augen Unrecht geschieht, Gewalt ausgeübt wird gegen Frauen, gegen Menschen anderer Glaubensrichtungen, anderer Kulturen. Wir sind nicht tolerant, wenn wir wegsehen. Wir sind naiv.

Sabatina James,
April 2017

Koranschule in Pakistan – Wie aus Kindern Dschihadisten werden

Weiß ist das Gewand, das ich trage – Weiß, die Farbe des Propheten Mohammed. Alle Mädchen sind in diese weißen, langen Kleider aus Baumwolle gehüllt. Sie bedecken unsere Körper, unseren ganzen Körper. Nur die Augen sind frei. Jedenfalls dann, wenn wir uns außerhalb der Räume in der Koranschule aufhalten. Dann erkennen wir uns einzig über die Augen. Das ist Yasmina, sie hat besonders dichte Wimpern, Malika hat ein kleines Mal am linken Auge, Shirins Iris identifiziere ich an den honigfarbenen Sprengseln in ihren Augen. Innerhalb der Mauern unserer Räume dürfen wir unser Gesicht zeigen. Doch das ändert nichts daran, dass unsere Uniform so extrem monoton ist wie das Leben in der Schule, einer sunnitischen Madrasa, die am Rand von Lahore liegt. Die Sunniten sind die größte Glaubensrichtung im Islam, meine Eltern sind Sunniten.

Die Madrasa befindet sich auf einem großen, staubigen Areal, die Bauten sind weiß angestrichen, genauso weiß und rein wie unsere Gewänder. Der Raum, in dem wir uns aufhalten, wenn wir nicht unterrichtet werden, hat keine Betten, keine Stühle, keinen Tisch. Wir schlafen auf dem Boden, auf schmutzigen Teppichen, meinen Kopf darf ich auf ein Kissen betten. Wenn wir nicht in einem der Unterrichtsräume Suren lernen müssen, dürfen wir uns auf dem Hof aufhalten und in den Himmel schauen. Es ist auch erlaubt, uns in den Schatten einiger großer alter Bäume zu setzen. Weitere Möglichkeiten der Ablenkung gibt es nicht.

Ich bin siebzehn und in dieser Koranschule, weil meine Eltern und mein Großvater, der ein Mullah ist, ein islamischer Geistlicher, wollen, dass ich eine gute Muslimin werde. Man sagt in Pakistan, dass man nirgendwo eine bessere Muslimin wird als in der Schule der Mudschaheddin, der Heiligen Krieger. Und diese Madrasa ist eine Schule der Mudschaheddin. Die Jungen, die wir nie zu Gesicht bekommen, lernen hier, wie sie als Kämpfer für den islamischen Glauben einen Feldzug gegen die Ungläubigen zu führen haben, um die Lehren des Korans durchzusetzen. Wir Mädchen lernen Unterwerfung gegenüber dem Propheten Mohammed und unseren späteren Ehemännern. Madrassen sind keineswegs vergleichbar mit Klosterschulen in Europa. Es sind Brutstätten des Terrors. Das weiß ich zu diesem Zeitpunkt aber noch nicht. Die Polizei in unserem Land sagt, dass die meisten Selbstmordattentäter eine Koranschule der Heiligen Krieger besucht haben. In Pakistan gibt es über 20 000 Madrassen.

Wir jungen Frauen sind fast den ganzen Tag damit beschäftigt, den Koran auswendig zu lernen. Erst auf Arabisch, dann auf Urdu, meiner Heimatsprache. Der Koran wurde auf Arabisch geschrieben, ihn in der Ursprache zuerst zu lesen, macht allein schon heilig. Ich bin auch hier, weil man sich davon erhofft, dass ich zur Vernunft komme, dass ich in die Verheiratung mit meinem Cousin Salman einwillige. Wie jede muslimische Frau soll ich mich dem Mann fügen, ohne zu widersprechen. Unterwerfung eben. Nichts anderes bedeutet Islam.

Morgens um vier Uhr werden wir geweckt. Sofort müssen wir aufstehen, keine Minute dürfen wir länger liegen bleiben. Schon zu dieser Uhrzeit ist es extrem heiß, vielleicht empfinde ich es auch nur so, weil ich in den letzten sieben Jahren in Österreich gelebt habe und ein anderes Klima gewohnt bin. Nachdem wir uns gewaschen und Tee getrunken haben, beten wir. Danach geht der Unterricht los.

Die Unterweisung findet durch einen Lehrer statt, der uns aber nicht sehen darf – und wir ihn nicht. Also hat er hinter einem Vorhang auf dem Teppich Platz genommen. Nur die Lehrerin, die uns beaufsichtigt, sitzt mit uns auf dem Boden, einen Stock in der Hand, den sie immer dann benutzt, wenn wir keine Lust mehr haben, im Koran zu lesen, der vor uns, auf einem kleinen Podest, liegt, wenn wir lieber miteinander schwatzen wollen. Es ist anstrengend, stundenlang die Suren und Verse aufzusagen, aber immer wieder werden wir gezwungen, nicht mit dem Lesen und Auswendigaufsagen aufzuhören. Wir lernen Sure 4, 89: »Sie wünschen, dass ihr ungläubig werdet, wie sie ungläubig sind, so dass ihr alle gleich seiet. Nehmet euch daher keinen von ihnen zum Freund, ehe sie nicht auswandern auf Allahs Weg. Und wenn sie sich abkehren, dann ergreifet sie und tötet sie, wo immer ihr sie auffindet; und nehmet euch keinen von ihnen zum Freunde oder zum Helfer.« Wir lernen, dass man im Islam nicht den Bruder und die Schwester töten darf, also keinen Moslem, aber die Ungläubigen, die darf man töten. Auch wird uns zu verstehen gegeben: Wenn in einem Land, in dem die Rechte des Islam keine Gültigkeit haben, in einem Land wie Deutschland etwa, der Dschihad ausbricht, der Heilige Krieg, dass wir das zu nutzen haben, um die ungläubigen Menschen zu bekehren.

Ich sauge alles in mir auf, glaube all das, was man mir sagt. Ich bin eine gläubige Muslimin. Noch. Und eigentlich will ich auch eine gute Muslimin werden. Ich weiß, wenn einer aus der Familie für Allah stirbt, dann rettet er die gesamte Familie. Diese Sehnsucht nach dem Paradies, nach Erlösung, sie ist immer da. Sie ist auch bei mir da.

Doch ich bin auch irritiert. Im Gegensatz zu den anderen Mädchen in der Madrasa kenne ich ein Land, in dem Ungläubige leben. Ich selbst lebe in diesem Land. Seitdem ich zehn bin und mein Vater meine Mutter und meine drei Geschwister in die Nähe von Linz geholt hat. Dort, in Österreich, habe ich Kontakt mit vielen Ungläubigen und bin mit ihnen zur Schule gegangen. Sie sind keineswegs so schlimm, wie in Pakistan erzählt wird. Anscheinend kennen sie hier die Menschen im fernen Österreich nicht. Ich überlege weiter: Will man mir etwas eintrichtern, was nicht stimmt? Will man mich gar einer Gehirnwäsche unterziehen? Leichte Zweifel tauchen in mir auf, aber ich verdränge sie schnell wieder. Eine gute Muslimin darf so nicht denken.

Größten Abscheu sollen wir im Unterricht gegenüber den Juden entwickeln. Und es gelingt, weil mir dies schon in meiner Kindheit eingebleut worden war: Ich habe nun richtige Angst vor den Juden. Stelle sie mir als Tiere vor, die uns Muslime auffressen. Die Juden sollen sogar noch schlimmer sein als die Christen. In Sure 5,82 heißt es: »Wahrlich, du wirst finden, dass unter allen Menschen die Juden … den Gläubigen am meisten Feind sind.« Ganz unten in diesem Denksystem befinden sich aber die Polytheisten, die Bhoot Parast, die Menschen, die an mehrere Götter glauben. Die Götzenanbeter sind allemal vernichtungswürdig. Nur wenn sie sich der Scharia, dem islamischen Recht, anpassen, haben sie eine Daseinsberechtigung.

Tag für Tag wird Hass in unsere Herzen gelegt. Von morgens bis abends. Wir lernen, an die große Vision zu glauben. Sie besteht darin, dass die anderen Religionen auf dieser Welt nur noch eine kurze Frist haben werden, nur noch kurze Zeit existieren werden. Momentan sind sie zwar noch anzutreffen, aber das wird nicht ewig so bleiben. Es wird der Augenblick kommen, an dem der Friede des Islam einkehren wird, wobei der Friede des Islam nichts anderes bedeutet, als dass die ganze Welt islamisch wird und nach der Scharia lebt. Frieden, das stelle ich trotz meiner Verblendung fest, meint im Islam nicht das Gleiche, was Europäer darunter verstehen. Keineswegs meint man damit Toleranz für alle Menschen. Frieden bedeutet: Du musst Muslim werden. Auf diese Weise, wenn alle Ungläubigen bekehrt sind, wird sich die große Vision erfüllen. Dann wird die gesamte Welt die Welt von Allah sein. Wenn man mit diesen Gedanken als Kind, als Jugendlicher erzogen wird, ist es nicht verwunderlich, dass sich schon Zwölfjährige für diese grandiose Zukunft in die Luft bomben.

Ich weine oft, bin häufig krank. Das, was ich unentwegt höre, ist mir doch zu viel. Ein Mullah sagte uns einmal, dass sich das unbedeckte Haar einer Frau im Grab in Schlangen verwandelt. Nachts habe ich Alpträume. Ich liege in einem Grab, und Tausende von Schlangen winden sich um meinen Körper. Jedes Mal, wenn wir über den Friedhof gehen, der gegenüber der Madrasa liegt, sehe ich, wie Schlangen vor uns flüchten. Und in Pakistan gibt es viele Schlangen.

Ich beobachte aus unserem Schlafraum, wie eine junge Frau zum Hof gebracht wird. Sie soll sich hinsetzen. Dann wird auf sie eingeprügelt, unter dem freien Himmel. Öffentlich. Andere Mädchen stehen in der Nähe und schauen diesem Spektakel zu. Die Frau, die geschlagen wird, schreit. Die Schläge werden heftiger, die Schreie lauter. Sie sollen uns Mädchen davon abhalten, ungehorsam zu sein. Wir sollen uns nicht gegen das wehren, was nur zu unserem Besten ist. Unser Bestes heißt, dass unser Wille gebrochen werden soll.

Ich zittere am ganzen Körper, während ich nicht den Blick von der Frau abwenden kann. Ich sehe mich dort selbst sitzen, werde geschlagen von meiner Mutter. Wieder und wieder. Mit harter Hand. So wie ich meistens nicht wusste, was ich verbrochen, warum ich die Schläge verdient hatte, erfahre ich nie, was die öffentlich Gedemütigte getan hat. Keiner von uns wagt es, sie später zu fragen. Wir fürchten, deswegen selbst geschlagen zu werden.

Das Beten und Lernen geht weiter. Im Sitzen bewegen wir automatisch den Körper nach vorne und nach hinten, weil es sonst nicht auszuhalten ist. Mir kommt dies wie ein Schlagen vor. Man schlägt uns die Suren um die Ohren. An diesem Tag dürfen wir zwischendurch auch beim Aufsagen der Suren stehen. Was für eine Abwechslung in der Monotonie!

Sosehr wir die Juden und Christen verachten sollen, durch die Suren erfahre ich, dass Mohammed Juden und Christen kannte. Folgt man den frühen Suren, gewinne ich den Eindruck, dass Allah durchaus ein freundlicher und menschenzugewandter Gott ist, auch gegenüber den Nazarenern, wie die Araber die Christen nennen. Vieles scheint mir im Koran vom Judentum übernommen zu sein, kein Wunder, denn der Prophet kam erst 570 n. Chr. auf die Welt. So heißt es, dass der Engel Gabriel, der Engel der Offenbarung, der auch im Christentum eine große Rolle spielt, Mohammed erschienen ist und ihm die neue Lehre überbracht hat. Aber wieso soll man dann die Juden hassen und die Christen verfluchen? Uns wird erklärt: Die Juden haben zum Propheten in seiner Geburtsstadt Mekka gesagt: »Du bist nicht unser Messias«, und die Christen gaben ihm zu verstehen: »Unser Messias war schon da, du kannst keiner sein.« Natürlich muss er gegen diese Reaktionen angehen, wo er, der Neue, doch der einzig wahre Hoffnungsträger ist. Aus Rache hat dann Mohammed viele

Gräber schaufeln lassen und über sechshundert männliche Juden des Stammes Banu Quraiza im Jahr 627 n. Chr. getötet und deren Frauen und Kinder als Sklaven verkauft. Damit war das Ende der Juden in Medina besiegelt (Sure 33, 26, 27). Wir erfahren, dass die älteren Suren im Vergleich zu den jüngeren eine größere Gültigkeit haben. Es sind die gewalttätigeren Suren.

Wir lernen, dass Mohammed innerhalb von zehn Jahren in viele kriegerische Handlungen verwickelt war. Ich fühle mich stolz und erhaben, weil ich erfahre, wie kraftvoll der Islam ist. Wir lernen, dass der Prophet mehrere Frauen hatte, mehr als die erlaubte Anzahl von vier – aber er ist ja auch nicht mit normalen Maßstäben zu messen. Seine jüngste Frau war Aisha, die Tochter des Abu Bakr. Aisha, so heißt auch meine Schwester. Wir lernen, er hätte sich in die Aisha des Abu Bakr verliebt, als sie sechs Jahre alt war und er sah, wie sie im Sand spielte. Sie war neun, heißt es in der Überlieferung, als er mit ihr geschlafen hat. Er über fünfzig, ein alter Mann. Ich weiß noch nicht, dass das ein Verbrechen ist und dass man jeden Mann im Westen deswegen der Pädophilie anklagen und vor Gericht stellen würde. Ebenso weiß ich noch nicht, dass ich später, auf einem Video, die Hochzeit eines achtjährigen Mädchens in Pakistan sehen werde und dass nach einem Bericht von Unicef 2009 in den Entwicklungsländern jedes dritte minderjährige Mädchen in eine Kinderheirat gezwungen wird.[1]

Die Lebensweise von Mohammed, dem Gesandten Allahs, ist unser moralisches Vorbild und das aller Muslime. Die Rechte der Frauen in Pakistan sind genau die Rechte,

---

1 www.unicef.de/presse/pm/2009/091006millionen-kind/: Jedes dritte Mädchen in Entwicklungsländern wird als Kind verheiratet. In den Ländern Niger, Tschad und Mali liegt der Anteil der Kinderheiraten sogar bei über 70 Prozent, in Bangladesch, Guinea und der Zentralafrikanischen Republik sind es mehr als 60 Prozent.

die der Prophet ihnen zugestanden hat. Die Zeugenaussage einer Frau, so erfahre ich, zählt vor Gericht nur dann, wenn zwei Frauen dasselbe wiedergeben. Einzig zwei Frauen können die Zeugenaussage eines Mannes aufheben. In der Sure 2, Vers 282 heißt es: »Und nehmt zwei Männer von euch zu Zeugen! Wenn es nicht zwei Männer sein können, dann sollen es ein Mann und zwei Frauen sein, solche, die euch als Zeugen genehm sind, für den Fall, dass die eine von ihnen sich irrt, die eine (die sich nicht irrt) die andere (die sich irrt), an den wahren Sachverhalt erinnere …«

Eine Frau kann sich irren, nicht aber ein Mann. Deshalb muss eine Frau bei einer Vergewaltigung auch gleich vier männliche Zeugen angeben, um diese nachzuweisen. Wenn man ein Kind unehelich zur Welt bringt, so wird uns klargemacht, kann dies die Todesstrafe zur Folge haben. Eine Frau, die Ehebruch begeht, kann gesteinigt werden. Und alles, so heißt es, ist nur zu unserem Schutz.

Später entdecke ich ein Buch, in dem genau beschrieben wird, wie eine Steinigung ausgeführt werden soll. Laut Handlungsanweisung hat man die Frau in die Erde einzugraben, aber nur bis zur Höhe der Brust, sodass man ihren Kopf noch sehen kann. Die zu benutzenden Steine dürfen nicht zu klein sein, weil es sonst zu lange dauern würde, bis sie stirbt. Zu groß dürfen sie aber auch nicht sein, sonst könnte sie zu schnell sterben und ihre Qualen nicht richtig erleiden. Am besten ist die Größe eines Steines, wenn er die Hand ausfüllt. Auf keinen Fall dürfen bei einer Steinigung der Busen oder die Scham entblößt sein, man müsse auf die Ehre der Steinigenden achten.

Es klingt alles so grausig, so voller entsetzlicher Gewalt, dass ich wieder krank werde. Ein Gleichnis wie vom barmherzigen Samariter, wie es in der Bibel zu finden ist, davon lesen wir im Koran nichts. Friedliebend scheint der

Prophet Mohammed nicht zu sein. Ich friere trotz der enormen Hitze.

Mir geht es gesundheitlich so schlecht, dass ich kaum noch etwas esse. Einer der Mullahs lässt meine Tante Khadija kommen. Man sagt ihr, wenn man mich nicht abholen würde, könnte sie mich bald als Leiche aus der Schule transportieren. Sie und ihr Sohn Salman holen mich dann ab, und nach drei Monaten komme ich in Lahore auf die Koranschule der Wahhabiten. Es ist eine Tagesschule, so dass ich abends wenigstens bei meiner Tante übernachten kann. Die Wahhabiten sind besonders streng, ihre Anhänger zählen zu den Sunniten, sie sind aber davon überzeugt, dass nur sie die islamische Lehre authentisch vertreten. Osama bin Laden war ein Wahhabit.

Eines Abends habe ich mit dem Sohn meiner Tante Khadija, meinen Cousin Salman, den ich heiraten soll und der in meinem Alter ist, einen Streit. Es geht darum, dass er nicht will, dass ich so häufig nach draußen gehe, um mir das Leben auf den Straßen von Lahore anzuschauen. Er will nicht, dass ich überhaupt rausgehe. Zu meiner Rechtfertigung versuche ich den Propheten Mohammed heranzuziehen, Salman lacht nur darüber, meint, dass der Prophet den Frauen überhaupt keine Rechte gegeben habe.

»Nein«, widerspreche ich. »Das stimmt nicht.« Die Lehren der Koranschulen haben bei mir gegriffen.

Salman stellt eine Gegenfrage: »Weißt du, wie Mohammed die Frauen begrüßt hat?«

»Das weiß ich nicht.«

»Es gab ein Gefäß mit Wasser, in das er seine Hand hineintauchte. Anschließend durfte die Frau ihre Hand ins Wasser gleiten lassen. Das war die Begrüßung.«

Salman sagt dies nicht mit einem Anflug von Abwehr. Ich will nicht wahrhaben, was er da eben erzählt hat. Denke stattdessen: Und diesen Mann soll ich heiraten?

Nach der Madrasa der Wahhabiten, nach weiteren drei Monaten des Gebets und der moralischen Erziehung gebe ich zu verstehen, dass ich bereit bin, meinen Cousin zum Mann zu nehmen. Es ist meine einzige Chance, nach Österreich zurückzukommen. Meine Eltern sind zufrieden. Ihre Maßnahmen scheinen funktioniert zu haben. Ich, die bekehrte Tochter – wenigstens was den Glauben betrifft, ich weiß, dass ich Salman nie lieben werde –, darf nach Europa fliegen. Auf dem Rückflug glaube ich noch, dass ich mein Versprechen halten werde. Aber dieser Glaube hält nicht lange an.

1

Meine Reise
durch das gefährlichste
Land der Welt

Es war so schlimm, selbst in der Erinnerung, die auf einmal auftauchte. Zaffir, ein Mann aus unserem Dorf,
schlug seiner Frau gegen den Kopf. Rechts, links. Wieder
und wieder. Saira schrie so laut, dass sich viele Frauen aus
dem pakistanischen Dorf Dhedar, im äußersten Nordos-
ten Pakistans, zwei Autostunden von Lahore entfernt gelegen, in dem kleinen Haus, in dem Saira und ihre Familie
lebten, versammelten. »Was hat Saira falsch gemacht, dass
sie so schreit?« Die Männer hatten dafür nur eine Antwort: »Es ist doch egal, was sie falsch gemacht hat, sie
muss einfach etwas getan haben, sonst hätte sie die Schläge
nicht verdient.« Ich war acht Jahre alt, als ich all dies verfolgte, ohne es zu begreifen.

Saira wurde von der Dorfgemeinschaft nicht sehr ge-
mocht, doch ich liebte diese freundliche Frau. Ihr Mann
Zaffir arbeitete in Griechenland und hatte dort eine zweite
Ehefrau. Aber immer wieder kehrte er in seine Heimat zurück, anscheinend aus dem einzigen Grund, Saira die Knochen zu brechen. Ich wusste damals nicht, was ich tun sollte, damit er sie nicht so brutal zurichtete. Nach den Schlägen konnte ich nur zu ihr hingehen und ihr beim Essen
zusehen, beobachten, wie sie ihr Kopftuch zurechtzupfte,
damit man die blauen Flecken nicht sah. Ich konnte sie
nicht trösten, obwohl ich es gern getan hätte.

Die Dorfleute lachten über mich, wenn ich mich um

Saira kümmerte. »Sie hat geerntet, was sie gesät hat. Pass auf, dass du nicht auch schmutzig wirst«, riefen sie mir nach, wenn ich zu ihr ging. »Du willst doch nicht auch unrein werden, oder?«

Als ich nachfragte, warum Saira denn schmutzig sei, sagte man mir, sie würde ihren Haushalt nicht so führen, wie es ihr Mann verlangte. Würde sie alles zu seiner Zufriedenheit tun und seine Anweisungen befolgen, dann würde Zaffir sie auch nicht schlagen. Das war die einhellige Meinung. Weiterhin hörte ich: »In Pakistan braucht man keinen gravierenden Grund, um eine Frau zu schlagen. Eine Frau hat keinen Wert.« Es stimmte. Heute weiß ich, dass in meiner Heimat sogar Trauerfeiern veranstaltet werden, wenn ein Mädchen geboren wird. Wenn das Leben so beginnt, kann man sich vorstellen, was für Möglichkeiten die Zukunft bietet. Eine Frau kann froh sein, wenn sie satt wird, irgendwo bleiben, überhaupt existieren darf. Saira hatte immerhin zwei Jungen das Leben geschenkt. Wahrscheinlich war das der Grund, warum Zaffir von Griechenland nach Dhedar, in die Region Gujrat, kam. Er wollte sich sein Recht auf seine männlichen Nachkommen nicht nehmen lassen.

Aber mein Erlebnis mit Saira war nicht das einzige Frauenschicksal, das ich mit meiner Kindheit in Pakistan verbinde. Ich war vielleicht fünfzehn, sechzehn, das Verhältnis zu meiner Mutter war noch gut. Ich stand vor dem Spiegel und schminkte mich, als sie zu mir trat und sagte: »Maliha ist tot.«

»Wieso ist Maliha tot?«, fragte ich erstaunt. Maliha war die Mutter meiner Freundin Sohal, die am Rande des Dorfes lebte. An den Bäumen dort, die das ganze Jahr über grün waren, wuchsen Grapefruits, und wann immer ich mit Sohal spielte, kam ihre Mutter und brachte uns zur Erfrischung eine von diesen Paradiesäpfeln, aufgeschnitten in zwei Hälften. Jede von uns Mädchen erhielt eine Hälfte. Wir mussten aufpassen, dass der Saft nicht auf unsere Kleider tropfte, aber nach einiger Übung stellten wir uns sehr geschickt dabei an, das Fruchtfleisch mit der Zunge herauszusaugen.

»Sie hat Selbstmord begangen«, erklärte meine Mutter.

»Warum hat sie das gemacht?« Ich war nun geschockt. Der Ausdruck »Selbstmord« war mir keineswegs fremd, Ehrenmord, Selbstmord gehörten ganz selbstverständlich zu dem Wortschatz muslimischer Frauen, aber bislang hatte ich niemanden aus meinem Umfeld gekannt, der sich aus freier Entscheidung das Leben genommen hatte.

»Es wird behauptet, dass die Schwiegermutter ihr das Leben schwergemacht hat«, erzählte meine Mutter weiter. »In deren Augen soll sie keine gute Ehefrau gewesen sein.« Ich sah im Spiegel, dass auch meine Mutter unter Schock stand.

»Und wie hat sie das gemacht …?« Ich stockte, weil ich es immer noch nicht glauben konnte, dass Sohal keine Mutter mehr hatte, dass Maliha nicht mehr am Leben sein sollte.

»Ein Pathan hat sie beobachtet.« Pathan nennen wir in Pakistan einen Afghanen. »Er hat verfolgt, wie sie zum Fluss gegangen ist. Lange hat sie auf das Wasser geschaut und dabei geweint. Wahrscheinlich dachte sie an ihre Kinder. Dann hat sie sich in den Fluss fallen lassen. Man hat ihre Leiche gefunden.«

Mich beschäftigte dieser Suizid sehr. Wenn jemand nicht mehr leben wollte, musste er sehr gelitten haben. Hatte man die Schwiegermutter befragt? Den Ehemann von Maliha? Ging man dieser Tat nach? Hätte man sie nicht vielleicht sogar verhindern können, wenn Sohals Mutter mehr Gehör gefunden hätte? Auf meine Fragen bekam ich jedoch keine Antworten. Alle in meiner Umgebung schienen den Tod hinzunehmen. Es kam mir vor, als wollte man bewusst eine Mauer des Schweigens errichten, um diesen Vorfall schnell zu vergessen, als hätte die Mutter meiner Freundin kein Recht auf ein eigenes Leben gehabt. Wer sich nicht der Mutter des Ehemannes unterordnete – jede verheiratete Frau in Pakistan lebte bei ihrem Mann und damit unter dem Einfluss der Schwiegermutter –, musste mit Bestrafungen rechnen. Es war anscheinend auch in diesem Fall »richtig«, dass sie nicht mehr lebte, weil auch Maliha etwas falsch gemacht haben musste. Ich wurde den Verdacht nicht los, dass sie gar nicht freiwillig ins Wasser gestürzt, sondern dass man sie dazu getrieben hatte!

Jahre später, ich lebte längst in Deutschland, fielen mir diese Geschichten plötzlich ständig wieder ein. Nachts lag ich Stunden lang wach und konnte nicht schlafen, weil mich die Schicksale der Frauen, die mir in der Kindheit begegnet waren, nicht mehr in Ruhe ließen. Dauernd gingen sie in meinem Kopf herum. Ich hörte entsetzliche Schreie, nicht nur von Saira, sondern von vielen Frauen. Aber was war der Auslöser, warum stiegen gerade jetzt diese schrecklichen Schreie aus der Vergangenheit in mir auf? 2006 hatte ich Sabatina e. V. gegründet, einen Verein für Frauen, die durch den militanten Islam unterdrückt werden. In der Zwischenzeit hatte ich genügend andere Fälle erlebt, die genauso brutal, wenn nicht sogar noch schlimmer waren. Da hätte ich doch schon längst Alpträume haben müssen. Wieso kamen sie gerade zu diesem Zeitpunkt wieder hoch?

Heute glaube ich, dass Gott durch diese Erinnerungen zu mir sprach. Es war, als wollte er mich zum Handeln auffordern. Ich sollte nach Pakistan gehen und herausfinden, wie ich den Frauen dort helfen konnte. Außerdem hatte ich große Sehnsucht nach diesem Land, das mein Geburtsland war. Seitdem ich mich geweigert hatte, meinen Cousin Salman zu heiraten, und zum Christentum konvertiert war, hatte ich meine Familie verloren. Sie hatten gedroht, mich zu töten, und seitdem hatte ich keinen Kontakt mehr zu meinen Eltern, zu meiner Schwester Aisha, zu meinen Brüdern, zur pakistanischen Gemeinschaft. Ich wünschte mir ein Gefühl der Zugehörigkeit, wollte meinen Ursprüngen, meinen Wurzeln nahe sein. Das erschien mir selbst befremdlich. Denn meine letzte Reise nach Pakistan im Jahr 1999 hatte mir ein halbes Jahr in Koranschulen und einen Cousin eingebracht, der mich, nachdem er nach Österreich gekommen war, stark unter Druck setzte.

Aber es war nicht zu leugnen: Ich stammte aus Pakistan, allein durch mein Äußeres bekam ich jeden Tag zu spüren, dass ich nicht gerade wie eine Westeuropäerin aussah. Nun träumte ich davon, durch Lahore zu gehen, die große Stadt nah an der indischen Grenze, die in mir, dem Kind aus dem Dorf Dhedar, herumgeisterte wie München im Kopf eines Mädchens aus Oberammergau. Die Gerüche der *samosas* stiegen in mir auf, der kleinen, meist dreieckigen, gefüllten Teigtaschen, die man in Lahore an jeder Straßenecke kaufen kann. Ich dachte an die Umma, an die Gemeinschaft der Muslime – die nicht aufhörte, als ich mit zehn Jahren mit meinen Geschwistern und meiner Mutter nach Österreich kam, wo mein Vater schon länger als Kranfahrer arbeitete. Dank der Umma fühlt man sich nirgendwo wirklich fremd, egal wo man ist. Die Älteren begrüßen eine junge Frau in der Fremde wie eine Tochter, obwohl sie diese Person nie zuvor im Leben gesehen haben. Jeder islamische Mann darf sich aber auch einmischen, wenn sich ein ihm unbekanntes muslimisches Mädchen seiner Meinung nach nicht züchtig angezogen hat: »Wie bist du denn unterwegs, meine Tochter? Denke an die Ehre deines Vaters.« Er hat das Recht dazu, weil alle Muslime auf der Welt eine große Familie bilden. Für viele aus dem Westen ist der Gedanke der Umma ein Grund, um zum Islam zu konvertieren. Sie wollen der Vereinsamung entkommen. Lieber verzichten sie auf Freiheiten, um stattdessen dieses Zusammengehörigkeitsgefühl zu erleben.

Immer mehr steigerte ich mich in meine Phantasien hinein. Aber bevor ich vollkommen melancholisch wurde, machte ich mir die Fallhöhe meiner Sehnsüchte bewusst: Da war zwar einerseits die Wärme innerhalb der Gemeinschaft, die ich so schmerzlich vermisste, andererseits gab es aber auch den Begriff der Ehre. Wenn eine Familie nach dem Islam lebt, geht es immer um die Ehre. Meist wird sie verletzt oder beschmutzt, wenn muslimische Frauen sich nicht an die Traditionen, nicht an die Gesetze des Korans halten. Gegen die Ehre handeln Frauen schon, wenn sie sich nicht richtig verhüllen. Sex vor der Ehe oder Ehebruch kann sogar mit dem Ehrenmord geahndet werden. Entscheidet sich eine Frau gegen den Ehrenkodex, sagt sie: »Ich will jetzt ein freies Leben leben«, wird der Druck auf sie selbst und auf ihre Familie so groß, dass der Fehler »beseitigt« werden muss. Durch den Ausschluss aus der muslimischen Gemeinschaft. Insofern ist Ehre in den islamischen Ländern nicht etwas Privates. Sie ist Teil der Religion und definiert Gut und Böse, Recht und Unrecht. Anders gesagt: Die Religion ist der Maßstab für die Ehre. Ehre heißt deshalb auch: Je mehr sich ein Mensch nach dem Islam richtet, desto angesehener wird er bei Allah und den Mitmenschen. Doch können nicht nur Frauen die Ehre verletzen, Männer beschmutzen sie, wenn sie homosexuell sind oder zu einer anderen Religion konvertieren. Ansonsten haben sie aber alle Rechte auf ihrer Seite. Betreiben sie Vielweiberei, kümmert sich niemand darum.

Ich brauchte mir bloß all das vor Augen zu führen, dann

wusste ich, dass ich mich Sentimentalitäten hingab, die ich aus meinem Kopf verscheuchen musste.

Doch die Zahl der durchwachten Nächte nahm weiter zu. Ich musste etwas unternehmen, so konnte es nicht weitergehen: »Wir müssen etwas für Pakistan tun«, sagte ich zu den Vorstandsmitgliedern meines Vereins. Wobei ich diese Aussage in meinem nächsten Satz noch konkretisierte: »Ich muss etwas für Pakistan tun.« In diesem Moment war ich davon überzeugt, dass ich mich um die pakistanischen Frauen zu kümmern hatte. Wer sollte es sonst in Angriff nehmen? Es war auch Mitleid mit diesen Frauen, das mich bewegte und mich nicht schlafen ließ. Als ich 1999 in Pakistan war, hatte ich keine Chance gehabt, ihnen zu helfen. Das musste ich jetzt, fast zwölf Jahre später, nachholen.

Mehrere Augenpaare sahen mich nach diesen Worten eindringlich an. »Die hat sie nicht mehr alle«, diese Worte wurden zwar nicht ausgesprochen, aber gedacht. Ähnliche Gedanken bewegten auch das Auswärtige Amt. Man riet mir dort ab, meinte, es sei viel zu gefährlich für mich. Das stimmte: Menschen, die sich vom Islam abwenden, droht in Pakistan offiziell die Todesstrafe. Was tun?

Auf die Meinung anderer wollte ich mich jedoch nicht verlassen, bislang hatte ich die Erfahrung gemacht, dass die meisten Leute in meiner Umgebung zu sehr auf Sicherheit bedacht waren und Risiken möglichst vermieden. Da mein Leben bisher nichts anderes als ein einziges Risiko war, konnte ich, um eine sinnvolle Antwort auf meine Frage zu bekommen, nur eines tun – ich betete: »Okay, lieber Gott, soll ich nun nach Pakistan fliegen oder es besser bleiben lassen?« Sein Rat war eindeutig und gab mir Mut, den Schritt zu wagen. Es war ein Rat, der in mir wie eine leise Stimme war: »Wenn du einen Traum in deinem Herzen hast, der nicht verschwindet, dann folge ihm.«

Gott trat dann noch in Konkurrenz mit dem Opferschutzprogramm, in dem ich seit 2006 lebe. Jedes Fernsehinterview, das ich gebe, ist ein Alptraum für diejenigen, die sich um meine Sicherheit sorgen. Optische Präsenz konnte meine Widersacher herausfordern, warnte man mich, zudem war es möglich, Menschen zu befragen – vom Taxifahrer bis zur Aufnahmeleiterin –, um meinen aktuellen Aufenthaltsort herauszubekommen. Als Person im Opferschutzprogramm hatte ich mich dezent im Hintergrund zu halten. Das tat ich aber schon in Deutschland nicht. Und mein jetziges Ansinnen, nach Pakistan zu gehen, war die Steigerung eines Alptraums: »Es ist das gefährlichste Land der Welt«, gab man mir mit allem Nachdruck zu verstehen. »Wir können keine Verantwortung für Sie übernehmen. Und wie wollen Sie dort pakistanischen Frauen helfen? Von Deutschland aus können Sie doch viel mehr erreichen …«

Der Beamte, der das sagte, hatte mit dieser Feststellung zugegebenermaßen nicht ganz Unrecht. Aber ich hatte ja längst meine Antwort von Gott bekommen. Ich hatte einen Traum, der nicht aus meinem Kopf verschwand. Meine Entscheidung war gefallen: Ich musste den unterdrückten Frauen in Pakistan helfen, wollte nicht länger passive Betrachterin ihres Unglücks sein, sondern aktiv zu einer Veränderung ihrer Lage beitragen. Sollten mich die anderen für wahnsinnig halten, mir war das egal. Ich würde nach Pakistan gehen, Gott stand hinter meiner Reise. Nichts mehr konnte mich davon abhalten, dieses Wagnis einzugehen. Und das war es, ein Wagnis.

Gemeinsam mit Vincent – aus Sicherheitsgründen kann ich seinen wirklichen Namen nicht nennen –, einem Vertrauten, der für eine deutsche Hilfsorganisation arbeitete und in Pakistan entsprechende Kontakte für mich gemacht hatte, flog ich im April 2008 von Frankfurt nach Lahore.

Kurz vor der Landung zog ich auf der Toilette des Flugzeugs einen gelben Salwar Kamiz an, eine Dreierkombination, bestehend aus einem längeren, blusenartigen Hemd, einer Hose und einem Schal, mit dem man den Kopf bedeckt. Als ich dieses Gewand während meiner Verlobungszeit in Pakistan tragen musste, bedeutete es für mich Unterdrückung, zumal ich es gewohnt war, nur in westlicher Kleidung herumzulaufen. Jetzt zog ich es ohne Widerwillen an. Es bot mir Schutz, so würde ich auf den pakistanischen Straßen nicht auffallen. Und da ich gerade über Kopfhörer zur Einstimmung auf mein Abenteuer viele schwungvolle Bollywood-Songs gehört hatte, gefiel mir sogar mein ungewohntes farbiges Outfit.

In der Ankunftshalle des Allama Iqbal International Airport von Lahore konnte ich hinter der Glasscheibe Trauben von Menschen ausmachen, die alle auf ihre Verwandten warteten. Kurz dachte ich daran, wie auch mein Vater hier gelandet war, wenn er im Rhythmus von zwei Jahren aus Europa kam, um seine in Pakistan zurückgelassene Familie zu besuchen. Für uns Kinder war das jedes Mal eine Sensation gewesen, wenn er eintraf und uns von Österreich erzählte. Kurz überfiel mich eine tiefe Traurigkeit, wurde mir doch in diesem Moment bewusst, das ich nie wieder mit meinem Vater in Pakistan sein würde. Ich war ausgestoßen, es gab kein Zurück.

Während ich das Treiben um mich beobachtete, tauchte eine andere Erinnerung vor meinen Augen auf: Ich sitze im Flugzeug der Pakistan International Airlines auf dem Weg zu meinem Cousin Salman. Während des Fluges komme ich mit einem pakistanischen Steward ins Gespräch, er fragt nach meinem Vater, und ich erzähle ihm, dass er uns nach Österreich geholt habe und wir Kinder alle gute Schulen besuchen durften. Am Ende unserer kurzen Unterredung segnet er mich und sagt: »Dein Vater ist ein sehr netter Mann, achte immer auf seine Ehre.« Ich fragte mich: Was würde dieser Flugbegleiter heute denken, wüsste er, was seitdem geschehen war? Ich hatte nicht auf die Ehre meines Vaters geachtet, und das war auch der Grund, warum niemand aus meiner Familie erfahren durfte, dass ich mich jetzt in Pakistan aufhielt. Ich fühlte mich schlecht, ich fühlte mich schuldig, obgleich mich keine Schuld traf.

Bevor ich mich in meinen Flashbacks verlor, tippte mir Vincent auf die Schulter. »Alles okay?«, fragte er mit besorgtem Blick. Ich nickte und riss mich zusammen: Nein, es war nicht schlecht, was ich getan hatte. Keineswegs. Ich war hier, um anderen Frauen zu helfen, sich gegen das zu wehren, was ihnen angetan wurde und was auch mir angetan worden war: gegen den eigenen Willen zwangsverheiratet zu werden.

Passkontrolle. Ein Moment der Angst. Hoffentlich erkannte mich niemand. Hoffentlich wusste niemand, dass ich jene muslimische Frau war, die zum Christentum konvertiert war. Würde ich auffliegen, würde man mich festnehmen und in eine Gefängniszelle stecken. Mit meinem Übertreten zum Christentum hatte ich den Propheten Mohammed geleugnet. Würde nur einer der Passagiere oder Beamten mit dem Finger auf mich zeigen und sagen: »Das ist die Frau, die das Buch geschrieben hat …« Auf Blasphemie, auf Beleidigung des Propheten, stand nach islamischem Gesetz die Todesstrafe. Die pakistanische Christin Asia Bibi sollte das 2010 zu spüren bekommen. Davon später mehr.

Nichts geschah. Erleichterung. Ich war jetzt in Pakistan. Hier wurde das meist sunnitische Terrornetzwerk al-Qaida im Jahr 1988 gegründet, von dem im Mai 2011 getöteten Staatenlosen Osama bin Laden, und zwar in der Stadt Peschawar. Von hier aus wurden etliche Anschläge auf der ganzen Welt geplant. Manche Menschenrechtsorganisationen gehen davon aus, dass in Pakistan etwa 80 Prozent der auf dem Land lebenden Frauen unter häuslicher Gewalt zu leiden haben und viele von ihnen diese als Teil ihres Schicksals akzeptieren.[2] Und dies ist auch das Land mit der höchsten Anzahl von Ehrenmorden, Karo-kari (ursprünglich: Ehebrecherin) genannt. Durch Erschießen, Erschlagen, Verbrennen sollen jährlich rund 10 000 Frauen ums Leben kommen.[3]

Draußen in der Ankunftshalle schien die Menschenmenge noch größer geworden sein. Wie sollten wir die beiden Pakistaner finden, die in Lahore eine Hilfsorganisation leiteten und uns bei unserer dreiwöchigen Tour ins Landesinnere begleiten wollten? Vincent hatte mir von ihnen erzählt und auch, dass sie Christen seien. Eine kleine, zierliche und sehr freundlich aussehende Frau Mitte dreißig winkte mir zu. Im ersten Moment setzte mein Herz aus. Nein, das war keine Tante oder eine andere Verwandte unserer Familie. Das musste Mira sein, und der Mann, der neben ihr stand, konnte nur Rasul sein, ein hagerer, groß gewachsener Mann um die fünfzig, mit feinen Gesichtszügen, die mich sehr an die meines Papas erinnerten. »Willkommen, meine Tochter«, begrüßte er mich. Ich musste schlucken.

Als das Gepäck verstaut war und wir im Auto saßen, schaute ich die ganze Zeit aus dem Fenster. Vielleicht würden wir an dem Haus meiner Eltern vorbeikommen. Es lag in einer Gegend, das hatte ich noch behalten, in der viele Ausländer leben.

---

2 www.islaminstitut.de/Artikelanzeige.41+M5a3f27f6748.0.html
3 Sohail Warraich: Honour Killings' and the Law in Pakistan. In: Sara Hossain und Lynn Welchman: Honour, Crimes, Paradigms, and Violence against Women. London 2005, S. 66

Ich fragte Mira: »Wo ist die Siedlung, in der die Ausländer wohnen?«

Sie zeigte mit der Hand nach rechts: »Dort drüben, wo die Palmen stehen. Es leben nur Reiche in diesem Gebiet.«

Für pakistanische Verhältnisse waren meine Eltern reich, somit konnte das Areal, auf das Mira zeigte, jenes sein, auf dem unser Haus stand. Nein, korrigierte ich mich, nicht unser Haus, ihr Haus. Ich gehörte nicht mehr zur Familie. Zu gern hätte ich vor dem Gebäude gestanden und seine Steine, eine Mauer berührt. Nah wollte ich meinen Eltern sein, wenigstens auf diese Weise. Aber nicht einmal das war möglich. Nicht nur, weil ich nicht wusste, wo es genau lag, sondern weil dort sicher jemand aus der Familie wohnte und mich hätte beobachten können.

Nach einer geraumen Weile erreichten wir die Innenstadt. Überall auf den Straßen entdeckte ich Männer, Frauen und Kinder. Ein einziges Gewimmel. Wie konnten bloß so viele Menschen auf einem Fleck leben? Ein solches Gewühl hatte ich lange nicht mehr gesehen. Als Rasul seinen Wagen vor einem mehrstöckigen Haus stoppte, bemerkte ich, dass es sich ausgerechnet gegenüber einer Moschee befand.

»Sind wir hier sicher?«, fragte ich voller Furcht.

Mira lächelte mich an: »Du bist in Pakistan, Sabatina. In Pakistan gibt es keinen Fleck, wo du sicher bist. Jederzeit kann an jeder Stelle eine Bombe hochgehen. Vor einigen Tagen jagte sich in unserer Nähe ein Selbstmordattentäter in die Luft.«

Menschen, die sich Bomben umgürteten, gab es in meiner Kindheit noch nicht. Erst in den vergangenen Jahren hat sich dieser radikale und gefährliche Extremismus entwickelt. Immer mehr, so scheint es, klafft die Welt auseinander.

An der Haustür empfing uns eine Schar von Kindern mit dunklen Haaren und großen braunen Augen. Schüchtern schauten sie mich an. Für sie war ich »das Mädchen aus Europa«, das hatten ihnen Rasul und Mira, ihre Eltern, erzählt. Sie stellten mir die Kinder vor, und es war zu merken, dass sie besonders stolz auf Joas zu sein schienen. Joas war ihr Ältester, dreiundzwanzig Jahre alt und hatte sich die dunklen Haare braun gefärbt. Er wiederum stellte mir den neuen Fernseher vor, der im Wohnzimmer stand, und erklärte in nahezu perfektem Englisch, dass er mit ihm auch den amerikanischen Sender HBO empfangen könne. Ein Hinweis darauf, wie modern sie doch auch in Pakistan seien. Joas sollte später für unsere Organisation Sabatina e. V. arbeiten – und sein Leben in Gefahr bringen.

»Wir wollen jetzt essen, danach zeige ich Vincent und dir die Zimmer, in denen ihr schlafen könnt«, sagte Mira. »Setzt euch doch schon.« Sie verschwand in der Küche, und kurz darauf zog ein würziger Geruch durch den Raum, augenblicklich musste ich an Dhedar denken. Ich sah meine Mutter, wie sie in der Küche stand, Bindi Ka Salan zubereitete, ein Currygericht, und dafür grüne Okraschoten schnitt. Wie sie mich mit ihren dunklen Augen anschaute, lächelte, wenn ich einfach nur bei ihr saß und den rosaroten Rooh-i-fza-Saft aus Rosenblüten trank. Ich fühlte Geborgenheit, Nähe und eine große Sehnsucht, dies wieder erleben zu dürfen.

Mira trug Unmengen von Speisen auf. Eine Platte nach der anderen stellte sie auf den langen, niedrigen Tisch.

»Waren deine Eltern schon Christen?«, fragte ich Rasul, den köstlichen Duft einatmend. Es interessierte mich, wie »Ungläubige« in einem Land wie Pakistan leben konnten.

»Nein, ich bin Konvertit. Meine Familie versuchte, mich zu vergiften, als sie davon erfuhr. Ich habe einige gesundheitliche Beschwerden, und ich glaube, sie sind nachwirkend davon gekommen. Ich war auch wegen meines Übertritts im Gefängnis, aber eine englische Hilfsorganisation setzte sich für mich ein, so dass ich wieder freikam. Für mich ist es ein großes Glück, dass ich Mira getroffen habe.« Rasul lächelte mit weißen kräftigen Zähnen seine Frau an, die gerade noch einen weiteren Teller mit Baratas auf den Tisch stellte, frittierten Teigtaschen mit einer Kartoffelfüllung.

Das gab es auch in Pakistan, dachte ich: Paare, die sich erst ineinander verlieben und dann heiraten. Mira lächelte zurück, dann aber wischte sie mit einer energischen Handbewegung und den ebenso energisch ausgesprochenen Worten »So, jetzt wird aber gegessen« das Thema Christen in Pakistan beiseite. Sie war überhaupt der Mann in dieser Beziehung. Wenn sie sagte: »So machen wir das«, dann wurde es auch so gemacht. Das konnte ich in den nächsten Wochen noch häufiger feststellen.

Hungrig stürzte ich mich auf die diversen Gerichte, doch irgendwann konnte ich weder reden noch etwas essen. Ich wollte nur noch ins Bett. Ohne einen einzigen Gedanken schlief ich ein. Nicht ein Mal wachte ich auf. Ich war meinem Traum gefolgt, die schlaflosen Nächte waren vorbei.

Am nächsten Morgen erwachte ich von dem Ruf des Muezzins. Für das erste Gebet des Tages tat er sein Bestes. Er plärrte, klagte und keuchte. Es klang, als hätte er Asthma. Über Mikrofon und Lautsprecher verstärkt, war an ein Weiterschlafen nicht mehr zu denken. Ich war in Pakistan. Kein Zweifel. Sogleich musste ich an meinen Großvater denken, der als Mullah ebenfalls vom Minarett aus Gebete ausgerufen hatte. Lebte er noch? Ich wusste es nicht. Stolz war er immer gewesen, wenn ich aus dem Koran las. »*Subhan Allah* – Allah sei gepriesen«, sagte er dann mit weicher Stimme, die ansonsten eher streng klang. Er war in Dhedar eine Autorität gewesen, sein Wort hatte gegolten. Einmal, als ich ein Glas Milch trinken wollte und meine Mutter mir eins reichte, sagte mein Großvater: »Wieso gibst du dem Mädchen Milch? Ein Mädchen muss nicht arbeiten, die Jungen müssen arbeiten. Sie sollen Milch trinken.« Da hatte ich begriffen, dass ich nicht so viel wert war wie meine Brüder. Doch wenn ich so gut wie kaum ein anderer aus dem Koran las und dadurch meinen Großvater stolz machte, so hoffte ich, dass er mich nicht ignorierte. Ich war nicht wie die anderen Mädchen, und das wollte ich ihm zeigen. Ich wollte die Ehre der Familie wahren, aber ich wollte auch arbeiten und beweisen, dass selbst ein Mädchen Geld nach Hause bringen konnte und deshalb Milch trinken durfte. Allein aus diesem Grund strengte ich mich besonders in der Schule an, lernte fleißig. Das war überhaupt mein Problem. Ich wollte, dass alle aus meiner Familie stets stolz auf mich sein konnten. Und am Ende schaffte ich es, dass ich niemanden von meinem Wert überzeugt hatte. Statt Worte des Stolzes bekam ich zu hören: »Du bist eine Schande für die ganze Familie, du hast unseren Ruf zerstört.«

Mir fielen die vielen obdachlosen Kinder ein, die ich gestern auf der Fahrt vom Flughafen in den slumartigen Vororten von Lahore gesehen hatte, zerlumpt, ohne Schuhe an den Füßen. Ohne Perspektive, ohne irgendeine Wahl. Sie schliefen auf den Straßen. Auf dem Rücken trugen sie einen ekligen Beutel, in dem sie Abfälle sammelten, die sie fanden – wo auch immer. Dadurch, dass mein Vater als Kranfahrer nach Europa gegangen war, hatte er mir die Hölle der Armut erspart. Dein Papa hatte dir ein gutes Leben ermöglicht, sagte ich im Stillen zu mir, während der Muezzin sich von Minute zu Minute asthmatischer anhörte. Und was hatte ich ihm zurückgeben? Schande. Doch was hatte ich verbrochen? Ich wollte doch nur frei leben.

Wieder quälten mich die Vorwürfe meiner Familie, meine Entgegnungen, es sollte nicht das letzte Mal sein.

Zum Frühstück wurden die restlichen Baratas serviert. Ich hatte nichts dagegen einzuwenden.

»Wir werden heute Nacht aufbrechen, dann ist es nicht so heiß wie tagsüber«, sagte Mira, während sie mir Tee mit Kardamom einschenkte. »Bevor es aber losgeht, müssen wir dir sicher noch den einen oder anderen Salwar Kamiz besorgen. Du hast doch nur den einen dabei, oder?« Ich nickte. »Im Lauf des Tages wird auch unser Fahrer aus Peschawar ankommen. Für Rasul sind die Strecken einfach zu weit, seine Gesundheit lässt nicht mehr zu, dass er lange hinter dem Steuer sitzt. Außerdem ist es zu gefährlich …«

»Peschawar«, unterbrach ich Mira heftig, »seid ihr wahnsinnig? Aus dieser Stadt stammen doch alle radikalen Muslime.« Die Drei-Millionen-Metropole Peschawar liegt am östlichen Ausgang des Khyber-Passes. Viele Afghanen waren während der sowjetischen Besatzung und der folgenden Bürgerkriege in diese grenznahe pakistanische Stadt geflohen. In den dortigen Koranschulen wurden die Taliban ausgebildet, nicht von ungefähr gründete Osama bin Laden hier al-Qaida.

»Das ist richtig, meine Tochter«, bemerkte Rasul, »aber wir brauchen einen solchen Mann, der nicht zimperlich ist. Ohne ihn werden wir die Reise, die wir vor uns haben, kaum überleben. Du weißt, dass auf unseren Straßen ständig Autos entführt werden. Ich muss dir nicht sagen, was das für die Insassen bedeutet.«

Ich verstand nun, warum sich Mira und Rasul einen muslimischen Fahrer aus Peschawar geholt hatten. Doch das, was mich dann erwartete, hätte ich mir niemals vorstellen können.

2

Verkauft, vergewaltigt und angekettet – modernes Sklaventum

Gegen ein Uhr fuhren wir los. Es war eine gute Entscheidung, die Nacht für die Fahrt zu wählen, denn tagsüber kletterte das Thermometer fast an die 50 Grad Celsius heran, und zwar im Schatten; für April war das eine unnatürliche Hitze. Ich trug nun einen gemusterten beigefarbenen Salwar Kamiz, den wir auf einem Basar erstanden hatten. Trotzdem klebte die Hose an meinen Beinen, bevor ich ins Auto stieg.

Jamil saß hinter dem Steuer des Suzuki, er hatte ein dunkles Gesicht, dunkle buschige Augenbrauen, eigentlich war alles dunkel an ihm. Aber attraktiv dunkel. Er war noch jung, vielleicht siebenundzwanzig, ein gebürtiger Afghane.

Ich wurde dem Fahrer als eine Pakistani vorgestellt, die in Europa lebt. Großes Interesse zeigte er nicht an mir, das war bei meinem Temperament auch gut so. Hätte er mir im »Meine Schwester«-Stil als Moslem Vorschriften gemacht – wer weiß, wie ich reagiert hätte. Später hörte ich, dass er mich am liebsten geheiratet hätte.

Die Straßen waren trotz der Uhrzeit immer noch voller Menschen. Durch die ungewöhnliche Hitze hatte sich alles in die Nacht verschoben. Hoffentlich überfuhr Jamil kein Kind, dachte ich, Bilder von am Straßenrand schlafenden Mädchen und Jungen im Kopf. Schließlich fielen mir selbst vor Müdigkeit die Augen zu, als wir auf einer

Art Autobahn waren und es nichts mehr zu sehen gab. Außer der tiefschwarzen Finsternis.

Plötzlich wachte ich auf. Irgendetwas stimmte nicht. Noch etwas benommen erblickte ich einen Wagen, der auf der Nebenspur stand, Jamil hatte anscheinend einen Spurwechsel vollzogen, vielleicht war ich deswegen aufgewacht.

Vorne in dem anderen Wagen saßen maskierte Männer, hinten, auf der offenen Tragfläche standen weitere Vermummte, bewaffnet mit Gewehren.

»Was ist los?«, fragte ich. Instinktiv hatte ich geflüstert, auch wenn uns die Männer im anderen Wagen wohl kaum verstehen konnten.

Bevor jemand antworten konnte, landete etwas Schweres, eingehüllt in weiße Tücher, auf unserer Windschutzscheibe. Von dort rollte es auf die Fahrbahn, und der Suzuki machte einen Satz.

Jamil fuhr weiter, ohne dass er ein einziges Mal seinen Fuß vom Gaspedal nahm. Er war erschrocken, das konnte ich in seinen Augen sehen, die ich im Rückspiegel erforschte. Auf einmal raste er, holte aus dem Wagen heraus, was er an Geschwindigkeit zu bieten hatte.

Ich hatte Angst. »Was ist los?«, wiederholte ich. »Was war das?«

»Wenn es eine Holzlatte gewesen wäre, dann hätte sie uns die Windschutzscheibe zerschlagen. Ich denke, es war eine Leiche.« Rasul flüsterte so leise, dass er kaum zu hören war.

»Eine Leiche?«

»Ja. Ich habe aus der Ferne schon beobachten können, wie die Maskierten auf dem stehenden Wagen etwas in diese Tücher einrollten. Vermutlich war es ein Mann. Wie dem auch sei: Für den Toten können wir nichts mehr tun. Halten wir an und sehen wir nach, bringen sie uns mit

Sicherheit alle um.« Nach einer kurzen Pause stieß er fluchend aus: »Räuberbande!«

Die Bedrohung war längst nicht vorüber. In jedem Fall hatten wir etwas gesehen, was wir nicht hatten sehen dürfen. Sonst wären die Männer nicht maskiert gewesen. In meiner Furcht fing ich an zu beten, Psalm 91, still: »Ob tausend fallen zu deiner Seite und zehntausend zu deiner Rechten, so wird es doch dich nicht treffen …« Keineswegs hätte ich dies laut tun dürfen, Jamil hätte Verdacht schöpfen können, auch wenn anzunehmen war, dass er gerade mit anderen Dingen beschäftigt war und nicht auf christliche Gebete hörte. Gleichzeitig musste ich an Aisha denken, an meine Schwester. Nicht einmal einen Abschiedsbrief hatte ich ihr hinterlassen, bevor ich nach Pakistan aufbrach.

»Verfolgen sie uns noch?«, fragte Mira. Ihre Stimme zitterte leicht. Wahrscheinlich gingen ihr gerade Gedanken an ihre Kinder durch den Kopf.

»Ich sehe nichts mehr«, antwortete Rasul, während er angestrengt in Rück- und Seitenspiegel blickte. »Aber da vorne ist eine Tankstelle. Jamil, fahr da raus. Da sind Leute.«

Jamil tat, wie ihm geheißen. Wir drehten uns nach allen Seiten um. Die vermummten Mörder ließen sich nicht blicken. Sollten sie dieses Manöver mitverfolgt haben, gingen sie aller Wahrscheinlichkeit nach davon aus, dass wir die Polizei rufen würden. Was wir aber nicht taten. Dabei war sie vielleicht sogar ganz dicht hinter uns, denn von Beginn unserer Reise an wurden wir, was wir aber erst am Ende erfuhren, vom berüchtigten pakistanischen Geheimdienst Inter-Services Intelligence (ISI) verfolgt. Waren sie tatsächlich hinter uns gewesen, hatten sie alles registriert, was in der letzten Stunde geschehen war – ohne einzugreifen.

Nachdem wir uns ein wenig beruhigt hatten und Jamil

sogar im Suzuki eine halbe Stunde schlafen konnte, setzten wir die Reise fort. Ich hoffte, dass der Ermordete, was auch immer er getan hatte, nicht völlig von den über ihn hinwegfahrenden Autos zermatscht wurde.

Die Stadt Sindh in der Provinz Sindh war unser Ziel, siebzehn Autostunden südlich von Lahore gelegen. Dieses gefürchtete Kriminellen- und Armengebiet, auch Daku genannt, in dem Muslime und Hindus leben, hatten Mira und Rasul ausgesucht, weil hier viele der gepeinigten Frauen wohnten, die ich treffen sollte. Die Sprache, die in dieser Provinz gesprochen wird, ist Sindhi, eine ans Sanskrit angelehnte Sprache, die ich jedoch nicht beherrschte. Mira hatte daher einen Übersetzer für mich engagiert.

Einige Stunden bevor wir Sindh erreichten, besuchten wir noch Mukhtar Mai in ihrem Heimatdorf Meerwala im Muzaffargarh-Distrikt. Die damals sechsunddreißigjährige Aktivistin für Menschenrechte war auch in Europa bekannt, sie hatte ein aufsehenerregendes Buch geschrieben. In *Die Schuld, eine Frau zu sein*[4] erzählt sie, wie sie von fünf Männern vergewaltigt wurde. Der Grund dafür: Ihr jüngerer Bruder, zwölf Jahre alt, hatte sich angeblich in ein Mädchen eines anderen Clans verliebt und es anscheinend berührt.

Mukhtar Mai hatte es geschafft, sich gegen ihre Peiniger durchzusetzen. Um die Ehre ihrer Familie zu retten, hätte sie Selbstmord begehen müssen, was sie aber unterließ. Stattdessen tat sie etwas, was bislang in Pakistan ein Einzelfall bei einer Vergewaltigung geblieben ist: Sie erhob 2005 gegen die Täter Anklage. Normalerweise hätte sie keine Chance gehabt, denn um Recht zu bekommen, hätte sie vier männliche Zeugen gebraucht, die für sie aussagen.

---

4   Mukhtar Mai: Die Schuld, eine Frau zu sein. München 2006

Vier männliche Zeugen bei einer Vergewaltigung – eigentlich eine Unmöglichkeit.

Und auch die damalige pakistanische Anwältin und UN-Sonderberichterstatterin Asma Jahangir sagte 2005 in einem Interview mit dem amerikanischen Sender CBS: »Jeden Tag werden Frauen vergewaltigt. Viele von ihnen trauen sich nicht, diese Vergewaltigung anzuzeigen. Sie kommen zu mir und fragen mich um Rat, ob sie die Tat melden sollen und welche Chancen sie haben, einen Prozess zu gewinnen. Als Anwältin kann ich ihnen dann nur sagen: sehr, sehr geringe.«[5] Und die damalige pakistanische Frauenministerin Nilofar Bakhtiar erklärte ebenfalls auf CBS: »Wir sind ein islamisches Land, und hier gelten islamische Gesetze. Das zu ändern ist schwierig.«[6] Aus diesem Grund war es auch kein Wunder, dass viele Frauen, nachdem sie misshandelt wurden, Gift schluckten, sich erhängten oder auf eine andere Art und Weise töteten.

Mukhtar Mai war also eine der wenigen Frauen, die eine Vergewaltigung in meiner Heimat öffentlich gemacht haben. Mit Unterstützung internationaler Organisationen, darunter Amnesty International, konnten die Männer 2005 zu Gefängnisstrafen verurteilt werden, allerdings wurden sie im April 2011 vom pakistanischen Supreme Court freigelassen.

Mukhtar Mai erhielt vom Staat eine Entschädigung, mit der sie ein Hospital sowie eine Schule für Mädchen in Meerwala gründete. Außerdem sorgte sie dafür, dass der Ort ans Stromnetz angeschlossen wurde. Von dem Clan, der ebenso ihren Bruder vergewaltigte, bekommt sie seitdem Morddrohungen. Diese Person wollte ich unbedingt kennenlernen, vielleicht konnte ich durch sie mehr dar-

---

5   www.cbc.ca{news{background{pakistan{mckenna_pakistan.html
6   Ebenda

über erfahren, wie ich den pakistanischen Frauen helfen konnte.

Ihr Haus wurde bewacht, die Morddrohungen hatten dies notwendig gemacht. Mukhtar Mai empfing mich in ihrem Wohnzimmer in einem dunkelroten, mit Blumen und Ornamenten versehenen Salwar Kamiz. Sie wirkte in sich gekehrt und äußerst bescheiden. Extrem bescheiden. Keinen Schimmer von Stolz spürte ich bei ihr. Dabei hatte sie doch wirklich etwas erreicht! Ich fand das sehr sympathisch.

Während sie mich herzlich zu Tee und Büffelmilch einlud, fragte sie mich auf Panjabi – Panjabi ist die Muttersprache vieler Menschen auf dem Land, wird als Schriftsprache jedoch nicht verwendet –, was ich denn in Pakistan vorhätte. Ich berichtete ihr von meinem Plan, doch als ich geendet hatte und sie erwartungsvoll ansah – zuletzt hatte ich sie gefragt, ob sie mir einige Ratschläge geben könnte –, wendete sie nur ihr Gesicht zu ihrer Mitarbeiterin, die neben uns saß. Doch auch diese Frau schwieg. Ich wiederum ließ meine Blicke über die vielen Koransuren schweifen, die überall im Raum auf kleinen Tischen verteilt waren. Ich hatte sie schon bemerkt, als ich das Zimmer betreten hatte, und es als einen Widerspruch zu ihrem Tun als Frauenaktivistin registriert. Ich blickte sie weiterhin an, aber sie gab keinen Kommentar von sich. Stattdessen fragte sie: »Möchtest du die Schule besuchen?« Das war alles, was sie sagte. Mira, die mich begleitet hatte, schaute mich angespannt an. Sie ahnte, dass ich nahe daran war, tiefer in Mukhtar Mai einzudringen, weiterzubohren. Aber ich hakte nicht nach, sondern nickte nur.

In der Mädchenklasse, die sie mir jetzt zeigte, unterrichtete eine vollkommen vermummte Lehrerin. Sie trug einen Niqab, einen Gesichtsschleier. Das Gewand ähnelte einer Burka, nur dass die Augen frei waren. Wieso hatte Mukhtar Mai, die genau wusste, wie Frauen in Pakistan behandelt wurden, eine so verhüllte Lehrerin eingestellt? Eine Lehrerin war immer Vorbild für die Mädchen, und bei einem solchen Vorbild konnte sich doch kaum gesellschaftlich etwas ändern. Schockiert konnte ich nicht länger an mich halten und fragte, Miras warnende Blicke ignorierend: »Warum trägt die Lehrerin einen Gesichtsschleier?«

Mukhtar Mai gab wieder keine Antwort.

Natürlich konnte ich mir vorstellen, dass es aus Sicherheitsgründen besser war, keinen Ärger mit der Dorfbevölkerung von Meerwala hervorzurufen, dennoch fuhr ich fort, um die Frauenaktivistin herauszufordern: »Wenn eine Religion wie der Islam vorschreibt, dass die Aussage einer Frau vor Gericht nur halb so viel zählt wie die eines Mannes, dann wird sie nicht als Verstandeswesen akzeptiert, sondern man reduziert sie auf ein sexuelles Wesen. Eine pakistanische Frau muss sich deswegen verhüllen, denn durch ihren Körper kann der Mann sexuell angelockt werden. Heißt das nicht auch, dass sie allein es ist, die die Männer animiert?« Mein direkter Angriff prallte bei ihr erneut ab. Noch immer sagte sie nichts.

Ich versuchte es mit einem neuen Ansatz, so leicht wollte ich nicht aufgeben: »Du redest viel über Frauenrechte, und ich finde großartig, was du geschafft hast, aber ich verstehe nicht, warum du so extrem islamistisch bist.«

Endlich begann sie zu reden: »Frauenrechte haben doch nichts mit Religion zu tun.«

»Aber im Koran steht, dass Frauen geschlagen werden dürfen. In Sure 4,34 heißt es: ›Und wenn ihr fürchtet, dass (irgendwelche) Frauen sich auflehnen, dann ermahnt sie, meidet sie im Ehebett und schlagt sie! Wenn sie euch (daraufhin wieder) gehorchen, dann unternehmt (weiter) nichts gegen sie! Allah ist erhaben und groß.‹«

Mukhtar Mai schaute ein weiteres Mal an mir vorbei. Sie

fühlte sich sichtlich unwohl. Ebenso Mira, die drängelte: »Komm, wir müssen weiter. Wir haben noch eine lange Fahrt vor uns.«

Ich ging nicht auf diese Bemerkung ein. Ich fühlte mich überhaupt nicht unwohl, ich blühte auf, kam so richtig in Fahrt: »Warum wird in Pakistan eine Vergewaltigung einfach so hingenommen? Das hat doch etwas mit Mohammed und seinen Ansichten zu tun!«

»Nein, nein, nein«, rief Mukhtar Mai. »Das sind zwei ganz verschiedene Dinge.« Wie oft hatte ich dieses Argument schon in Deutschland oder Österreich gehört. Ehrenmorde, Steinigungen, Hände abhacken seien präislamisch, uralte Traditionen, die nichts mit der Religion zu tun hätten. Ich war da anderer Ansicht.

Mira zupfte nun an meinem Salwar Kamiz herum. Es war wohl wirklich Zeit aufzubrechen. Ich überlegte, wie ich an Mukhtar Mais Stelle reagiert hätte. Wäre ich so islamisch, wie mein Großvater es gefordert hatte, ich hätte eine Frau wie mich überhaupt nicht erst empfangen. Mukhtar Mai kannte Europa nicht gut, durfte auch nicht in die USA einreisen, nachdem eine amerikanische Frauenrechtsorganisation sie zu einem Vortrag eingeladen hatte. Sie hatte keine Chance gehabt, offen zu werden. Ich jedoch hatte mich so verhalten, wie ich es in Europa gelernt hatte. Ich war einfach in ihr Haus gegangen, hatte laut »As-sāmu 'alaikum – guten Tag« gesagt, das war sie nicht gewohnt. Schüchterne und unterwürfige Frauen, Frauen, die sich benehmen können, sind in Pakistan angesehene Frauen. Laut dürfen nur Männer sein. Es war also nicht weiter erstaunlich, dass Mukhtar Mai zurückhaltend auf mein Auftreten reagiert hatte. Sie hatte sich frei gekämpft, aber zugleich wollte sie ihre Ehre retten. Sie wollte nicht wirklich die Männer und die Religion anklagen, nicht wirklich die Freiheit für die Frauen erlangen. Sie hatte, wie ich dann auch später erfahren habe, auch einen Mann geheiratet, der schon eine Ehefrau besaß. Sie war eben islamisch. Und sie wollte leben und kleine Schritte der Veränderung für ihr Dorf erreichen. Das hatte ich zu akzeptieren, und ich musste darauf mehr Rücksicht nehmen. Ich konnte nicht einfach über sie urteilen.

Bevor wir wieder ins Auto stiegen, setzte mir auch Mira – zu Recht – zu: »Sabatina, du wirst zurück nach Europa gehen, wir aber leben hier. Wir bekommen die Probleme, wenn du dich so aufführst, nicht du. Sei froh, dass die Wächter vor ihrem Haus nichts mitbekommen haben. Du weißt, was passiert, wenn du den Islam hinterfragst. Eine einzige Anzeige reicht, und wir landen alle hinter Gittern.«

Schuldbewusst sah ich sie an. Niemanden wollte ich mit meiner Reise in Gefahr bringen – obwohl ich es schon getan hatte –, also gelobte ich, dass ich meine Zunge mehr im Zaum halten wolle. Leicht war das nicht, denn Wahrheit ist für mich ein großer Wert, der größte überhaupt. Ich glaube, dass Wahrheit eine Voraussetzung für Freiheit ist. Ich hasse es, mich zu verstellen. Schon als Mädchen war ich ein Freigeist, und als meine Mutter und wir Geschwister zu meinem Vater nach Sarleinsbach zogen, in die Nähe von Linz, wollte ich mich genauso anziehen wie die österreichischen Mädchen.

In den nächsten Jahren stellte ich fest, dass andere pakistanische Mädchen in unserer Umgebung stets Pluspunkte für ihre »Anständigkeit« sammelten. Mir hielt man immer vor: »Guck mal, da ist Zafira, die Tochter von Onkel Masuth, die ist so züchtig. Dabei ist sie sogar in Österreich geboren und aufgewachsen. Sie hat keinen Freund, und bald wird sie einen Pakistaner heiraten.« Dabei wusste ich, dass Zafira schon längst einen Freund hatte, mit dem sie sogar schon geschlafen hatte. In einem Hotel. Alle anderen wussten das aber nicht. Zafira hatte es hervorragend geschafft, ohne sich weiter darüber Gedanken zu machen, unter ihrem Salwar Kamiz ein Doppelleben zu führen. Ich tat das auch, aber für mich war das ein großer Gewissenskonflikt. Ich wollte ehrlich sein. Dadurch war ich das schwarze Schaf in der Familie. Aber warum sollte ich jemand sein, der ich nicht war? Warum sollte ich anderen Menschen gegenüber eine Identität vortäuschen, nur oberflächlich gesehen eine gute Muslimin sein? Nur um ihre Gunst zu bekommen und ihnen zu gefallen? Die, die das taten, lebten in meinen Augen nicht wirklich. Leben bedeutet für mich, ich selbst sein zu dürfen.

Während der Weiterfahrt nach Sindh erwischte es mich. Eine Infektion. Wir aßen unterwegs in kleinen Garküchen, die alles andere als sauber aussahen. Anfangs hatte ich – anders als Vincent – demonstrativ gesagt: »Das, was hier an den Straßen gekocht wird, esse ich nicht, ich ernähre mich nur von Bananen.« Aber schließlich wurde mir von den Bananen so schlecht, da sie in der Hitze zu gären angefangen hatten, dass ich es doch mit irgendwelchen vor Fett triefenden Currygerichten versuchte. Je mehr Fett, desto besser das Essen, das ist eine weitverbreitete pakistanische Regel. Heißt es doch, nur Reiche können sich Fett leisten. Ich misstraute ihr. Wenn man sich die Holzfeuerstellen, *chulha* genannt, genauer ansah, kroch da alles Mögliche herum, wahrscheinlich angezogen von diesen »guten« fetthaltigen Speisen. Ich versuchte nicht hinzuschauen. Stattdessen beobachtete ich, wenn wir in einer Garküche saßen, die Kinder. Aber das war auch nicht aufbauender. Selbst kleine Jungen schleppten schwere Sachen herum, krabbelten ölverschmiert an Tankstellen unter Autos. Ihre Augen waren leer, kein Kind spielte auf den Straßen.

Abends kamen wir in Sindh an. Das Hotel, in dem wir übernachteten, verdiente den Namen nicht. Überall nur Dreck. Kakerlaken, die auseinanderstoben, wenn man Licht anmachte. Ich musste mich übergeben und rannte ins Bad. Da war es aber noch schlimmer. Zuhauf krabbelten da auf dem Boden Viecher herum, die ich noch nie gesehen hatte. Iiieeh! An den Wänden liefen Geckos entlang. Nachdem ich gekotzt hatte, fing ich an zu weinen. Das war einfach zu furchtbar, was mich umgab. Mira schien es ähnlich zu ergehen, denn sie rief den Hotelbesitzer. Als sie ihm den Zoo zeigte, sagte er nur: »Kein Problem, innerhalb von wenigen Minuten haben wir das erledigt.« Kurz darauf kam er mit einer großen Spraydose zurück und sprühte wild drauflos. Innerhalb von Sekunden waren die Tiere tot. Als ich einigermaßen wieder bei Kräften war, schimpfte ich über das Gift: »Wie kann man nur so ein brutales Zeug verwenden?« Der Hotelbetreiber konnte nun überhaupt nichts mehr verstehen. Erst regten sich seine Gäste über die Krabbeltiere auf, dann über deren Tod. Kopfschüttelnd verließ er unsere Zimmer.

Nach einem kleinen Zwischenhoch wurde ich stündlich schwächer, bekam schließlich sogar hohes Fieber. Mira entschied, dass wir in dem Hotel nicht mehr bleiben konnten. Wir wechselten in eine andere Herberge. Dort entdeckten wir keine Kakerlaken, zumindest waren sie nicht auf den ersten Blick sichtbar.

Am nächsten Morgen hätte ich die ersten Termine mit den Frauen haben sollen. Aber ich war nicht in der Lage, sie zu treffen. Ich konnte nicht einmal sprechen, so dreckig ging es mir. Mira und Rasul brachten mich mit sorgenvollen Mienen ins Krankenhaus. Die Ärztin, eine kräftige Frau mit breiten Wangenknochen und einem schmuddeligen Habit, untersuchte mich und sagte schließlich: »Sie müssen sich in den nächsten Tagen ausruhen, sonst wird alles noch schlimmer. Ich gebe Ihnen eine Infusion, dadurch kommen Sie wieder zu Kräften.«

»Keine Infusion! Nicht in Pakistan!« So erschöpft, wie ich auch war, meine Sinne hatte ich noch beisammen. Ich hatte den Dreck im Hospital gesehen, den Schmutz an ihrer Kleidung. Um nichts in der Welt wollte ich mir hier eine Spritze geben lassen. Wahrscheinlich hatte man sie schon zehn anderen Leuten in alle möglichen Körperteile gerammt. Nein. Der Kontakt mit einer Nadel würde alles nur noch schlimmer machen.

Mira hielt dagegen, meinte, ich müsse mich unbedingt behandeln lassen. Aber ich hörte auf mein Bauchgefühl, beharrte darauf, augenblicklich das Krankenhaus zu verlassen. Ich wollte die gepeinigten Frauen wenigstens am nächsten Tag treffen, wenn es schon nicht heute möglich war. Mit der Spritze hätte ich keine Chance dazu, das spürte ich. Weite Strecken hatten die Frauen auf sich genommen, um mit mir, einer Person, die einer NGO angehörte, einer Nichtregierungsorganisation, sprechen zu können – in der Hoffnung auf Hilfe.

Und tatsächlich: Am nächsten Tag war ich einigermaßen fähig, mich aufrecht zu halten. Viele Stunden Schlaf hatten dazu beigetragen, dass es mir wieder besser ging. Mira und Rasul hatten die Zeit genutzt, um zwei Leibwächter zu engagieren. Sie waren nicht zu übersehen: weiße Turbane, darunter braune, zum Teil maskierte Gesichter, in den Händen Kalaschnikows, in ihren Gewändern noch andere Waffen. Sie standen vor unseren Hotelzimmern, und nach all dem, was wir bislang durchgemacht hatten, schien eine solche Sicherheitsmaßnahme sinnvoll zu sein. Ich hatte auch ständig Angst, dass jemand in mein Zimmer eindrang und mich erschoss.

Bevor wir zu den Frauen aufbrachen, sagte einer der Leibwächter: »Madame, eine Frau ist erschossen worden, als sie sich auf den Weg zu Ihnen machen wollte.« Für einen Augenblick wussten wir nicht, ob wir weitermachen sollten. War das nicht für alle viel zu gefährlich, für die Frauen wie auch für uns? Rasul meinte: »Die Peiniger wissen jetzt, dass wir da sind.« Es stellte sich noch heraus, dass die Frau, die zur hinduistischen Minderheit in Sindh gehörte, nicht von ihrem Mann getötet worden war, sondern von einem Großgrundbesitzer, für den sie gearbeitet hatte. Er hatte zuvor schon aus unerklärlichen Gründen ihren Mann und ihren Sohn umgebracht, und nun hatte sie uns ihr Leid klagen und um Gerechtigkeit, um Rechtsbeistand bitten wollen. Der Großgrundbesitzer hatte das herausgefunden, deshalb tötete er sie.

Unweigerlich musste ich an meinen Vater denken. Weißt du eigentlich, in welche Gefahr ich mich begebe?, fragte ich ihn im Stillen. In meiner Schwäche brach alle Emotionalität aus mir heraus. Ich hoffte in diesem Moment, dass meinen Eltern mein Leben noch etwas wert war, wohl wissend, dass genau sie ein Todesurteil über mich gefällt hatten. Ich malte mir aus, was sie empfinden würden, sollte ich ihnen als Leiche übergeben werden. Würde dieser Anblick ihnen zusetzen? Oder würden sie sagen: »Unsere Tochter ist einen schlechten Weg gegangen, das war die gerechte Strafe Allahs«?

»Was sollen wir tun?«, fragte ich Rasul und Mira.

Rasul fand die richtigen Worte: »Denke an die Königin Esther. Sie musste ihr Volk retten. Sie sagte: Wenn ich dabei umkomme, dann komme ich dabei um.«

Diese biblische Erzählung bestätigte mich darin, dass wahrer Mut eine Willensentscheidung ist, die Gott uns überlässt. Zwar hatte ich keine Kontrolle darüber, ob ich leben oder sterben würde, aber ich hatte die Möglichkeit zum Handeln. Ich war nicht nach Pakistan gekommen, um Currygerichte zu essen. Ich wollte die Aufgabe erfüllen, um jeden Preis, so wie auch Königin Esther ihr Leben riskiert hatte. Sie hatte bei ihrem Tun auch nicht an sich gedacht. Es gab Dinge, die einfach wichtiger waren als die eigene Person. Mein Kampfesgeist war wieder erwacht.

Wir stiegen in unseren Suzuki und fuhren zu dem Haus, in dem einer der Leibwächter wohnte. Das war die Adresse, die man den Frauen für die Begegnung mit mir genannt hatte. Ein Kübel stand zu meinen Füßen parat, sollte ich mich übergeben müssen.

Vincent fand es überflüssig, dass wir von unseren Wächtern begleitet wurden. Er hatte, wie ich mehr und mehr vermutete, eine gewisse Naivität, was Pakistan betraf, schien er doch zu glauben, es sei einfach nur ein wunderbares Land, das offener sei als Deutschland. Seine Liebe zu diesen Menschen war beeindruckend. Das konnte ich nachvollziehen, nur durfte man die Bedrohungen, die von diesem islamischen Staat ausgingen, nicht ausblenden.

Der Suzuki hielt nach ungefähr einer Stunde. Ein unglaublicher Tag begann. Frauen mit Babys auf dem Arm, oft ohne Windeln, man konnte ihre kleinen, nackten, braunen Pos sehen, versammelten sich vor dem Haus. Um sie herum, zwischen ihren Beinen, waren unzählige weitere Kleinkinder. Die Frauen, die meisten von ihnen waren sehr schön, hatten alle einen in sich gekehrten Augenausdruck. Sie hielten in ihren Händen Ketten aus den überall wachsenden Rosen, die sie uns zur Begrüßung überreichten. Einige von ihnen sangen dazu. Die Frauen waren nicht allein gekommen, eine Gruppe von jüngeren und älteren Männern stand etwas abseits. Waren das die Ehemänner? Mira, die meinen Blick verfolgt hatte, sagte: »Es sind meist Väter, die ihre Töchter begleiten, oder Brüder, die zum Schutz ihre Schwester mitgekommen sind.« Stimmt. Wie hatte ich das vergessen können! Peiniger hätten ihren Frauen kaum erlaubt, zu diesem Haus zu kommen. Ich war wohl doch noch etwas geschwächt, dachte ich.

In den nächsten Stunden erfuhr ich von den Schicksalen der Frauen. Eine von ihnen, Waleema, war gegen ihren Willen als Minderjährige verheiratet worden, ihr Vater hatte sie an einen Mann verkauft. Er brauchte Geld für Drogen. Ihre Mutter war gegen die Ehe gewesen, konnte die Zwangsheirat aber nicht verhindern. Weil Waleema sich aber nicht so in die neue Familie eingefügt hatte, wie es von ihr erwartet worden war, sollte sie bestraft werden. Schwiegermutter und Ehemann warfen sie vereint ins Feuer. Sie kam mit einigen Verbrennungen davon. Die jüngere Schwester dieser Frau, siebzehn Jahre alt, war ebenfalls bei diesem Gespräch anwesend. Auch sie war gerade vom Vater verkauft worden.

Zeynab, eine dritte Muslimin, war mit zehn Jahren von ihrem Onkel an einen fremden Mann wie ein Stück Ware veräußert worden. Da jedes männliche Familienmitglied über die zum Clan gehörigen Frauen bestimmen kann, wenn der jeweilige Vater sich nicht wehrt, konnte der Verwandte so seine Macht ausspielen. Damit Zeynab den Weg nach Hause nicht zurückfand, hatte man ihr die Augen verbunden, als man sie in das Auto setzte, das sie zu ihrem zukünftigen Ehemann bringen sollte. Es war eine lange Fahrt gewesen, bevor der Wagen in einem anderen Dorf hielt. Man nahm ihr das Tuch von den Augen und führte sie dann zu ihrem Mann. Mit ihm, der viel älter war als sie, musste sie sofort schlafen. Als Zeynab mehrere Kinder zur Welt gebracht hatte – sie war jetzt Mitte, Ende zwanzig –, beschloss der Ehemann, sich eine zweite Frau zu nehmen. Als er aber feststellte, dass er sich beide Frauen nicht leisten konnte, setzte er Zeynab, die er auch immer wieder verprügelt hatte, einfach vor die Tür. »Verschwinde! Ich verstoße dich.« Das sagte er dreimal hintereinander, was im Islam einem rechtsgültigen Urteil gleichkommt. Die Kinder musste sie zurücklassen. Wohin sollte sie aber gehen? Als Verstoßene hätte sie nicht in ihr Elternhaus zurückkehren können, zumal sie sowieso nicht wusste, wo dieses war. Ihr blieb keine andere Wahl, als in einem Zeltlager der Großgrundbesitzer um Aufnahme zu bitten. Immer wieder kehrte sie zu ihrem Mann zurück, weil sie ihre Kinder sehen wollte. Der aber schlug nur auf sie ein. Zeynab hatte ein völlig vernarbtes Gesicht.

»Womit hat er dich denn geschlagen«, fragte ich, die Narben betrachtend.

»Mit einer Eisenkette, mit der man Büffel anbindet«, antwortete sie.

Ich schluckte schwer. Fast hätte ich mich erneut erbrochen, der Kübel stand in unmittelbarer Nähe, aber ich wollte mich vor den Frauen nicht so zeigen. »Und behandelt man dich im Lager besser?«

»Ich bekomme Wasser. Aber ich huste viel und spucke Blut. Doch ich habe kein Geld, um zum Arzt zu gehen.«

Viele der Frauen, die das Haus des Leibwächters aufgesucht hatten, waren Hinduistinnen. Sie wurden meist von muslimischen Grundbesitzern wie Sklavinnen gehalten. Ohne Pause mussten sie unter der brütenden Sonne die Ernte auf den Feldern einholen und lebten in notdürftig eingerichteten Zeltlagern, ständig Schlangen und Skorpionen ausgesetzt. Eine von ihnen, Maya, hatte sich geweigert, weiter für den Großgrundbesitzer tätig zu sein, weil sie die Arbeits- und Lebensbedingungen nicht länger ertrug. Sie sagte: »Zur Strafe haben sie daraufhin meinen Sohn an einen Baum gebunden. Er bekam kein Wasser, er sollte vor meinen Augen verdursten.« Alle Hindu-Frauen, mit denen ich sprach, waren von muslimischen Männern vergewaltigt worden. Da sie eine andere Religion ausübten, konnten sie keine Ehre haben. Und ohne Ehre waren sie wertloser Abschaum, mit dem man machen konnte, was man wollte.

Was ich an diesem Tag hörte, berührte mich so sehr, dass ich ein solches Lager sehen wollte, um mir eine Vorstellung vom Dasein der Frauen machen zu können. Nach einigem Zögern willigten Rasul und Mira ein, eine solche Fahrt zu organisieren.

Als es am nächsten Tag losging, fühlte ich mich wieder so gut, dass ich auf den Kübel verzichtete. Überall sah ich unterwegs riesige Löcher, wie Schlaglöcher, aber sie befanden sich nicht auf der Straße, sondern in der gesamten Gegend. Manchmal knieten Menschen um diese vielleicht einen Meter großen Öffnungen. Rasul erklärte: »Die Frauen graben nach Wasser. Es gibt hier nirgendwo fließendes Wasser, auch keinen Strom.«

Jamil stoppte in der Nähe eines Steinbruchs, den Weg dahin hatte ihm einer der Leibwächter gezeigt. Junge Mädchen schlugen Steine, vier- oder fünfjährige Kinder schleppten irgendwelche schweren Brocken herum. Als sie uns sahen, liefen sie augenblicklich davon.

»Warum rennen sie weg?«, fragte ich.

»Sie haben Angst vor Kidnapping, deshalb verstecken sie sich«, erläuterte Mira. »Man versucht sie zu entführen, um sie zu töten. Man will ihre Organe, denn der Handel mit ihnen ist für manche Pakistaner ein großes Geschäft.«

Es war schon alles grausam genug, doch immer wieder musste ich erfahren, dass Menschen vor nichts haltmachten.

Da wir Wasser und Speisen dabeihatten und der Leibwächter einige der Leute, die im Steinbruch arbeiteten, kannte, fasste man schließlich Vertrauen zu uns. Aber anfangs traten nur die Männer zu uns, bis ich sagte, dass sie nur Wasser bekommen würden, wenn sie auch die Frauen holten. Irritiert schauten mich die Männer an, doch dann taten sie, was ich gefordert hatte. Ich erzählte ihnen, warum ich in Pakistan war. Sagte, dass ein ehrenhafter Mann einer ist, der seine Frau gut behandelt. Alle Männer hätten eine Mutter, und es gäbe doch den islamischen Ausspruch: »Das Paradies liegt unter den Füßen der Mutter.« Anscheinend sah man das in Pakistan aber anders. Benazir Bhutto, die einstige Oppositionsführerin, die 2007, zwei Wochen vor den pakistanischen Parlamentswahlen, bei einem Attentat getötet wurde, hatte diesen Spruch oft zitiert.

Einige der Männer meinten verstimmt: »Warum berichtest du uns das? Willst du uns belehren?« Die meisten nahmen meine Worte jedoch gut auf. Ich wusste, dass sie, wenn wir wieder fort waren, in ihren harten Alltag zurückkehrten. Aber es konnte immerhin sein, dass ich vielleicht das eine oder andere Saatkorn gesät hatte. Mira und Rasul atmeten tief durch, wahrscheinlich beteten sie zehnmal am Tag, dass uns nichts passierte. Vielleicht dachten sie in diesem Moment sogar an die Worte des Propheten Mohammed, der gesagt hatte, dass man eine gute Frau daran erkennt, dass sie schweigt. Österreichische und deutsche Männer würden das glatt unterschreiben und sagen: »Richtig!«

Von einem etwa siebenjährigen Jungen, der sich aus seinem Versteck herausgewagt hatte, wollte ich seinen größten Wunsch hören. Er sagte: »Madame, schicken Sie uns Handschuhe aus Deutschland, damit die Arbeit nicht so weh tut.« Das war einer der Augenblicke, in denen ich einfach nur dastand und nicht wusste, was ich sagen sollte. Auch aus Wut. Ich war wütend über die miserable Lage in Pakistan, über den Westen, der Millionen Dollar und Euro in das Land fließen lässt, aber nicht wirklich darauf achtet, ob es bei den Armen auch ankommt. Natürlich war mir klar, dass ich allein Pakistan nicht retten konnte. Aber wo immer ich es vermochte, versuchte ich gerade bei den Kindern ein Lächeln auf ihr Gesicht zu zaubern. So versprach ich, als ich mich wieder gefangen hatte, dass ich mich um die Handschuhe kümmern würde. Hoffnung ist auch eine Saat. Später haben wir viele der versklavten Kinder, insgesamt rund hundertfünfzig, mithilfe unseres Vereins befreit. Eine englische humanitäre Organisation hat sich dann weiter um sie gekümmert.

Gleichzeitig ging mir ein Gedanke nicht aus dem Kopf: Wüssten die Menschen, dass ich den Islam verlassen habe, würden sie nichts von mir annehmen, nicht einmal eine Flasche Wasser. Diese Vorstellung bedrückte mich. Wieso mussten nach dem Islam Menschen kategorisiert werden? Hindu-Frauen durften demnach vergewaltigt, Christinnen als unreine Frauen beschimpft werden, die die Todesstrafe verdienten. Jemand, der mich ausgeliefert hätte, wäre mit pakistanischen Rupien belohnt worden. Ich bewegte mich in einem seltsamen Zwiespalt. Da war einerseits meine Liebe zu den Menschen, den Frauen, die strahlten, wenn ich ihre schmutzigen Kinder mit den süßen, braunen Gesichtern auf dem Arm trug – für die Mütter war das ein Zeichen, dass ich, die aus Europa kam, mich wirklich für sie interessierte. Aber auf der anderen Seite konnte ich keinen Glauben akzeptieren, der Einteilungen vornahm in wertlose und wertvolle Menschen. Im christlichen Westen hatte ich gelernt, dass die Würde des Menschen unantastbar ist. Hielte ich den Muslimen in Pakistan diesen Satz vor, sie würden mich auslachen. Was hieß überhaupt »Würde« in meiner Heimatsprache Urdu? Ich hatte es nie gelernt. Auch nicht das Wort für Toleranz. Vor kurzem fragte mich eine Frau auf Urdu: »*Baat Suneh, yeh Toleranz ky hota hai?* – Sag mal, was bedeutet eigentlich Toleranz?« Leider war Cem Özdemir nicht in der Nähe, der es hätte erklären können.

In den nächsten beiden Wochen sprach ich noch mit vielen weiteren Frauen – und ich machte mir ein Bild über ihre Lage, ein schreckliches Bild. Rasul und Mira dokumentierten die Fälle, sie machten Fotos von den Frauen und ihren Kindern, so dass ihre Hilfsorganisation weitere Schritte unternehmen konnte.

3

Ein christlicher Soldat
am Galgen –
die Toleranz des Islam

Es war Zeit, nach Lahore zurückzukehren. Vorher wollte ich aber noch in Multan, einer Stadt so groß wie München und in der Provinz Punjab gelegen, eine christliche Familie aufsuchen. Mira war dieser Umweg wichtig, denn sie hatte mich schon einige Zeit vor meiner Abreise nach Pakistan kontaktiert und von der christlichen Familie erzählt. Sie hatte gefragt, ob wir von Sabatina e. V. dem Sohn helfen könnten, der von Muslimen missbraucht worden war und im Gefängnis saß. Wir versuchten es, aber es gab keine Möglichkeiten des Eingreifens von Deutschland aus. Vielleicht konnten wir durch einen Besuch mehr erfahren, um besser helfen zu können.

Wir fuhren bei sengender Hitze durch die Wüste von Sindh. Alles flimmerte vor unseren Augen. Von den beiden Leibwächtern hatten wir uns inzwischen verabschiedet, sie sollten später noch große Schwierigkeiten bekommen. So gab es Auseinandersetzungen mit den Großgrundbesitzern, bei denen die Kalaschnikows abgefeuert wurden, weil sie uns geholfen hatten. Ansonsten hatte es aber während unserer Reise keine weiteren Zwischenfälle gegeben, das verdankten wir auch unseren beiden Wächtern.

Während wir über staubige Pisten bretterten, konnte ich die Erlebnisse mit den Hindu-Frauen nicht vergessen. Ich musste auch daran denken, wie es Christen in Pakistan erging. Und so sagte ich zu Mira, während Jamil gerade eine Pause machte und draußen in der Nähe des Suzuki stand, rauchte und uns nicht hören konnte: »Ich kann es nicht fassen, dass die Menschen in Pakistan, die nicht Muslime sind, so gequält werden. Man muss das doch öffentlich machen!«

»Du weißt, wie es um uns Christen bestellt ist, Rasul hat dir selbst erzählt, was er erlebt hat.«

»Das liegt nur am Propheten!«, erwiderte ich zornig. »Mohammed hat es vorgelebt, er hat Juden gekillt.« Miras Augen weiteten sich vor Schreck, ihre feinen Gesichtszüge verzerrten sich, so hatte ich sie noch nie gesehen. Ich hatte nicht bemerkt, dass Jamil längst seine Zigarette zerdrückt hatte und wieder zum Wagen zurückgekehrt war.

Rasul bat mich mit dunkel blitzenden Augen, wie ich sie noch nie bei ihm gesehen hatte, aus dem Auto auszusteigen. Er zog mich einige Meter in den Wüstensand hinein.

»Wenn du noch einmal solche Worte in Gegenwart von Jamil sagst, werden wir sofort alles abbrechen.« Rasul sah mich drohend an. »Er hat schon bemerkt, dass du den Propheten kritisierst. Jedes Mal habe ich versucht, ihn zu beruhigen. Ich habe ihm gesagt, dass du sehr naiv bist und keine Ahnung hast. Wir wissen alle, dass es diese Ungerechtigkeit in Pakistan gibt, aber du musst das nicht unbedingt noch vor einem Moslem zur Sprache bringen. Wenn Jamil begreift, was genau wir hier tun und wer wir sind, wird er uns vermutlich auf der Stelle erschießen.«

»Entschuldigung, Onkel Rasul.« Indem ich Rasul als Onkel bezeichnete, akzeptierte ich seine Autorität. Er hatte mich zum Glück wieder auf den Boden der Realität zurückgebracht. Wir saßen hier nicht bei *Beckmann* oder in einer anderen deutschen Talkshow, sondern in einem Suzuki mit einem Mann aus Peschawar. Es war ein völlig ungeeigneter Ort, um eine politische Debatte zu führen. In

Pakistan kann man nicht frei diskutieren, schon gar nicht in der Öffentlichkeit. In diesem Moment wünschte ich mir, alle Patrick Bahners und Claudia Roths dieser Welt hätten Rasuls Worte gehört, auch alle Islamverbände in Deutschland, die immer wieder behaupten, der Islam stünde für Toleranz und Frieden. Sie könnten sehen, dass in Pakistan keine Fernsehrunden über den Bildschirm laufen, in denen man den Islam kritisch hinterfragen kann. Schon wieder stieg Zorn in mir auf, dieses Mal angesichts der Tatsache, dass in Europa so viel Nichtwissen, so viel Feigheit vorherrschte, was diese Religion betraf. Für mich sah die Wirklichkeit des Islam anders aus. Selbst in Deutschland wurden muslimische Männer verteidigt, wenn sie schlecht über ihre Schwestern redeten. Wenn sie sie verprügelten, weil Musliminnen sich nicht so aufreizend anzuziehen haben, weil sie nicht in die Disco gehen dürfen, dann ist da nichts Falsches dran, das ist eben islamisch … Gerade die Deutschen, die seit ihrer nationalsozialistischen Vergangenheit Angst davor haben, als rassistisch zu gelten, wollen den muslimischen Ausländer einfach nur lieben und die gewalttätige Seite ignorieren.

Mira hatte leider meine gesamte Wut mit aller Wucht abbekommen. Keineswegs wollte ich sie oder Rasul in Gefahr bringen. Ich hoffte, dass ich mich mehr beherrschen konnte – ich hatte es mir ja schon einmal vorgenommen.

Schließlich fuhren wir weiter und kamen nach einigen Stunden des Schweigens in Multan an. Al-Qaida-Mitglieder hatten einmal gesagt, dass sie diesen Ort bereinigen werden, denn in ihm würden Christen leben. Als wir ein Hotel gefunden hatten, das halbwegs sauber war, machten wir uns auf den Weg in das Christenviertel der Stadt. Jamil musste den Suzuki weit entfernt von dem Haus der christlichen Familie parken, da die Straßen, wenn man überhaupt von solchen sprechen konnte, nicht zu befahren waren. Überall waren Pfützen, in denen Fäkalien herumschwammen. Ekelhaft. Die pakistanische Regierung kümmerte sich in diesem Gebiet um nichts. Wenn es schon den Muslimen schlechtging, warum sollte man sich da um die Christen kümmern?

Jamil blieb zur Bewachung im Wagen zurück – das war auch gut so –, und wir machten das, was alle Fußgänger hier taten: Wir sprangen von einer zerbrochenen Steinplatte zur nächsten, um nicht mit dem Dreckwasser in Berührung zu kommen. Als wir so die Behausung der christlichen Familie erreichten, lief uns am Eingang eine Horde von Kindern entgegen. Alles Jungen. Dazwischen entdeckte ich eine verhärmt aussehende Frau in einem rosafarbenen Gewand, wohl die Mutter dieser Kinder. Sie reichte uns die Hand, stellte sich als Ruchsana vor und führte Mira, Rasul, Vincent und mich in einen Raum, der nur spärlich möbliert war. Ich konnte mir vorstellen, dass es in den übrigen Zimmern nicht anders aussah und dass die Kinder kaum in einem Bett schliefen.

Ruchsana bat uns, auf den schmucklosen Stühlen Platz zu nehmen. Sie verscheuchte die Kinder, die aber immer wieder in den Raum stürmten, so dass sie kurzerhand entschied, das Gespräch oben auf dem Dachboden des Hauses fortzuführen. Wir kletterten eine kleine Treppe hoch und setzten uns auf einen *charpai*, ein traditionelles indisches Bett, das aus vier Holzbeinen und einem mit gewebten Stoffbahnen bespannten Holzrahmen bestand.

»Sie sollen nicht mitbekommen, wie ihr Bruder umgebracht wurde«, erklärte Ruchsana. »Hier oben haben wir Ruhe vor ihnen.« Nachdem auch sie sich gesetzt hatte, begann sie zu erzählen, ohne Einleitung und ohne uns einen Tee anzubieten. Man merkte ihr an, dass sie so sehr auf unser Kommen gewartet hatte, dass sie an nichts anderes mehr denken konnte. Ihr Sohn Emmanuel, so erfuhren wir, war in das Alter gekommen, wo er von der pakistanischen Armee eingezogen wurde. In seiner Einheit geschah ein Mord, ein Muslim tötete einen anderen Muslim. Es war bekannt, dass Emmanuel Christ war, und weil Christen in Pakistan kaum Rechte besitzen, drehten die muslimischen Soldaten es so, als hätte Emmanuel den Mord begangen. So hatte man einen Schuldigen gefunden und konnte selbst ungestraft davonkommen. Der Plan ging auf. Emmanuel kam unschuldig ins Gefängnis. Ruchsana wusste davon nichts, da ihr Sohn ihr das nicht sagte. Immer wieder rief sie in seiner Einheit an, schrieb ihm Briefe, aber man gab ihr keine Auskunft, die Briefe blieben unbeantwortet. Nach sechs Monaten erfuhren Ruchsana und ihr Mann schließlich, was geschehen war. Dem Vater, der immer darunter gelitten hatte, dass man seine Söhne töten konnte, wenn sie nicht zum Islam konvertierten, hatte diese Nachricht so zugesetzt, dass er einen Herzinfarkt erlitt und daran starb. Um die Familie weiter ernähren zu können, musste Ruchsana nach und nach alles, was sie besaß, verkaufen, so erklärten sich die nahezu leeren Räume.

»Haben Sie Ihren Sohn sehen können?«, fragte ich.

»Ich wusste zwar nun, dass mein Sohn in einer Zelle sitzt«, fuhr Ruchsana fort, »aber nicht, wo. Das wollte man mir nicht sagen. So schaltete ich einige Menschenrechtsorganisationen ein, die herausfanden, in welches Gefängnis man ihn gebacht hatte. Als ich mit zwei meiner jüngeren Söhne dort ankam, hatte Emmanuel nur einen Fetzen am Körper, überall stachen die Knochen hervor. Apathisch saß er in einer Ecke, vollkommen gebrochen. Er erzählte mir, dass Gefängniswärter ihn vergewaltigt hätten. Überall konnte ich Spuren des Missbrauchs sehen. Als ich wieder gehen musste, sagte ich: ›Ich verspreche dir, ich hole dich hier raus. Man wird uns helfen, das hat man uns zugesichert.‹ Mein Sohn aber meinte: ›Mama, ich habe große Angst. Ich glaube, die wollen mich erhängen. Ich habe gehört, dass sie mich erhängen wollen.‹ Ich versuchte ihn zu trösten: ›Mein Sohn, du brauchst keine Angst zu haben, ich bin bei dir.‹ Er sagte noch: ›Mama, mach schnell.‹«

Ruchsana fing an zu weinen. Doch sie fasste sich und setzte ihren Bericht fort. Zuerst hatte sie angenommen, dass ihr Sohn in seiner Furcht davon gesprochen hatte, dass man ihn hängen würde, aber bald nach ihrem Besuch im Gefängnis teilte man ihr mit, man hätte schon den Galgen aufgebaut. Die Mitarbeiter der Menschenrechtsorganisationen, die sie eingeschaltet hatte, machten eine Eingabe nach der anderen, doch es half nichts. Emmanuel wurde erhängt. Vorher hatte man ihn gefragt: »Was ist dein letzter Wunsch, *Isai?*« *Isai* heißt Christ und ist in Pakistan ein Schimpfwort. Unter Tränen, so hatte man es Ruchsana später zu verstehen gegeben, soll er geantwortet haben: »Sagt meiner Verlobten, es täte mir leid, dass ich sie nicht heiraten kann, und meinem zweitältesten Bruder, dass er arbeiten gehen muss, damit meine Mutter überleben kann.« Es wurde dann eine richtige Feier daraus veranstaltet, als sie Emmanuel zum Galgen führten.

Ruchsana holte aus einer Tasche ihres Gewands ein Foto, das so aussah, als würde sie es jede Stunde, die sie ihren Sohn überlebt hatte, anschauen. Sie hielt es mir hin. Ein schöner, freundlicher Mann, der seine Haare zur Seite gekämmt hatte, lächelte mir darauf entgegen. Nach dem Besuch bei Ruchsana sollte ich noch eine christliche Menschenrechtsorganisation aufsuchen, die mir ein anderes Foto von Emmanuel vorlegte. Auf ihm war zu sehen, wie er an einem Strick hing. Meine Tränen konnte ich in diesem Moment nicht mehr zurückhalten. Tränen des Mitleids, Tränen der Wut. Von Religionsfreiheit konnte hier wirklich nicht die Rede sein.

Als ich aber noch bei Ruchsana auf dem *charpai* saß, fragte ich, als ich weiter das Foto betrachtete, auf dem Emmanuel noch lebte: »Wie können wir Ihnen helfen? Sie haben sich ja schon an unseren Verein gewandt, doch wir konnten von Deutschland aus nichts tun.«

»Vielleicht kann das Fernsehen in Deutschland schildern, was mit meinem Sohn passiert ist.« Ruchsana nahm ganz vorsichtig meine Hand, als sie diese Worte leise sagte.

»Ich will es versuchen, kann Ihnen aber nichts versprechen.«

Bislang hatte ich keinen Erfolg, aber jetzt steht Ruchsanas Geschichte und die von ihrem Sohn Emmanuel in diesem Buch.

Beim Hinausgehen überlegte ich, was für einen Absolutheitsanspruch der Islam doch vertrat. In Europa durften Moscheen gebaut werden, in Deutschland und Österreich versucht man eine Religion zu integrieren, die selbst keine Religionsfreiheit kennt und die ich als extrem intolerant empfinde. In der Sunna, den Überlieferungen Mohammeds, wird bei einem Glaubensabfall der Tod gefordert. Der Prophet sagt: »Wenn ein Muslim seine Religion verlässt, dann töte ihn.« (Bukhari V4 B52 N260)

Das, was zwischen säkularisierten westlichen Ländern und muslimischen Staaten wie Pakistan, Afghanistan oder Somalia passiert, war meiner Meinung nach kein Dialog auf Augenhöhe, sondern ein Monolog – wobei nicht der Westen den Kurs vorgab, sondern die islamischen »Republiken«. 80 Prozent aller religiös Verfolgten sind Christen – das hat die Internationale Gesellschaft für Menschenrechte (IGFM) in einer Studie 2009 veröffentlicht[7], Tendenz besonders in den islamischen Ländern steigend. Und

---

7 www.katholisch.de/Nachricht.aspx?NId=2288

hinter den 80 Prozent verbergen sich mehr als 200 Millionen Einzelschicksale.[8] Ganz auf der Strecke blieben aber die Hindu-Frauen, sie ließ man völlig im Stich. Es war eine schallende Ohrfeige für sie.

Als ich noch Muslimin war, regte ich mich über die Österreicher auf, wenn ich mit ihnen über Religion redete. Sie machten Witze über Jesus und lachten hämisch, weil sie bezweifelten, dass die Jungfrau Maria wirklich noch Jungfrau war, als sie Jesus zur Welt brachte. Ich fand das schlimm. Gotteslästerung. Jedes Mal dachte ich, dass der Islam völlig recht hat, wenn behauptet wird, dass die Menschen im Westen keine Religion mehr haben. Ich war überzeugt davon, dass man ihnen diese bringen müsste. Für mich war es völlig unverständlich, dass man sich sogar für den christlichen Glauben schämte. Und wer sich nicht schämte, rühmte sich seines kritischen Geistes, den man an die Stelle des Glaubens gesetzt hatte. Als aufgeklärter Humanist bezeichnete man sich dann. Und so manche von ihnen wollen an deutschen Schulen das Fach Religion am liebsten abschaffen, bei gleichzeitiger Akzeptanz eines Islamunterrichts für muslimische Kinder. Aber kann die Bergpredigt Jungen und Mädchen nicht mehr über Werte vermitteln als die Lehren Mohammeds vom Schlag: »Und erschlagt sie (die Ungläubigen), wo immer ihr auf sie stoßt« (Sure 47, 4)? Sollte man nicht einmal darüber nachdenken, dass Europa nicht vielleicht auch bedroht sein könnte, weil man dem Islam nichts entgegensetzen kann? Wie soll man einen Dialog mit einer anderen Religion führen, wenn man selbst keine hat?

---

8   www.igfm.de/Christenverfolgung-Jeder-zehnte-Christ-aus-Glaubensgruenden-dis.991.0.html

In Multan machte ich noch eine weitere Erfahrung, denn nun gab sich der Geheimdienst zu erkennen. Wir saßen in einem Zimmer unseres Hotels und dachten über das nach, was uns Ruchsana erzählt und die christliche Menschenrechtsorganisation bestätigt hatte, als zwei unangenehm aussehende Männer ohne anzuklopfen ins Zimmer traten und Rasul aufforderten, mit vor das Hotel zu kommen. Wir alle schauten uns ängstlich an. Was hatte das zu bedeuten? Was würde man mit Rasul anstellen? Keiner von uns sprach ein Wort, jeder hing seinen eigenen Gedanken nach. Nach einigen Minuten, die uns wie eine Ewigkeit erschienen waren, kehrte Rasul zurück. Erleichtert atmeten wir auf.

»Was wollten die Männer?« Mira blickte ihren Mann an, sie sah ganz blass aus.

Rasul berichtete, was sich vor dem Eingang des Hotels abgespielt hatte. Keiner der beiden Männer hätte sich vorgestellt, daher sei ihm sofort klar gewesen, dass sie für den Geheimdienst arbeiten mussten. Einer der Männer hätte sofort mit versteinerter Miene gefragt, wer ich denn sei.

»Sie ist unser Besuch«, antwortete Rasul.

»Aha, euer Besuch. Und was macht euer Besuch hier?« Das wollte jetzt der zweite Geheimdienstler wissen.

»Wir unternehmen gerade eine Tour durch Pakistan und schauen uns einige Städte an. Die junge Frau und ich sind nämlich verwandt, und die andere Frau ist ihre Tante. Der junge Mann hilft Schulkindern.« Rasul hatte gefühlt, wie ihm Schweißperlen auf der Stirn ausbrachen. Sollte jetzt, wenige Tage vor meiner Abreise nach Deutschland, herausgekommen sein, dass ich zum Christentum konvertiert war?

»So, so verwandt. Vielleicht solltest du ein bisschen besser auf deine Nichte aufpassen, sie scheint sehr umtriebig zu sein.«

Mit dieser Aufforderung, die eine indirekte Warnung enthielt, schickten sie Rasul wieder ins Hotel zurück. Nachdem er von dieser Unterredung erzählt hatte, fragte Vincent: »Woher wussten die von uns?«

»Das ist doch klar«, erwiderte Rasul. »Die Spione des pakistanischen Geheimdiensts lauern überall. Nie kann man wissen, wer einen gerade verrät. In jedem Hotel, in dem wir genächtigt haben, unter den Leuten, denen wir helfen wollten, können Geheimdienstmitarbeiter gewesen sein. Bestimmt wissen die, dass wir Frauen besucht haben, um ihnen Unterstützung bei ihren Problemen zuzusichern.«

Vincent schien sehr erstaunt über Rasuls Worte zu sein. Uns blieb nun jedoch keine Zeit für Diskussionen.

Mira sagte: »Es wird das Beste sein, wenn wir das Hotel sofort verlassen.«

Wieder in Lahore, erlaubten Rasul und Mira mir nicht, ihr Haus zu verlassen. Ich hielt dagegen, sagte, dass dies nicht möglich sei, ich müsse doch noch eine junge Frau im Gefängnis besuchen.

Bei diesem Fall, von dem ich durch eine andere christliche Menschenrechtsorganisation aus Lahore erfahren hatte, ging es darum, dass sich ein Mann, Karim, in eine Frau, Ellaha, verliebt hatte. Weil sie nicht heiraten konnten – sie waren beide bereits anderen Partnern versprochen –, liefen sie zusammen weg. Das Paar wurde nicht gefasst, und weil man das nicht auf sich beruhen lassen konnte, musste eine schuldige Person gefunden werden. Dies war dann die Schwester von Karim, sie musste für die Entehrung bezahlen. Shanaaz wurde verhaftet und im Gefängnis von einem Wärter vergewaltigt. Bald stellte sie fest, dass sie ein Kind von ihm erwartete.

»Wenn du das Mädchen im Gefängnis aufsuchst«, warnte Rasul, »wirst du dich in die Besucherliste eintragen müssen. Dein Name steht dann dort. Für den Geheimdienst ist dies der nächste Anhaltspunkt. In diesem Moment wissen sie, dass du in Lahore bist.«

Ich kämpfte mit mir. Etwas Traurigeres als in einem pakistanischen Gefängnis ein Baby zur Welt zu bringen, konnte ich mir kaum vorstellen. Zudem war davon auszugehen, dass Shanaaz selbst in ihrer Schwangerschaft vergewaltigt wurde, weil sie sowieso schon unrein war. Aber ich hatte dazugelernt: Ich nahm Rasuls Hinweis ernst und sah ein, dass das Risiko zu groß war. Schweren Herzens unterließ ich mein Vorhaben, ich wollte nicht die Sicherheit von Mira, Rasul und den anderen aufs Spiel setzen. Außerdem war ich durch die Virusinfektion noch immer geschwächt, und auch die Bruthitze und die Anstrengungen der Reise machten sich bemerkbar.

Eine Hürde hatte ich jedoch noch zu überwinden. Die Gespräche mit den misshandelten Frauen hatte Vincent mit einer kleinen Videokamera aufgenommen. Wenn der pakistanische Zoll die Aufnahmen fand, war ich erledigt. Doch ich brauchte wenigstens einige Filme als Dokumentationsmaterial für meine Arbeit – und ich musste darauf vertrauen, dass alles gutging, so wie alles bislang gutgegangen war. Einige Filme und Fotos ließ ich aber dennoch bei Mira und Rasul zurück.

Monate später wurde bei ihnen eingebrochen. Es wurde aber nicht etwa der Fernseher gestohlen, sondern die Videofilme und die Aufnahmen. Die Einbrecher, so vermuteten wir, waren Mitarbeiter des pakistanischen Geheimdiensts, sie gaben Mira und Rasul zu verstehen, dass man ihre Kinder kidnappen würde, sollten sie den Diebstahl öffentlich machen. Die Männer wussten auch genau, was ich in Deutschland tat. Nicht nur von meiner Familie wurde ich also bedroht, dachte ich, als ich davon erfuhr, sondern genau wie Mira und Rasul auch noch vom pakistanischen Geheimdienst.

»Bitte aufmachen!« Der Beamte auf dem Allama Iqbal International Airport forderte mich auf, mein Gepäck zu öffnen. Danach durchwühlte der korpulente Mann meine sorgfältig gepackten Sachen. Ich dachte nur eins: Hoffentlich war er blind für die Videokassetten. Und tatsächlich, er ließ sie aus, entdeckte sie nicht, ignorierte sie, was weiß ich.

Alle waren glücklich, mich ich wieder in Deutschland zu wissen. Lebend. Doch als ich in den ersten Tagen nach meiner Rückkehr kaum etwas aß und noch weniger redete, machten sich Freunde und Mitarbeiter des Vereins Sorgen. Hatte man mir etwas in Pakistan getan? War ich Bedrohungen ausgesetzt gewesen, die in mir Spuren hinterlassen hatten? Je mehr man versuchte, in mich zu dringen, umso mehr zog ich mich zurück. Es war mir nicht möglich, zu erklären, was mich bedrückte. Ich fühlte mich nicht würdig, so zu leben, wie ich lebte, mit ständig verfügbarem warmen und kalten Wasser. Luxus, der mir nicht zustand. Und wenn ich die Frauen auf der Straße beobachtete, mit kurzen Röcken und unverschleiert, dachte ich, dass ich es nicht verdient hatte, so frei zu leben.

Eine Freundin wollte mit mir am Telefon über ihre Scheidung reden, über die Gespräche mit ihrer Anwältin – ich wollte nur den Hörer auflegen. Mir kamen ihre Probleme genauso nichtig vor wie meine eigenen. Lebten wir nicht schon in einem Paradies? Und wieso verhielten wir uns so, als würden wir Tag für Tag darauf warten, dass es Wirklichkeit wurde? Dieser ergreifende Satz des kleinen Jungen ging mir nicht mehr aus dem Kopf: »Madame, schicken Sie uns Handschuhe aus Deutschland, damit die Arbeit nicht so weh tut.« Und in Deutschland ging es den

Kids um Playstations und den nächsten Computer. Ich verstieg mich in meine Gedanken sogar so weit, dass ich meine Freunde angriff. Zu der Freundin, die sich von ihrem Mann trennte, sagte ich: »Was regst du dich überhaupt auf! Hier im Westen können sich Frauen einen Rechtsanwalt nehmen, du wirst nicht dafür verfolgt, dass du deinen Mann verlassen willst. Und will er dir kein Geld geben, wirst du von irgendwelchen Behörden finanziert. Eine Frau in Pakistan kann ihr Leben nicht einfach verändern, wenn ihr etwas nicht passt. Ihr bleibt nichts anderes übrig, als zu schweigen und das Leid zu ertragen. Eine andere Wahl hat sie nicht.«

Als ich merkte, dass sich auch die Journalisten in Deutschland, die ich ansprach, kaum für die Schicksale der Frauen interessierten, ganz gleich, ob es islamische, hinduistische oder christliche Frauen waren, wurde alles noch schlimmer. Sie wollten keine Berichte über fremde Frauen machen, sie wollten etwas »Emotionaleres«. Und darunter verstanden sie zum Beispiel, dass ich mich mit meiner Mutter, die ich seit Jahren nicht gesehen hatte, in einem Einkaufszentrum traf. Ich sollte mit ihr vor laufender Kamera durch den Konsumtempel gehen und mit ihr reden. Sie wollten Tränen sehen, von meiner Mutter und von mir. Sie lechzten geradezu nach den perfekten Opfern. Es war nicht zu fassen. Was war das für ein Denken? Ich fühlte mich in mir selbst gefangen.

Besser wurde es erst, als ich durch einen älteren Freund dem Vater von Ursula von der Leyen begegnete, damals Familienministerin, seit 2009 Ministerin für Arbeit und Soziales: Ernst Albrecht war vierzehn Jahre lang Ministerpräsident von Niedersachsen gewesen, im Hintergrund kümmerte er sich immer noch um politische Belange, bis er an Alzheimer erkrankte. Ernst Albrecht stellte einen Kontakt zur damaligen Bundesfamilienministerin her.

Außerdem schrieb ich an die AG Menschenrechte und den damaligen Menschenrechtsbeauftragten der Bundesregierung, Günter Nooke. In der Folge erhielt ich eine Einladung, im Bundestag über meine Erlebnisse in Pakistan zu berichten. Endlich schien meine Reise in meine Heimat einen Sinn zu bekommen. Endlich hatte ich das Gefühl, man würde sich der Schicksale dieser Frauen annehmen.

4

Verzweiflungstat:
Wenn der Staat dich nicht rettet,
rette dich selbst

Nach den Monaten in den Madrassen, lange bevor ich meinen Verein gründete und zurück nach Pakistan flog, hatte ich anfangs noch gedacht, dass ich meinen Cousin doch heiraten könnte. Doch nachdem ich meine strenge Tante Khadija überstanden hatte und wieder österreichische Luft atmete, wusste ich: Nein, nie werde ich Salmans Frau sein können. Einer meiner Brüder sagte: »Was willst du eigentlich, unser Cousin sieht doch gut aus?« Als wenn es darum ging: Ein gutes Aussehen half nicht darüber hinweg, dass ich nicht frei darüber entscheiden durfte, wen ich einmal heiraten wollte. Schon bei der ersten Begegnung hatte ich gewusst, dass ich ihn nicht lieben könnte. Und nun war ich, trotz Umerziehungsprogramm meiner Tante und Gehirnwäsche in der Koranschule, nicht bereit, zwangsverheiratet zu werden. Ich wehrte mich mit aller Macht. Ich war renitent. Ich war keine gute Muslimin.

Das blieb nicht ohne Folgen: Die pakistanische Gemeinschaft von Linz setzte mich unter Druck. Permanent wurde ich auf meinem Handy angerufen, jeder, der sich meldete, sagte mir, ich sei ein schlechtes Mädchen, ich könne nur die Ehre meiner Familie retten, wenn ich mich beugen und Salman heiraten würde. Und nicht nur ich wurde unter Druck gesetzt, sondern auch mein Vater – und zwar so sehr, dass er sich dafür entschied, meinen

Cousin nach Österreich zu holen. Ich hatte innerlich frohlockt, nahm ich doch an, dass Salman nie nach Österreich kommen konnte. Wie auch? Er hatte kein Visum, das würde er nur erhalten, wenn wir verheiratet wären. Aber das waren wir nicht, in Pakistan waren wir nur verlobt worden, so hatte ich es jedenfalls angenommen. Ein Irrtum.

Eines Tages stand Salman bei uns im Wohnzimmer. Vor Schreck konnte ich kein Wort hervorbringen. Wie war das möglich? Mein Vater sagte, dass wir Mann und Frau wären. Ich glaubte das nicht, wollte es nicht wahrhaben. Ich suchte Hilfe bei der österreichischen Polizei. Die Beamten zeigten mir ein Dokument, eine Heiratsurkunde, ausgestellt von pakistanischen Behörden, beglaubigt von der österreichischen Botschaft in Islamabad. Ich hatte es unterschrieben, mein Vater hatte es unterschrieben. Mein Vater hatte für mich unterschrieben. Und alle Nachbarn hatten in Pakistan bestätigt, dass die Hochzeit stattgefunden habe. Damit war ich legal verheiratet – mit einem Mann, den ich nun aus ganzem Herzen ablehnte. Von dem ich annahm, so wie er sich schon zuvor in Pakistan mir gegenüber verhalten hatte, dass er mich zwang, ihn wieder und wieder zu küssen.

Und mit dem Tag, an dem Salman in unserer Wohnung auftauchte, schien es, als hätte er seinen Rest an Freundlichkeit, die er mir gegenüber in Pakistan noch gezeigt hatte, von einem Tag auf den anderen abgelegt. Er hatte, was er wollte: mich und die Möglichkeit, in Europa zu leben. Er bedrohte mich, schlug mich. Tag und Nacht dachte ich nur an eines, ich musste fort. Allein. Und ohne die Hoffnung auf eine Rückkehr zu meiner Familie, zu meiner jüngeren Schwester Aisha und meinen Brüdern Adnan und Hassan.

Wenn Zweifel in mir auftauchten, weil ich sie alle nicht verlieren wollte, brauchte ich nur an Salman zu denken, an das Leben mit einem Menschen, der bereit zur Gewalt war, auch zur sexuellen Gewalt. Das wollte ich nicht ertragen, so wollte ich nicht mein Leben verbringen. Gewalt als Frau zu erleiden bedeutete für mich, kein Gesicht zu haben. Und wer kein Gesicht hatte, wurde nicht gehört.

Doch wo sollte ich hingehen?

Durch Sozialarbeiter der Notschlafstelle, die mich und mein Schicksal kannten, bekam ich, inzwischen war ich neunzehn, ein kleines Zimmer zugewiesen in einem Stadtteil von Linz, der etwas weiter entfernt von dem war, in dem meine Familie lebte. Das Zimmer war spärlich möbliert, aber das machte mir nichts aus, es war mein erstes eigenes Zuhause. Man hatte mir gesagt, dass ich vorsichtig sein solle, wenn ich nach draußen ginge. Aber nach den vergangenen Erfahrungen hielt ich mich meistens in meinen eigenen vier Wänden auf.

Während eines Einkaufs begegnete ich aber doch einem bekannten Gesicht. Azra war einst eine enge Freundin gewesen, die ich durch einen Freund kennengelernt hatte. Sie war zwei, drei Jahre älter als ich und arbeitete in dem Callcenter, in dem ich vor meiner Reise nach Pakistan und auch wieder nach meiner Rückkehr jobbte. Oft waren wir, wenn sie Feierabend hatte, durch Linz gebummelt, aber durch meine Verlobung in Lahore hatte ich sie aus den Augen verloren.

Sie erzählte mir, dass sie ebenfalls von zu Hause weggelaufen war und nun in einem engen Zimmer lebte. Ich bat sie darum, es mir zu zeigen. Es war so erbärmlich, mit einem eingeschlagenen Fenster und extrem kalt, dass ich sie fragte, ob sie nicht bei mir wohnen wolle. Man hatte mir geholfen, also wollte ich auch anderen helfen. Außerdem fühlte ich mich auch ein wenig einsam. Immer hatte ich meine Geschwister um mich gehabt, meine Eltern, nie war ich auch nur einen Tag allein in unserer Wohnung gewesen. Azra, eine schmale, große Irakerin mit halblangen Haaren, ausdrucksstarken Wangenknochen und fast katzenhaft zueinander stehenden Augen, sagte sofort ja. Ja, nur zu gern würde sie dieses Loch verlassen.

Gleich am nächsten Tag zog sie mit ihren wenigen Habseligkeiten bei mir ein. Schnell stellte ich fest, dass sie immer nachts, gegen zwei oder drei Uhr, zum Wiener Westbahnhof fahren musste, um dort einzukaufen. Seltsam, überlegte ich, was musste man denn zu diesen Stunden am Wiener Westbahnhof einkaufen? Erst begriff ich das nicht, aber schließlich wusste ich es: Drogen. Irgendwann sprach ich sie direkt darauf an, und sie bestätigte meinen Verdacht. Ich hatte bis dahin nie geraucht, nie ein Glas Alkohol getrunken, für mich war das eine vollkommen fremde Welt, ich wusste nicht um die Konsequenzen eines Zusammenlebens mit einem drogensüchtigen Menschen.

»Was heißt das, du nimmst Drogen?«, fragte ich.

Azra lachte mich aus und meinte: »Das ist doch nicht dein Ernst, dass du mich jetzt wirklich fragst, was es bedeutet, Drogen zu nehmen? Du willst mich doch verarschen?«

»Nein, ich weiß wirklich nicht, wozu das gut sein soll.« Zu meiner Entschuldigung: Ich war damals einfach unbedarft.

Meine Freundin erzählte mir nun, dass ich etwas verpassen würde, wenn ich es nicht ausprobiert hätte, schilderte mir, was für tolle Gefühle sie hätte und dass sich alles im Leben als viel einfacher erweisen würde, schon deshalb, weil das Schlimme nie nah an einem herankäme. Azra machte eine Pause, in der der schwärmerische Ausdruck auf ihrem Gesicht entschwand und sie ganz ernst wurde. Schließlich fuhr sie fort: »Aber eigentlich kann ich dir doch nicht raten, das zu tun, denn ich sollte dich besser davor schützen.«

Doch immer wieder fing Azra davon an, in schillernden Farben von der Welt der Drogen zu berichten, einer Welt, die ich kennenlernen müsste. Ihre Erzählungen hatten schon etwas Verlockendes an sich, aber nachdem ich mir die Leute am Westbahnhof einmal genauer anschaute, zu denen sie Kontakt hatte und die meist in einem elenden Zustand waren, war die Lust schnell verflogen, selbst einmal Drogen auszuprobieren.

Als Azra dann auf Heroin war, wollte sie, dass ich ihr Geld gab. Wenn ich mich weigerte, wurde sie extrem aggressiv. Irgendwann kam es zu einem heftigen Streit, bei dem wir uns die übelsten Dinge an den Kopf warfen. Danach kehrte sie nur noch einmal zurück, um ihre Sachen zu packen. Sie fand ein Zimmer nicht weit von der Wohnung meiner Eltern entfernt. Mit der Folge, dass sie sich eines Tages mit ihnen traf. Sie berichtete ihnen, wie schlecht ich sei, was ich alles für schreckliche Dinge mit Männern machen würde. Alle Erinnerungen, die ich an meine Mutter hatte, kamen in mir hoch, all die Schläge, die ich seit meiner Kindheit von ihr bekommen hatte. Wenn ich abends im Bett lag, mit geschlossenen Augen, sah ich ihr Gesicht vor mir. Ich fürchtete mich, denn ihre schönen, freundlichen Züge verwandelten sich in ein furchterregendes Antlitz. Ich sah meine Mutter mit all ihrer Wut, die sich auf ihrem verzerrten Gesicht spiegelte, und dieses Bild ihrer dämonischen Augen, ihrer zusammengekniffenen Lippen war für mich das reine Entsetzen. Augenblicklich fing ich zu weinen an.

Auch als Azra noch bei mir wohnte, hatte ich schreckliche Alpträume, in denen mich meine Mutter immer wieder schlug. Einmal wurde meine Freundin davon wach, weil ich wohl laut im Schlaf geschrien hatte. Als ich ihr von meinen Träumen erzählte, schüttelte sie nur den Kopf und meinte: »Oh mein Gott, die eigene Mutter. Das kann man sich kaum vorstellen, das muss sehr schlimm sein.« In diesem Moment musste ich noch mehr heulen, denn Azra war ja selbst von ihrer Familie verstoßen worden. Und gerade diese Frau, die von dem nächtlichen Grauen wusste und die mitbekommen hatte, wie meine Mutter bei mir anrief und fragte: »Hallo, ist dort das Bordell? Ich will eine Frau für meine Söhne haben«, diese Frau musste mich verraten. Es waren Anrufe, die mich immer völlig aus dem Gleichgewicht gebracht hatten.

Später wurde mir klar, dass Menschen mit Problemen, kaputte Menschen – und in meiner Seele war ich damals ebenfalls kaputt –, problembehaftete Menschen anziehen. Ich hätte genauso wie Azra enden können, wenn ich mich nicht dagegen gestemmt hätte. Wer Missbrauch erlebt hat, gibt diesen entweder weiter – oder er kämpft dagegen an. Im Nachhinein verstand ich auch, warum sie mir zu einem anderen Weg geraten hatte. Diese Verhaltensweise ist nur aufgrund ihrer Opferhaltung zu verstehen.

Während wir noch meine Wohnung teilten, hatte ich eine Beamtin im Linzer Polizeipräsidium um Rat gefragt: »Was kann ich denn tun, damit ich meinen Cousin nicht heiraten muss?« Die Frau erwiderte: »Es tut mir leid, aber ich kann nichts für Sie machen. Zwar ist Ihre Heirat bei den österreichischen Behörden noch nicht endgültig registriert, aber aller Wahrscheinlichkeit nach wird das über kurz oder lang geschehen. Es sei denn, Sie finden auf die Schnelle jemanden, der Sie auf dem Papier zur Frau nimmt, dann hätte sich das Problem erledigt.« Dabei lachte sie, weil sie das, was sie vorgeschlagen hatte, für einen Scherz hielt. Mir erschien diese Idee jedoch fast wie eine Lösung. Einen Mann zu heiraten, nur auf dem Papier, ohne dass er etwas von mir wollte, das war angesichts meiner Lage – denn war die Heirat erst rechtsgültig, hätte ich wohl zurück zu meiner Familie gemusst – eine geradezu paradiesische Vorstellung. Zumal sie die Möglichkeit beinhaltete, dass Salman dann nicht in Österreich bleiben durfte. In diesem Fall hätte er, der nur ein vorläufiges Visum besaß, kein endgültiges bekommen. Und da ich Ruhe vor ihm haben wollte, erschien mir der Gedanke der Beamtin gar nicht so absurd.

Es gab für diesen Ausweg auch tatsächlich einen Kandidaten, einen Ägypter. Warum also sollte ich mich nicht auf einen solchen Deal einlassen? Mit meinem Cousin hätte ich zusammenleben, schlafen und Kinder haben müssen. Ein großer Unterschied zur Ehe mit einem Mann, der all das nicht von mir forderte.

Azra wusste von diesem Ägypter, der Ilyas hieß, sie hatte von ihm über seinen Onkel gehört, der in Österreich lebte. Sie sagte: »Ich stelle dir Haroon und seine Leute einmal vor, dann kannst du selbst entscheiden.« Bislang hatte ich nicht einmal ein Foto von Ilyas gesehen, dennoch war ich bereit, seinen Onkel Haroon in einem kleinen Lokal zu treffen. Haroon war Gewürzhändler, und er versicherte mir bei diesem für mich ungewöhnlichen Treffen: »Du musst Ilyas wirklich nur auf dem Papier heiraten. Dazu ist es einzig nötig, dass du mit mir nach Ägypten fliegst, um die Formalitäten zu erledigen.« Sein Interesse war, dass der Neffe durch die Scheinehe nach Österreich einwandern konnte, um ihn in seinem Geschäft zu unterstützen. Es ging um ein Visum, wieder einmal. Das sollte ich noch häufiger erleben.

Nach diesem kurzen Gespräch lud Haroon mich zu sich nach Hause ein, damit ich seine Familie kennenlernte. Die Frauen – ich konnte nicht genau unterscheiden, wer Ehefrau, Tante oder vielleicht auch Schwester war – trugen Kopftuch. Sie alle waren sehr herzlich zu mir, kochten Speisen für mich, die wunderbar orientalisch rochen. Zudem wurde in seiner Familie Arabisch gesprochen und nicht wie bei uns Urdu. Ich fühlte mich wohl. Hier war ich nicht das schwarze Schaf, das von der gesamten pakistanischen Gemeinschaft abgelehnt wurde, sondern ich war willkommen.

Die Ablehnung meiner Familie war zu dieser Zeit nämlich noch viel schlimmer geworden. Sie rührte nicht nur daher, dass ich mich geweigert hatte, Salman zu heiraten. Durch die schrecklichen Monate in der Koranschule hatte ich mich vom Islam abgewandt und dem Christentum angeschlossen. Christian, ein Freund, groß gewachsen und dunkelhaarig, hatte mir die Bibel nähergebracht. Zusammen waren wir in die Schule gegangen, doch dort hatte ich wenig Kontakt zu ihm gehabt. Er gehörte einer Clique an, wo einige der Jungen Dreadlocks hatten und Joints rauchten. Für mich war jemand, der Bier trank, schon ein Alkoholiker, und derjenige, der einen Joint rauchte, ein Drogensüchtiger. Unterschiede kannte ich nicht, ich war über diese nicht aufgeklärt.

Als ich gerade aus Pakistan zurückgekehrt war und neben meinem Job im Callcenter die Abendschule besuchte – durch den langen Aufenthalt bei meiner Tante Khadija und in den Koranschulen hatte ich meine Schule abbrechen müssen –, traf ich in der Abendschule wieder auf Christian. Warum er nicht mehr auf unsere frühere Schule gegangen war, weiß ich heute nicht mehr. Ich selbst lebte damals noch bei meinen Eltern. Schon bald vertraute ich ihm und erzählte von meinen Problemen. Er sagte, nachdem er sich alles angehört hatte: »Vielleicht betest du zum falschen Gott?« Erstaunt schaute ich ihn an. Darüber hatte ich noch nie nachgedacht. Allah war doch der einzige, der einzig wahre Gott. In der Koranschule hatte man mir das doch wiederholt beigebracht. Und nun sollte das möglicherweise gar nicht stimmen? Nein, das konnte ich mir nicht vorstellen.

Christian gehörte zu den Menschen, die ernst über ihren Glauben sprachen. Noch nie hatte ich einen Christen so über seine religiösen Anschauungen reden hören, ohne Scherze machen zu müssen, und mich beeindruckte das sehr. Zu Weihnachten schenkte er mir eine Bibel. Ich erinnerte mich daran, was mein Vater einmal gesagt hatte: »Die Christen haben die Bibel verfälscht. In jeder Übersetzung steht etwas anderes.« Damals hatte ich seine Bemerkung hingenommen, und als sie mir jetzt wieder einfiel, als ich die Bibel in der Hand hielt, dachte ich: Was für eine Heuchelei. Nur weil die Muslime meinen, dass sie eine Urform des Korans haben, die arabische Fassung, die aber kaum einer lesen kann, heißt das nicht, dass in den jeweiligen Bibelübersetzungen nicht letztlich derselbe Inhalt steht.

Ich weiß nicht, wie meine Eltern reagiert hätten, wenn ich mit einer Bibel nach Hause gekommen wäre. Schnell versteckte ich sie in meinem Zimmer, erst in einem Regal, das rechts neben meinem Hochbett angebracht war, danach, um noch sicherer zu sein, dass sie nicht gefunden wurde, ganz oben in meinem Kleiderschrank. Nur von meinem Hochbett aus konnte ich dort hinlangen. Zum Glück war ich dabei von niemandem beobachtet worden. Aber wer sollte mich auch wahrnehmen, nachdem man beschlossen hatte, mir nur noch Verachtung entgegenzubringen? Als alle schliefen, holte ich die Bibel hervor. Verzweifelt, voller Sehnsucht danach, Antworten zu finden, öffnete ich das Buch mit dem Alten und dem Neuen Testament. »Gott, wer bist du? Allah? Buddha? Jesus?«, schluchzte ich. »Warum hilfst du mir nicht?« Irgendwo schlug ich eine Seite auf. Da las ich: »Wenn ihr mich von ganzem Herzen suchen werdet, so will ich mich von euch finden lassen.« Ich stockte. Das konnte nicht sein. Ich hatte eine Antwort bekommen. Nie war mir das zuvor bei Allah passiert. Die Worte in der Bibel kamen mir wie ein

Flüstern Gottes vor, eine Erwiderung auf meine Frage, wer er denn sei. Er forderte mich auf, ihn zu suchen. Im Koran gab es kein Suchen nach Allah. Er war da und man hatte an ihn zu glauben. Mir gefiel das, was ich gerade erlebt hatte, wenn ich auch wieder Angst hatte, dass Allah mich strafen könnte, hatte ich doch in der Bibel gelesen und frevlerische Gedanken gehabt.

Durch Christian, der mir immer gesagt hatte: »Jesus liebt dich«, fing ich an, mehr und mehr im Neuen Testament zu lesen. Ich konnte kaum glauben, was ich da erfuhr. Jesus war eine Person, die Böses mit Gutem vergalt und Respekt für die Frauen hatte. Besonders faszinierte mich eine Stelle im Johannesevangelium. Da hieß es, dass Jesus das Leben einer Ehebrecherin rettete, die wegen ihrer Sünde gesteinigt werden sollte. Er tat dies, indem er den Pharisäern sagte: »Wer unter euch ohne Sünde ist, werfe den ersten Stein auf sie.« Daraufhin verließen die Kläger den Platz. Und Jesus sagte zu der Frau: »Ich verurteile dich nicht. Sündige von jetzt an nicht mehr.« Ich fragte mich, was der Prophet Mohammed gemacht hätte, wäre er mit dieser Situation konfrontiert worden. Die Antwort war schnell gefunden: Er hätte die Frau zur Steinigung freigegeben. Im Koran, Sure 24,2 heißt es: »Weib und Mann, die des Ehebruchs schuldig sind, geißelt beide mit einhundert Streichen. Und lasst nicht Mitleid mit den beiden euch überwältigen ...«

Und noch etwas anderes berührte mich: In der Koranschule hatte ich den Propheten als glorreichen Kriegsanführer kennengelernt, doch Jesus verbat seinen Jüngern, Gewalt anzuwenden. Je mehr ich über Gottes Sohn las, über seinen Charakter, umso mehr wurden meine muslimischen Grundüberzeugungen erschüttert.

Verstand ich die Bibel richtig, konnte ich die Distanz zwischen mir und Gott nicht durch eigenes Bemühen oder gutes Verhalten überbrücken, wie es im Koran suggeriert wird. Ich konnte Gottes Liebe nicht verdienen, schon gar nicht durch Selbstmordattentate. Sie war ein Geschenk, für das ich nicht zu zahlen hatte. Jesus Christus hatte durch seinen Tod für mich bezahlt. Der Glaube, von dem er sprach, wurde nicht daran gemessen, wie oft man betete oder sich unhinterfragt Regeln unterwarf. Durch das Alte und Neue Testament lernte ich einen Gott kennen, der vollkommen anders war als Allah. Einen, der mit Recht Vater genannt werde konnte. Er ärgerte sich weder über meine Kleider noch darüber, dass ich viele Dinge hinterfragte, noch zwang er mich, an einem religiösen Ehrenkodex zu ersticken. Bis heute empfinde ich jene Stelle als befreiend, wo Gott zu Samuel sagt: »Schau nicht auf sein Aussehen und auf die Höhe seines Wuchses, denn ich habe ihn verworfen. Denn nicht wie der Mensch sieht, sieht Gott, denn der Mensch sieht das, was vor den Augen erscheint; Jehova aber, er sieht, wie das Herz ist.« (1. Samuel 16,7)

Diese bedingungslose Liebe kannte ich weder von Allah noch von meiner Familie. Aber genau nach dieser Liebe sehnte ich mich. Jesus liebte nicht nur die Menschen, die ihn auch liebten, sondern ebenso die, die ihn gekreuzigt haben. Liebe war sein Wesen – und diese Botschaft bewog mich am Ende dazu zu konvertieren. Meine Eltern erfuhren davon, weil ich immer wieder von Gott sprach, was ich früher nie getan hatte. Und irgendwann kam mein Vater in mein Zimmer und fragte beunruhigt: »Sag mal, wen meinst du mit Gott?« Ich erzählte ihm, dass es nicht Allah war, über den ich immer gesprochen hatte, sondern der christliche Gott. Wortlos verließ er das Zimmer. Danach wurde das Todesurteil über mich gefällt.

Am Christentum beeindruckte mich ebenso, dass Jesus ein Religionskritiker war. Die Pharisäer hatte er als Schlangenbrut bezeichnet. Er gab ihnen zu verstehen, dass sie den Menschen Lasten auftrugen, die sie selbst nie tragen würden. Nach dem Motto: »Das, was ihr lehrt, ist nicht das, was ihr lebt.« Jesus war derjenige, der das, was im Alten Testament steht – oft nicht minder brutal als das, was im Koran zu lesen ist –, durch ein neues Denken ablöste. Im Koran gibt es kein Neues Testament. Im Koran zählt, wenn es zwei sich widersprechende Aussagen gibt, die zeitlich jüngere Fassung. Und die späteren Suren sind die gewalttätigeren.

Durch den Übertritt zum Christentum war die Ablehnung meiner Familie nur noch stärker geworden. Aber der Glaube gab mir Hoffnung, dass Gott mich in meiner Trauer begleitete. Natürlich fragte ich mich, warum Gott so viel Leid in meinem Leben zugelassen hatte, aber in der Bibel fand ich genügend Geschichten von Menschen, die am Abgrund standen, einen Ausweg suchten, ihn auch fanden und erkannten, wozu sie überhaupt fähig waren.

Ich war also Christin geworden.

Pausenlos rief man mich auf meinem Handy an, meist waren es Männer aus der pakistanischen Gemeinschaft. Sie sagten mir am Telefon, dass ich zum Islam zurückkonvertieren solle. Lehnte ich dies ab, gaben sie mir zu verstehen, dass sie mit mir schlafen wollten. Es war schrecklich, zu erfahren, wie ich durch meine Konversion in den Augen der Muslime zu einer Hure geworden war. Für sie war ich Freiwild.

Einmal saß ich in einem Café und musste mich den Anschuldigungen eines Freundes meines Vaters erwehren, der mit einer sehr hübschen Pakistanerin verheiratet war. Als ich ihm entgegnete, dass es für mich kein höheres, besseres und größeres Wesen als Jesus gäbe, fing er an, mich an allen möglichen Körperstellen abzutasten. Wie verabscheute ich diese Doppelmoral! Wenn muslimische Frauen zum Christentum oder zu einem anderen Glauben konvertierten, bedeutete es, sie seien wie die westlichen Frauen, und die, das wisse man ja, würden immer nur Sex wollen. Doch dass Frauen in Europa freier und öffentlicher mit ihrer Sexualität umgehen, heißt noch lange nicht, dass sie wirklich ständig zu Sex bereit sind. Dieser Irrtum ist unter Muslimen noch heute weit verbreitet. Was zur Folge hat, dass westliche Frauen oft für Sex missbraucht werden. Islamische Männer nehmen sie sich als Freundinnen, schlafen mit ihnen, zugleich verurteilen sie sie aber: »Lauter Schlampen, die keine Ehre haben. Nie würde ich eine solche Frau heiraten.«

Und nun war ich in den Augen der Muslime auch so eine Schlampe geworden, weil ich die christliche Religion angenommen hatte. Was hatte mein Vater oft genug gesagt: »Die Bordelle sind bei den Christen voll und die Kirchen leer.« Er hatte das Christentum immer falsch verstanden. Es ist keine Religion, die es fördert, dass Frauen mit vielen Männern schlafen. Es ist eine Gnade, die nicht wie der Islam die Menschen zerstört und bei Fehltritten verdammt. Muslime können das nicht verstehen. Sie leben mit einer Religion, die Blutvergießen fordert, wenn Frauen vor der Ehe Sex haben. Und der Islam lehrt, dass Menschen, die zum Christentum oder zu einer anderen Religion konvertieren, psychisch krank sind und getötet werden sollen.

Meine Eltern sagten deswegen auch bei der Polizei aus, nachdem sie wegen der Bedrohungen gegen mich vorgeladen worden waren, ich sei seelisch nicht gesund, sonst würde ich nicht behaupten, dass die eigenen Eltern ihrer Tochter etwas antun wollen. Und sie stützten ihre Aussagen noch dadurch, dass ich ja immer wieder »Ich liebe euch« zu ihnen sagen würde. Das stimmte. Das war ein Dilemma, in dem ich steckte und das ich später noch häufig bei anderen jungen muslimischen Frauen wiederentdecken sollte. Ohne dieses ist ihr Schicksal oft nicht zu verstehen. Und natürlich glaubte man meinen Eltern.

All diese Bedrohungen und Beschimpfungen nach der Konversion auszuhalten war nicht einfach gewesen. Es lag nahe, der Versuchung nachzugeben. Ich fühlte mich einsamer als je zuvor, und da war es einfach nur schön, so liebevoll von Haroons Familie aufgenommen zu werden. Haroon war ungefähr so alt wie mein Vater, und da ich Letzterem nicht zeigen konnte, in was für einer verlogenen Gesellschaft er eigentlich lebte, fühlte ich mich bei dem Gewürzhändler und seiner Familie geborgen. Er und seine Frau gaben mir zu verstehen: »Wir mögen dich. Und solltest du Ilyas auch nur auf dem Papier heiraten, so bist du dennoch wie eine Tochter für uns und wirst es auch bleiben.« Und Ilyas' Onkel fügte hinzu: »Ich werde, solltest du dich einverstanden erklären, das Ticket für dich und mich buchen, ich werde alle Kosten für dich übernehmen.« Das war auch notwendig, denn eigenes Geld besaß ich kaum. »Auch eine Wohnung werden wir für dich anmieten«, fuhr Haroon fort, »damit die österreichischen Behörden nicht sagen können, dass es eine Scheinehe ist. Und natürlich bekommst du auch etwas Taschengeld, damit du dir ein paar schöne Sachen kaufen kannst.« Dabei zwinkerte er mir liebevoll zu.

So viel Zuwendung hatte ich lange nicht erlebt, und so war ich schnell davon überzeugt, seinen Neffen Ilyas zu heiraten. Und neben großer Sympathie erfuhr ich bei Haroon und seiner Familie auch Verständnis. Als ich erzählte, dass ich zum Christentum übergetreten sei, wurde ich wegen meiner Entscheidung zum ersten Mal nicht angegriffen. Sie schwiegen einfach. Die Bekannten meines Vaters gaben mir noch immer zu verstehen, dass ich auf dem falschen Weg sei, ich hätte den Islam wohl nicht verstanden. Aber sie gaben nicht allein mir die Schuld, sondern nun auch meinem Vater und meiner Mutter, meinten, sie hätten mich falsch behandelt. Es empörte mich, dass man der Ansicht war, ich hätte den Koran nicht richtig gelesen. Ich hatte ihn ja sogar auf Arabisch gelesen, ich wusste nur zu genau, was darin stand, ohne Übersetzungsfehler. Die Muslime, die mich attackierten, so kam es mir vor, sprachen über den Islam, ohne ihn zu kennen. Es waren moderate Muslime, die mir das gesagt haben, und keine radikalen. Moderate Muslime sind jene, die behaupten, Islam bedeutet Frieden, und radikale Muslime sind diejenigen, die den Islam als Unterwerfung betrachten. Richtig liegen die Radikalen, die Moderaten unterliegen einem Wunschdenken. Und hatten mich meine Eltern tatsächlich falsch behandelt?

Haroons Verständnis kam mir überhaupt nicht verdächtig vor – weil ich es auch nicht bezweifeln wollte. Dass er mit seiner eigenen Meinung zu meiner Konversion nur hinter dem Berg hielt, um mich bei guter Laune zu halten, begriff ich zu diesem Zeitpunkt nicht.

Zusammen flogen wir nach Kairo. Danach fuhren wir in einem gemieteten Auto Ewigkeiten quer durch das Chaos der Hauptstadt, bis wir die letzten Müllhalden der urbanen Welt hinter uns gelassen hatten. Unser Ziel war ein kleines Dorf in der Nähe eines modrigen, sumpfigen Gebiets. Anfangs war es nur wunderbar, wieder in einem arabischen Land zu sein, die Menschen hier war etwas heller als die Pakistaner, mit gröberen Gesichtszügen. Selbstverständlich kamen sie mir viel freundlicher vor. Haroon kaufte mir alles, was ich mir wünschte, und ich fühlte mich wie eine Prinzessin aus *Tausend und einer Nacht*. Dass er mir alles kaufte, weil ich ja das Visum beantragen sollte, hatte ich in meinem Kopf ebenfalls noch nicht realisiert.

Schließlich kam der Moment, in dem ich Ilyas zum ers-

ten Mal gegenüberstand, in dem Wohnzimmer der Familie. Es sollte gegessen werden, Tauben mit Reis. Sie hatten
mir schon alte Fotos von ihm gezeigt, die ich mir aber
nicht richtig angeschaut hatte, weil ich ja im Grunde nichts
mit ihm zu tun haben wollte. Er schien darauf kräftig zu
sein, weiter hatte ich keine großen Auffälligkeiten entdeckt. Doch jetzt, als ich ihn sah, bemerkte ich, dass es
doch eine Auffälligkeit gab. Er war nicht nur kräftig, er
war dick. Sehr dick. Wenn ich neben ihm stand, war er
mehr als doppelt so breit wie ich. Augenblicklich war mir
klar, dass ich einen solchen Typen nicht heiraten konnte.
Niemals. Auch nicht auf dem Papier. Und erst recht nicht,
als ich bemerkte, wie dann sein Onkel seine freundliche
Maske verlor. Als ein sieben- oder achtjähriges Mädchen,
wohl eine Nichte, eine Jeans haben wollte, wie ich sie trug,
schlug er sie zusammen.

Ich dachte nur: O Gott, wo bin ich gelandet? Panik
überfiel mich, und zu Haroon sagte ich, als er am nächsten
Tag beim Frühstück auf der Couch saß: »Ich will deinen
Neffen nicht mehr heiraten.« Diese Worte waren mir
schwer gefallen, aber ich konnte nicht tun, worauf ich
mich eingelassen hatte.

Der Gewürzhändler erstarrte zur Salzsäule, dann schrie
er: »Was bildest du dir überhaupt ein? Das musst du tun!
Du musst Ilyas heiraten! Wofür mache ich das denn hier
alles? So viel Geld habe ich für dich ausgegeben.«

»Es ist mir egal, wie viel ich dich gekostet habe. Ich jedenfalls werde deinen Neffen nicht zum Mann nehmen.«

Haroon wütete so sehr herum, dass ich in meiner Verzweiflung Azra in unserer Wohnung in Linz anrief. Ich
erzählte ihr, während ich vor Aufregung meinen eigenen
Atem hörte, dass ich auf keinen Fall Ilyas heiraten könne,
es ginge einfach nicht, nicht einmal der Gedanke an meinen Cousin Salman könne mich umstimmen. Als ich geen-

det hatte, vernahm ich, wie meine Freundin am anderen Ende der Leitung lachte. Dann sagte sie:

»Mensch, Sabatina, stell dich nicht so an. Du bist jetzt nun einmal in Ägypten, und es ist doch nur eine Unterschrift.«

»Aber ich habe ein schlechtes Gewissen bekommen«, versuchte ich mich zu rechtfertigen. »Zu einer Heirat entschließen sich zwei Menschen, um ewig miteinander zusammenzuleben.«

»Aber wieso hast du dich denn auf die ganze Geschichte eingelassen? Warum bist du mit Haroon überhaupt nach Kairo geflogen?«

»Azra, das weißt du ganz genau.« Ich dachte an die von meinem Vater unterschriebene Heiratsurkunde, die von den österreichischen Behörden akzeptiert werden würde, ohne dass ich dagegen etwas unternehmen konnte. Sie duldeten das illegale Vorgehen meines Vaters, und ich hatte versucht, es mit gleichermaßen illegalem Handeln zu bekämpfen – nachdem ich mein Recht nicht auf legalem Weg bekommen hatte, weil mir keiner glaubte. Ich musste auch an die islamische Glaubensgemeinschaft denken, die hinter mir her war. Es war kein Wunder, dass man in einer solchen Lage unüberlegt Schritte machte, die man hinterher bereute. Ich riss mich zusammen, um Azra weiter mein Leid zu klagen, sie um Unterstützung zu bitten: »Vielleicht schlägt mich Ilyas sogar, wenn wir erst zusammenleben. Vielleicht hat er dann auf einmal vergessen, dass unsere Ehe allein auf dem Papier besteht …?«

»Das hättest du dir früher überlegen können«, unterbrach Azra abrupt meinen Redefluss, danach legte sie auf.

Ich fing zu weinen an. Selbst meine Freundin schien sich nicht wirklich für mein Schicksal zu interessieren. Wahrscheinlich hatte sie, als sie das Gespräch beendete, nur an ihre Drogen gedacht, daran, wie sie wieder high werden könnte. Doch ohne ihre Hilfe konnte ich es vergessen, nach Österreich zu kommen. Haroon bewahrte mein Ticket auf, nie würde er es mir freiwillig geben. Und da ich auch kein Geld mitgenommen hatte, weil Ilyas' Onkel sagte, er würde für alles aufkommen, war ich vollkommen aufgeschmissen. Ich fühlte mich leer, mutlos – und willigte in die Ehe ein.

Es gab kein Fest, es gab nichts. Wir fuhren mit dem Mietauto zur österreichischen Botschaft in Kairo, und dort setzte ich mit verschwommenen Augen meine Unterschrift unter die Heiratsurkunde. Diesmal hatte ich tatsächlich selbst unterschrieben.

Ich fühlte mich elend, ich vergoss viele Tränen, war das Eingehen einer islamischen Ehe, wie ich mehr und mehr realisierte, doch ein Verrat, den ich gegenüber meinem christlichen Glauben begangen hatte. Der einzige Trost war, dass auch Jesu' Anhänger in der Bibel nicht davor gefeit gewesen waren, Dinge aus Verzweiflung zu tun, um sich selbst zu retten. Ich versprach mir selbst, nie wieder so etwas zu tun.

Kurz nachdem ich wieder zurück in Linz war, erhielt ich eine Vorladung von der Polizei. Der Vorwurf, dem ich mich zu stellen hatte, lautete: Bigamie. Aber was war das? Ich rief einen Freund von mir an, einen Arbeitskollegen aus dem Callcenter.

»Kannst du mir sagen, was Bigamie ist?«, fragte ich.

»Bigamie ist«, erklärte mir Tobias, »wenn du zwei Ehemänner hast. Also einen Mann heiratest, obwohl du noch nicht geschieden bist. Aber was hast du denn damit zu tun?«

»Nichts. Ich habe das Wort nur aufgeschnappt, und weil ich es nicht kannte, wollte ich von dir wissen, was es bedeutet.« Tobias hatte ich nichts von meiner Reise nach Ägypten erzählt, einzig Azra wusste darüber Bescheid.

Ich fürchtete mich davor, aufs Revier zu kommen, denn ich ging davon aus, dass auch meine Eltern informiert worden waren. Der Vorwurf der Bigamie betraf auch Salman und damit auch letztlich meinen Vater. Kurz vor meinem Termin rief mich tatsächlich meine Mutter an. Mit scharfer Stimme fuhr sie mich an: »Wir lassen dich nicht in Ruhe, wenn du nicht die Ehe mit Salman akzeptierst.« Danach instruierte sie mich noch, was ich den Polizisten sagen sollte.

Auf dem Präsidium erfuhr ich, dass der Vorwurf der Bigamie erhoben worden war, weil nun zwei Heiratsurkunden zur Anerkennung bei den Behörden vorlagen, die mit meinem Cousin und die mit Ilyas. Eine davon war wohl auch schon beglaubigt worden, doch meine Tränen flossen unentwegt, so dass ich das alles nicht genau mitbekam. Nachdem ich mich etwas beruhigt hatte, erklärte ich, dass ich die Ehe mit Ilyas nur eingegangen war, um meinen Cousin nicht heiraten zu müssen, um ein Zusammenleben mit ihm zu vermeiden. Einer der Beamten gab mir den Tipp: »Rufen Sie die österreichische Botschaft in Kairo an, sagen Sie dort einfach die Wahrheit, noch ist es nicht zu spät.«

Sofort tat ich, was man mir empfohlen hatte. Sollte es tatsächlich einen Ausweg geben? Die Dame, die ich erreichte, hatte mir, wie ich an ihrem Namen und ihrer Stimme erkennen konnte, die Heiratsurkunde zur Unterschrift vorgelegt. Sie erinnerte sich sofort an mich: »Ach, wissen Sie, als Sie da ankamen, Sie so hübsch und selbstbewusst und dann neben Ihnen dieser dicke Mann, da dachte ich mir schon, hier stimmt was nicht.« Danach lachte sie und fügte hinzu: »Machen Sie sich keine Sorgen, diese Heirat wird hier nicht anerkannt.«

Damit war das Thema erledigt – die Heirat mit Ilyas ist bis heute in Österreich nicht existent. Ob das in Ägypten auch so ist, kann ich nicht sagen, es ist mir auch nicht wichtig. Ich könnte vielleicht Probleme bekommen, wollte ich in dieses Land reisen, doch das habe ich nicht vor.

Salman, Ilyas, meine Eltern, die pakistanische Gemeinschaft, sie alle setzten mich unter Druck – in der Stadt Linz konnte ich nicht länger wohnen bleiben. Ich musste fort.

5

Jung, rebellisch und religiös

Wien schien mir als Stadt groß genug zu sein, um dort untertauchen zu können. Und so reiste ich mit meinen neunzehn Jahren eines Tages mit dem Zug zu einer Bekannten, in der Tasche nichts weiter als ein paar Kleider, Schminksachen, mein Handy und ein wenig Geld, das ich gespart hatte. Ein letzter Blick in die Wohnung, in der ich fast zwei Jahre gelebt hatte, zum Schluss ohne Azra. Fast hätte ich meinen Mut verloren und in letzter Minute all meine Pläne wieder aufgegeben, aber dann tauchte wieder Salman vor meinen Augen auf, wie er mir drohte und nachsetzte. Ich machte die Tür hinter mir zu, wieder eine, durch die ich nicht mehr gehen würde.

Die ungefähr zweistündige Fahrt mit dem Zug erschien mir endlos. Die ganze Zeit dachte ich daran, dass meine Mutter in meinem Cousin Salman einen neuen Sohn gesehen hatte. Sie hatte ihn bevorzugt, nicht mich, ihre Tochter. Ich fühlte, wie Eifersucht in mir aufstieg und mir die Luft nahm.

Um nicht weiter daran denken zu müssen, betrachtete ich jeden Mitreisenden misstrauisch, der aussah, als sei er kein Europäer. Das Alarmsystem unter Pakistanern funktionierte hervorragend, manchmal schneller als der Schall. Hatte meine Familie schon jemanden losgeschickt, um mich zurückzubringen? Dass sie noch gar nicht wissen konnte, was ich gerade im Begriff war zu tun, das hatte ich dabei nicht bedacht. Ich war einfach nur auf der Flucht vor meinen Problemen. Was wiederum auch gut war, sonst hätte ich wahrscheinlich nicht die Kraft gehabt, das, was folgen sollte, durchzustehen. Wenn man allerdings auf der Flucht ist, ist das häufig die Voraussetzung für eher unangenehme Erlebnisse mit anderen Menschen.

Da eine Frau aus Christians Bekanntenkreis mir einige Adressen von christlichen Gemeinden mitgegeben hatte, wandte ich mich mal an diese und mal an jene Gemeinde, konnte mal hier und mal dort für einige Nächte Unterschlupf finden.

Gleich am ersten Tag rief ich Milena an, ein Model. Ich hatte sie einmal flüchtig in Linz kennengelernt. Sie war einige Jahre älter als ich, hatte lange dunkle Haare, und ihre Beine waren noch länger. Als ich ihr von meinen vergangenen Erfahrungen berichtete und sagte, dass ich auf der Suche nach Arbeit sei, um mir in Wien ein neues Leben aufzubauen, meinte sie: »Ich kenne einen Fotografen, der sehr berühmt ist. Und da du eine tolle erotische Ausstrahlung hast, könnte ich mir vorstellen, dass er Fotos von dir macht, mit denen du vielleicht einen Job als Model bekommst. Mit ihm zu arbeiten ist nämlich ein Privileg.« Zum Schluss des Telefonats gab sie mir die Handynummer des Fotografen, sagte mir, ich solle ihn einfach anrufen, er heiße Peter Baumann.

Klar, dass ich in dieser Situation, ohne eine einzige Perspektive, ohne einen Lichtblick, von dieser Idee sofort begeistert war, so wie ich von jedem Menschen begeistert war, der zu mir sagte: »Ich helfe dir.« Und ich war von diesem Menschen nicht nur begeistert, ich habe ihm auch bedingungslos geglaubt. Welchen Grund sollte eine Person auch haben, mir etwas Böses zu tun? Ich hatte genügend Skepsis gegenüber den Mitgliedern der pakistanischen Gemeinschaft, nun wollte ich denjenigen, die gerade neu in mein Leben traten, nicht auch noch mit Misstrauen begegnen. Die Leute wussten ja, dass ich mich in einer miserablen Lage befand, also konnten sie mich nur unterstützen wollen. Eine ganz und gar falsche Schlussfolgerung.

Am selben Tag rief ich Peter Baumann an, und schon bald am späten Nachmittag sollte ich ihn aufsuchen. Baumann, der 2008 mit zweiundsechzig Jahren starb, wohnte damals in Währing, im 18. Wiener Bezirk. Viel mehr hatte mir Milena nicht erzählt, nur dass er den Ruf eines Modelfotografen hatte und unter anderem für den *Playboy* und den *Stern* tätig war, auch die eine oder andere Miss World abgelichtet hatte. Das imponierte mir, da ich schon als kleines Mädchen Schauspielerin oder Sängerin hatte werden wollen.

Als Baumann mir die Tür öffnete, stand ich einem Mann gegenüber, der so gar nicht in mein bisheriges Leben zu passen schien, genauso wenig wie Azra: Eindeutig war er betrunken – wie sich dann herausstellte, bevorzugte er an diesem Tag eine Mischung aus grünem Tee und Wodka. Das schmale, lange Gesicht wirkte faltig und aufgedunsen zugleich, er hatte einen weißen, stoppeligen Bart, die farblich nicht klar zu definierenden Haare hatte er hinten zu einem Zopf zusammengebunden. Seine Hände zitterten. Keineswegs war er unhöflich, er grinste mich freundlich an, war trotz seiner Betrunkenheit ein Charmeur. Nur benutzte er viele Ausdrücke, die ich nicht kannte und die auch etwas derb klangen.

»A guade Oide«, so begrüßte er mich mit nicht zu überhörender schwerer Zunge, nachdem er mich genau betrachtet hatte. Danach ließ er mich in seine Wohnung. Erst später wusste ich, was er zu mir gesagt hatte: »Eine gute Alte.«

Nachdem er mich in einen Raum geführt hatte, der wohl als Atelier wie auch als Wohn- und Schlafzimmer diente – so genau wagte ich das exzentrische Chaos nicht zu betrachten –, fuhr er in seinem Wiener Dialekt fort: »Du bist ein sehr hübsches Mädchen, und ich kann mir schon vorstellen, etwas mit dir zu machen. Aber dir ist schon klar, dass du in diesem Business die Beine breit machen musst.«

»Ja, das mach ich gern.« »Beine breit machen«, bei dieser Formulierung war mir nur in den Sinn gekommen, dass dies eine bestimmte Form des Posierens sein müsste. Und warum sollte ich etwas gegen eine solche haben? Ich ahnte ja nicht, was Baumann damit meinte.

Der bekam einen Lachanfall. »Die Oide gefällt mir. I soag, du musst die Beine breit machen, und die antwortet, ich moag das gern. So was gibt's doch gar nicht.«

Irritiert schaute ich den Fotografen an. Warum lacht denn der so?, dachte ich. Ich konnte mir das überhaupt nicht erklären – außer mit seinem hochprozentigen grünen Tee. Zum Schluss sagte er noch, dass er die Fotos bei einem zweiten Termin machen würde.

Bei diesem war Baumann etwas nüchterner und konzentrierter, seine Hände zitterten auch nicht. Er zeigte mir, wie ich mich vor der Kamera präsentieren sollte, und ich machte immer genau das, was er mir sagte. Ich war nicht ganz nackt auf den Fotos, aber sie waren sehr, sehr aufreizend. Zugegebenermaßen hatte ich schon extrem kurze und knapp sitzende Sachen an. Baumann erklärte mir auch, wie ich schauen sollte. Heute würde ich sagen, dass ich verrucht blicken sollte. Nichts hinterfragte ich, da ich davon ausging, dass das, was ich tun sollte, einfach zum Business dazugehörte.

Etwas verwundert war ich schon, denn die Posen und der laszive Augenausdruck waren nicht gerade das, was einem muslimischen Mädchen in die Wiege gelegt wurde. Aber für mich bedeutete es in diesem Moment Rebellion. Es war eine Rebellion gegen all das, was ich bis zu diesem

Tag erlebt hatte. Endlich musste ich meinen Körper nicht mehr verstecken, musste ihn wegen seiner erotischen Wirkung nicht verhüllen. Und vor mir war ein Mann, der mich anblickte und trotzdem nicht vergewaltigte, obwohl ich mehr oder weniger unbekleidet vor ihm stand. Es ging mir nicht nur darum, mit allen Mitteln Model zu werden – obwohl es kein schlechter Einfall war, damit Geld zu verdienen. In diesem Augenblick war es mir wichtiger, dass mein Wert nicht von meiner Sexualität abhing. Ich protestierte gegen eine Kultur, in der Frauen vergewaltigt werden dürfen, wenn sie sich nicht an die Kleidervorschriften des Islam halten. Die Hüllen fallen lassen – es war ein unglaubliches Gefühl.

Einige von Baumanns Fotos gefielen mir, aber auch nur einige. Danach bekam ich noch Termine bei anderen Fotografen, um mich von ihnen ablichten zu lassen. Für eine Sedcard, Aushängeschild und Visitenkarte eines jeden Models, brauchte ich unterschiedliche Aufnahmen von mehreren Fotografen. Und auch sie waren hocherfreut, dass ich mich so freizügig zeigen wollte, damit keine Probleme hatte. Für sie war es ein Riesenspaß, mit mir zu arbeiten, und ich dachte nur: Wahnsinn, ich habe super Bilder, und sie verbringen sogar Zeit mit mir, weil sie nach den Aufnahmen noch mit mir Essen gehen wollen.

Ich fühlte mich sehr angenommen. In Pakistan hatte man versucht, mir einzureden, dass mein Körper ekelhaft sei. In der Madrasa hatte mir eine der Frauen gesagt: »Wenn du dich im Spiegel siehst, dann musst du doch merken, wie schmutzig dein Körper ist.« Und hier waren Menschen, die einen ganzen Tag investierten, um mit mir ein paar Fotos zu machen, weil sie meinen Körper schön und gar nicht unrein fanden. Ich habe das genossen, diese Aufmerksamkeit, die ich bekam. Auch wenn Peter Baumann derbe Sprüche draufhatte. Einmal sagte er zu einer

Visagistin: »Bei der Oiden moalst das Gebläse rot an«, wobei er meine Lippen meinte. Und einer Frau, die für meine Outfits zuständig war, gab er den Hinweis: »Und die Glockerl, die schnürst eng zusammen.«

Gut, sollte meine Brust eng zusammengeschnürt werden, Hauptsache, ich konnte so leben, wie ich wollte. Ich war glücklich, dass mir keiner etwas vorschrieb. Aber Freiheit bedeutete nicht, dass man seine »Glockerl« zeigte, das musste ich jedoch erst lernen. Wie ich ebenso lernen musste, dass man am Anfang eines Ausbrechens aus einer muslimischen Familie nicht unbedingt auf die richtigen, sondern auf die falschen Leute trifft. Es wäre gut gewesen, ich hätte Menschen getroffen, die mir zu verstehen gegeben hätten, dass solche Bilder mir nur Schaden bringen würden.

Kurz nach meinem Weggang aus Linz hatte ich keinen Kontakt zu Pakistanern. Wäre ich zum Einkaufen in einen Laden gegangen, der von Pakistanern oder überhaupt von Muslimen geführt wurde, hätte die Gefahr bestanden, dass man mich erkennen und mich an meinen Vater verraten würde. Umso mehr vertiefte ich mich in die Model- und Fotografenszene. Wenn ich am Set erzählte, dass ich von meinen Eltern verfolgt werde, dass man im Juni 2001 eine Morddrohung gegen mich ausgesprochen hatte, weil ich mich weiterhin weigerte, Salman zu heiraten, nahmen alle das nicht erst und meinten: »Erstens kommt so etwas in Österreich nicht vor, und zweitens siehst du gerade nicht so aus, als würdest du verfolgt werden.« Für sie war es schwer nachvollziehbar, dass ich ein Opfer war. Und weil sie mein Dilemma nicht verstanden, mir keine guten Ratschläge geben konnten, verstärkte sich nur mein rebellisches Verhalten. Ich hielt überhaupt nichts von der Vorstellung, dass ein muslimisches Opfer hässlich, eingehüllt und ständig heulend durch die Gegend zu laufen hatte.

Viele Opfer entsprechen, wie ich heute weiß, tatsächlich nicht diesem Bild, aber für Europäer war das eher verwirrend.

Eines Tages sagte Baumann zu mir: »Du, pass auf. Es gibt da eine Künstlerin, die wunderschöne Schwerter fertigt und damit ein erotisches Foto-Shooting machen möchte. Es ist ein Test-Shooting, zusammen mit einem anderen Mädchen. Für dich wäre es eine gute Gelegenheit, ein weiteres Motiv für deine Sedcard zu bekommen.«

»Okay«, sagte ich nach kurzer Überlegung, »ich mache da mit.«

Waren die Menschen, mit denen ich zu tun hatte, zwar keine guten Ratgeber, so waren sie doch nett. Und so wollte ich auch nett zu ihnen sein und das tun, was sie von mir verlangten.

Einen Mann wie Baumann konnte ich mit seinen ständig wechselnden Frauenbekanntschaften nur unter »so ist der Westen« verbuchen. Obwohl ich das eine oder andere heikle Erlebnis mit ihm hatte. Einmal hatte er mich mit auf eine Party genommen, und bevor ich verstand, was überhaupt vor sich ging, zog mich jemand in die Küche der Villa, in der die Party gefeiert wurde. Ein anderer Unbekannter rollte mir einen Geldschein zusammen, dann zeigte er auf den Küchentisch, auf dem feine Linien eines weißen Pulvers zu sehen waren.

»Was soll ich damit machen?«, fragte ich.

»Na, durch die Nase ziehen.«

Wenn ich nicht gewusst hätte, dass das Koks war – durch Azra wusste ich von dieser Droge –, ich hätte wahrscheinlich auch das gemacht, allein aus dem Grund, weil ich dazugehören wollte. Aber Koks war trotz meines unbändigen Freiheitswillens ein Tabu. Ich lehnte ab. Dennoch: Durch meine Flucht aus Linz war ich letztlich von einem Extrem ins nächste geraten, aber bis auf die Sache mit den

Drogen hielt ich das alles für normal. Heute denke ich daran nicht mehr gern zurück.

Manchmal übernachtete ich nun bei Peter Baumann, häufig aber immer noch bei Menschen aus den christlichen Gemeinden, die sich angeboten hatten, mich für ein paar Tage aufzunehmen. So tourte ich weiter, auch eine Form, auf der Straße zu leben. Gleichzeitig wurde ich zu allen möglichen Events eingeladen, um die Treffen der Wiener High Society mit meiner Anwesenheit zu schmücken. Als ich einmal an dem damaligen österreichischen Finanzminister Karl-Heinz Grasser vorbeiging, lächelte er mich freundlich an, und ich dachte nur: Wenn der wüsste, durch welche Hölle ich gerade gehe, wenn der wüsste, was in mir vorgeht. Äußerlich war ich eine schöne Hülle, aber in mir war alles gebrochen. Ein einziger Trümmerhaufen. Ich versuchte das zu überspielen, versuchte mit der Zeit, diesen Trümmerhaufen selbst zu ignorieren. Ich spielte eine Rolle: die junge, rebellische Göre, die es ihren Eltern zeigen will. Ich trug die kürzesten Röcke, die ich finden konnte. Kürzer war nicht mehr möglich. Eigentlich konnte man sie eher als Gürtel bezeichnen, und ich musste sehr genau aufpassen, wie ich mich hinsetzte. Auch meine Oberteile musste ich dabei im Blick haben. Die meisten von ihnen waren tief dekolletiert. Sonst bestand die Gefahr, dass man mehr sah, als ich wollte.

Schließlich fand das erotische Shooting mit den Kunstschwertern statt. So gut die Fotos auch waren, sie schockierten mich doch ein wenig. Auf einigen Aufnahmen konnte man die Ansätze meiner Brustwarzen erkennen, nie und nimmer durften sie irgendwo veröffentlicht werden. Und meine Blicke waren nicht nur verrucht und lasziv, sondern eindeutig lüstern. Nein, mein Papa durfte mich so niemals sehen. Für Baumann, der die Fotos gemacht hatte, war es dann auch kein Problem, als ich die Negative haben wollte. Er konnte sich über einen Mangel an Mädchen, die vor seiner Kamera posieren wollten, nicht beklagen. Und auch die Künstlerin zeigte Verständnis. So händigte man sie mir aus, und damit schien die Angelegenheit für mich beendet zu sein. Ich ahnte nicht, was man mit diesen Bildern noch anstellen würde.

Einige Wochen später lernte ich in einem Wiener Lokal Josef Kleindienst kennen, der sich für meine Geschichte zu interessieren schien. Er war ein Ex-Polizist, Ex-FPÖ-Anhänger, Verleger und Autor einiger Skandalbücher. Unter anderem enthüllte er die Zustände in der österreichischen Polizei, und im Jahr 2000 wurde er in Wien von der Sonderkommission »Spitzelaffäre« vernommen. Es ging darum, dass zahlreiche Politiker der FPÖ, der Freiheitlichen Partei Österreichs, darin verwickelt waren. Kleindienst hatte behauptet, er und andere österreichische Polizisten hätten über Jahre hochrangige FPÖ-Politiker und auch den 2008 bei einem Verkehrsunfall ums Leben gekommenen Jörg Haider selbst mit illegal beschafften Daten über politische Gegner versorgt. Dafür soll er Geld bekommen haben, er hatte sich also auch selbst beschuldigt.

Das war alles noch nicht lange her, und als ich Kleindienst begegnete, beeindruckte mich dieser schlanke Mann mit dem schmalen Gesicht und den dunklen kurzen Haaren und den nicht minder dunklen Augen, in denen für mich eine seltsame Weisheit lag. Er verhielt sich mir gegenüber vollkommen anders als die sonstigen Männer. Er versuchte erst gar nicht, sich bei mir einzuschleimen, sondern sagte sehr direkt, als ich ihm von meiner Geschichte und der Heiratsurkunde erzählte, die mein Vater für mich unterschrieben hatte: »Das glaube ich nicht.«

»Wieso?«, hakte ich nach.

»In Österreich gibt es Gesetze, da kann nicht einfach

jemand mit einer solchen Heiratskunde ankommen, die dann auch noch von unseren Behörden akzeptiert wird.«

In diesem Moment hasste ich Kleindienst, was mich aber trotzdem nicht davon abhielt, in ihm einen besonderen Mann zu sehen.

Einige Zeit später meldete sich Kleindienst wieder. Wir verabredeten uns zu einem Essen in der Nähe des Wiener Westbahnhofs.

»Die Geschichte, die Sie mir erzählt haben, glaube ich jetzt«, gab er mir zu verstehen, nachdem er sich bei dem Kellner ein Schnitzel bestellt hatte und ich Tafelspitz.

»Woher kommt die Wandlung?«, fragte ich.

»Durch meine Kontakte zur Polizei habe ich alle Aussagen von Ihnen vor mir liegen, auch die Ihrer Eltern. Sehen Sie, ich habe all die Dokumente auch dabei. Es tut mir leid, dass ich Ihnen nicht glauben wollte, aber ich habe mir nicht vorstellen können, dass so etwas in Österreich möglich ist. Als Wiedergutmachung könnte ich Ihnen anbieten, darüber ein Buch zu veröffentlichen.«

Ich wusste in diesem Moment überhaupt nicht, was ich antworten sollte. Zum Glück brachte der Kellner gerade das Essen, und ich konnte meinen Blick auf den Teller lenken.

»Denken Sie darüber nach«, fuhr Kleindienst fort. »Ich möchte Sie nicht zwingen, aber vielleicht könnten Sie dadurch in Österreich ein Bewusstsein über Zwangsverheiratung schaffen und zugleich anderen Mädchen, die in einer ähnlichen Situation wie Sie sind, helfen.«

Ich nickte, danach sprachen wir über alles Mögliche.

Als ich in meinem Bekanntenkreis von Kleindiensts Einfall erzählte, waren alle hellauf begeistert von dieser Idee. Mein eigener Enthusiasmus hielt sich in Grenzen. Warum soll ich ein Buch schreiben, überlegte ich, wenn es mir nicht gutgeht? Wenn ich mich eigentlich verstecken will? Gleichzeitig dachte ich aber daran, dass ich mich selbst immer nach einem Vorbild gesehnt hatte. Nach jemandem, dem ich es gleichtun konnte, der diesen Schritt in die Freiheit gegangen war und dabei nicht verloren, sondern gewonnen hatte. Mehrmals hatte ich Fernsehdiskussionen verfolgen können, in denen Mitglieder islamischer Gemeinschaften, angesprochen auf das Thema Zwangsehe, meinten, das seien nur Einzelfälle, und in Österreich würde das überhaupt nicht vorkommen, die Gesetze würden davor Schutz bieten. Genau das hatte Josef Kleindienst am Anfang auch behauptet – bis er eingesehen hatte, dass die österreichischen Gesetze die muslimischen Mädchen doch nicht davor bewahrten, von ihren Eltern in Ehen gezwungen zu werden, die sie nicht wollten. Und dann dachte ich an Aisha, an meine sieben Jahre jüngere Schwester. Ihr wollte ich ein Vorbild sein, ihr Leben wollte ich verbessern. Und so entschied ich mich, das Buch zu schreiben.

Ein Ghostwriter sollte mir helfen, Kleindienst hatte die wunderbare Idee, dass ich, um Ruhe zu haben, in die Wohnung seines Bruders ziehen konnte, die im 10. Bezirk war und leer stand.

Das Buch erschien unter dem Titel *Vom Islam zum Christentum. Ein Todesurteil* (später hieß es in einer erweiterten Form: *Sterben sollst du für dein Glück*[9]). Innerhalb kurzer Zeit war es auf der österreichischen Bestsellerliste, einige Personen, die in dem Buch vorkommen, deren Namen ich aber aus rechtlichen Gründen nicht nennen darf, gingen an die Presse. Sie behaupteten, dass alles, was in diesem Buch steht, nicht stimmen würde. Mir würde es nur um meine Karriere gehen, auch Jesus sei mir unwichtig. Zugleich spielte man meine Modelfotos, über die ich

---

9   Sabatina James: *Sterben sollst du für dein Glück.* München 2004

verfügt hatte, dass man sie nie veröffentlichen dürfe, der Presse zu – aber natürlich keinem seriösen Blatt, sondern einem österreichischen Boulevardmagazin. Was nun folgte, war eine Erfahrung, die ich fast mit der vergleichen konnte, die ich mit dem Islam gemacht hatte, nur unter umgekehrtem Zeichen. Hatte ich mich in der muslimischen Welt verschleiern müssen, so wurde ich in der säkularen Welt ausgezogen.

In einer Aufreißergeschichte präsentierten sie mich ganzseitig mit dem Kunstschwert – man sah zwar nichts, aber man wusste, dass ich oben herum nichts anhatte –, auf der gegenüberliegenden Seite befand sich ein Foto von mir in der Kirche, betend. Darunter standen ungefähr folgende Worte: »Sabatina James, unter dem Baum der Erkenntnis so scharf wie ein Schwert und so sündig wie Maria Magdalena.« Um den Skandal noch zu vergrößern, druckte die Zeitung ein Interview mit meinen Eltern ab – man hatte meinen Vater ausfindig gemacht, da er in der ORF-2-Sendung *Vera exklusiv* aufgetreten war und ebenfalls behauptet hatte, dass meine Geschichte, so wie sie im Buch abgedruckt war, zu 99 Prozent nicht stimmen würde. Begleitet und in seiner Glaubwürdigkeit unterstützt hatte ihn in der Sendung ein Rechtsanwalt, den sich meine Eltern genommen hatten, ein selbst ernannter Vertreter für Ausländerrechte, so hatte er sich ausgegeben. Als jemand, der Flüchtlingen hilft. Ich kannte ihn noch von früher. Er gab sich links und versuchte, meinen Eltern zu helfen, denen, die in meinen Augen die Täter waren. Für ihn, so empfand ich das, war ich auch nur ein junges, ungehorsames Mädchen, das seinen Eltern Schaden zufügen will. Er versuchte, mich in meiner freien Meinungsäußerung, also in meinem demokratischen Recht, zu stoppen, die für mich in der Veröffentlichung des Buchs bestand. So war man der Ansicht, dass ich gegenüber meinen Eltern schwere Vorwürfe erhoben hätte, die ich vor Gericht beweisen müsste. Es kam sogar zu einem einstweiligen Verfügungsantrag gegen das Buch, dem aber nicht stattgegeben wurde.

Nachdem das Landesgericht in St. Pölten die einstweilige Verfügung abgelehnt hatte, wurde anschließend ein Strafverfahren wegen Verleumdung gegen mich eingeleitet. Auf einmal stand ich als Lügnerin da, die ihre Eltern verkauft hatte, weil sie mit dem Buchhonorar Geld verdienen wollte. Es gab Momente, in denen ich meinen Vater hasste, in denen ich wünschte, nie in diese Familie hineingeboren worden zu sein. Nach all dem, was er mir angetan hatte, sehnte ich mich aber zugleich danach, dass er sich bei mir entschuldigte, im Sinne von: »Meine Tochter, es tut mir so leid, dass ich dir nicht geglaubt habe. Ich wusste nicht, dass Salman dich in Pakistan so schlimm behandelt hat. Darüber bin ich sehr traurig.« Aber nein, er ging gegen mich vor. Wollte mir per Gerichtsverfahren verbieten lassen, dass ich über meine Geschichte spreche, in Zeitungen und im Fernsehen erzähle, was ich erlebt habe. Es ging ihm auch weiterhin allein darum, die Ehre der Familie zu retten, ihren Ruf zu bewahren.

Mein Vater behauptete, ich hätte mich wirklich in meinen Cousin verliebt, doch als ich aus Pakistan zurückgekommen sei, hätte ich mich einem anderen Mann zugewandt – dies war mein damaliger Freund, ein Halbtunesier. Mein Vater, der erlebt hatte, wie all seine Schwestern Männer heiraten mussten, die sie zuvor nie gesehen hatten, konnte oder wollte nicht verstehen, dass sich eine Frau selbst ihren Ehemann aussuchen will. Auch meine Eltern, die im weitesten Sinn verwandt waren, hatten sich nur einmal gesehen, bevor sie heirateten. Ich dachte daran, wie Saira, die freundliche Frau in Dhedar, von ihrem Mann zusammengeschlagen wurde, wie auch andere Frauen aus dem Dorf laut geschrien hatten, weil ihr Mann sie quälte – und wie meine Mutter diese Männer immer herzlich grüßte. Und nun behauptete mein Vater, das sei nicht wahr, das sei vielleicht in Arabien vor tausend Jahren vorgekommen. Nein, das passierte nicht in Arabien vor tausend Jahren. Das war Pakistan heute! Der Islam heute! Ich war fest davon überzeugt, dass er seinen Verwandten in Pakistan bis zu diesem Zeitpunkt nicht erzählt hatte, dass ich zum Christentum konvertiert war. Natürlich war es für ihn eine Last, eine solche Tochter wie mich zu haben. Viele aus der pakistanischen Gemeinschaft, in der nicht das Individuum zählt, sondern einzig die Meinung aller, brachen endgültig den Kontakt zu ihm ab. Er kam aus einer Schamkultur, mein Vater hatte mich nicht einmal angeschaut, wenn ich als Kind nackt war. Und nun nach diesem Buch auch noch diese Fotos! Und er glaubte wohl noch immer, dass ich zum Christentum übergetreten war, weil ich so leben wollte. Offenherzig und schamlos. Dass mir meine eigene Rebellion zum Verhängnis geworden war, weil jemand diese Bilder an die Presse verkauft hatte, das konnte er nicht verstehen.

Die Medien griffen in diesem Wirrwarr alles gierig auf und kreierten weiterhin die schönsten Schlagzeigen à la: »Die James-Bond-Christin.« Oder: »Eine Frau mit einem Cindy-Crawford-Gesicht und lackierten Fingernägeln stöckelt als Vamp umher.« Das war für mich fast schlimmer als die Gehirnwäsche in der Koranschule. Ich wusste überhaupt nicht, was ich nach Meinung der Medien verbrochen hatte. Bei meinen Eltern war es klar: In ihren Augen bestand mein Verbrechen darin, dass ich westlich leben wollte.

Für mich gab es in dieser Situation nur eine Entscheidung, und zwar die, dass ich mich nicht für diese Fotoaufnahmen öffentlich rechtfertigen wollte, so wie ich mich

auch für meine Scheinehe mit Ilyas nicht öffentlich rechtfertigen wollte. Und diese Ansicht vertrete ich noch heute.
Ich selbst habe mir versprochen, ein für alle Mal nicht
mehr darüber zu reden. Es würde vom Thema ablenken –
und genau das ist die Absicht derjenigen, die nicht über die
Stellung der Frau im Islam reden wollen, den größten
Schandfleck in dieser Religion. Sie wissen ganz genau, dass
jemand, der erfahren hat, wie es ist, als muslimische Frau
aufzuwachsen, für andere sehr glaubwürdig sein kann.
Und deshalb wurde der Skandal auch weiterhin unterstützt, mit weiteren gerichtlichen Klagen, nur um zu verhindern, dass das eigentliche Problem angeprangert wird.
In einem Interview mit einem Journalisten gab ich dann
auch deutlich zu verstehen: »Ihr wisst gar nicht, was ihr
angestellt habt. Ihr habt das Schicksal von Millionen von
jungen muslimischen Frauen auf einen nackten Körper reduziert, und das ist genauso schlimm wie das, was die
Muslime machen.« So drastisch das auch geklungen haben
musste, für mich war es die Wahrheit.

In dieser Zeit habe ich an Selbstmord gedacht. Ich war am
Ende meiner Kräfte. Ich litt an Bulimie. Ich habe mein
Leben regelrecht ausgekotzt, da ich es gehasst habe. Ich
habe es gehasst, als Frau geboren zu sein, und wieder einmal musste ich an die Koranverse denken, die ich in der
Madrasa gelernt hatte, in denen es heißt, dass Frauen
schmutzig sind, wenn sie ihren Körper zeigen.
   Die Essstörungen wurden so schlimm, dass mein Herz
wie wild raste und ich kaum noch atmen konnte, alles wegen der gesamten Stresssituation. Einmal überfiel mich
eine solche Panik – ich glaubte, keine Luft mehr zu bekommen –, dass ich in meiner Not eine Hotline für Buli-
miekranke anrief. Eine Ärztin mir einer warmen, rauhen
Stimme war am anderen Ende der Leitung, und ich sagte:

»Ich ersticke, ich habe Angst zu sterben. Was soll ich machen?«

»Wie lange haben Sie denn schon die Bulimie?«, fragte sie.

»Schon einige Zeit.« Ich erzählte ihr, dass es in Pakistan richtig angefangen hatte, nach dem Missbrauch durch meinen Cousin, aber ich schon früher einige solcher Attacken erlitten hatte, dann, wenn ich zu Hause von meiner Mutter geschlagen worden war.

»Sie müssen sofort in die Praxis kommen, Sie haben das viel zu lange.« Die Worte der Ärztin klangen ruhig, aber eindringlich.

»Nein, ich kann nicht kommen«, erwiderte ich. »Ich habe Angst, dass mir Journalisten auflauern. Wenn sie erfahren, dass ich Bulimie habe, dann kann es sein, dass es morgen in der Zeitung steht und gegen mich verwendet wird.« Nach der Veröffentlichung der freizügigen Bilder, aber auch anderer, von denen ich nicht wusste, wann und wer sie gemacht hatte, war ich nahezu paranoid geworden. Ich fühlte mich verfolgt. Und als die Ärztin merkte, dass es ihr nicht gelingen würde, mich zu ihr in die Praxis zu bewegen, machte sie eine Art Ferndiagnose, versuchte mich liebevoll zu beruhigen, so dass meine Atmung wieder gleichmäßiger ging und ich nicht mehr so panisch war.

Es war eine furchtbare Zeit. Auch wenn ich bei den Anfällen keine Luft bekam und Angst hatte zu sterben, so wünschte ich mir gleichzeitig den Tod. Mehrfach überlegte ich, wie ich es anstellen könnte, mich zu töten. Auf jeden Fall durfte es nicht weh tun. Ich recherchierte, was in Apotheken zu erhalten war, was ich schlucken konnte. Den einzigen Trost fand ich in meinem Glauben. Es gab da einen katholischen Priester und Zeitungsherausgeber, Rudolf Schermann, der in der Türkei zur Welt gekommen war. Er hatte mich inzwischen getauft und auch meine

Buchpräsentation besucht. Ihm erzählte ich von der Hetze, nachdem er angeboten hatte, dass ich mich ihm anvertrauen könne. Ich fragte ihn, warum ich das alles ertragen müsse, wo ich doch so viel für meinen Glauben aufgegeben hätte. Er sagte: »Wie soll ein Blinder beschreiben, wie die Sonne aussieht?« Er zeigte mir, dass der Glaube notwendig ist, weil der Mensch nicht perfekt ist. Auch bestärkte er mich, meinte, dass Gott ein gnädiger Gott sei, der alle Menschen als Individuen liebt, der kein Interesse daran hat, dass jeder so sein muss wie der andere, sondern dass jeder seine eigene Persönlichkeit haben darf.

Diese von ihm geäußerten Gedanken brachten mich dazu, die Ärztin schließlich doch noch aufzusuchen – im Prinzip rettete mir Rudolf Schermann das Leben. Durch seine Worte hatte ich den Mut, die Praxis aufzusuchen und mich deswegen nicht zu schämen. Ich konnte mir sagen, dass mein Ich nicht das ist, was die Menschen über mich sagen oder schreiben, sondern das, was Gott über mich denkt. Als ich dann der Ärztin, einer Mittvierzigerin mit einem Gesicht, das schon viel gesehen, aber auch viel verziehen hat, in einer Kurzversion meine Geschichte erzählt hatte, meinte sie: »Ach, ich hätte damals am Telefon wissen müssen, dass Sie es sind. Ich habe die Berichte in der Presse gelesen, und ich kann mir vorstellen, was Sie jetzt durchmachen.«

Sie war sehr nett, sehr liebevoll, hörte mir aufmerksam zu, stellte vorsichtig viele kluge Fragen. Und schon flossen die Tränen wieder.

»Sie müssen in eine Therapie gehen, ich könnte den Kontakt zu einer Klinik herstellen«, sagte sie, nachdem sie sich ein umfassenderes Bild von meinen Problemen gemacht hatte.

Ich starrte sie mit schreckgeweiteten Augen an: »Das ist unmöglich«, erklärte ich, mich dabei fast überschlagend.

»Der Gerichtsprozess gegen meine Eltern steht bevor. Wenn ich während dieser Zeit in einer Klinik bin, wird man noch annehmen, was sie schon immer gesagt haben, dass ich nämlich psychisch krank bin. Ich muss es so schaffen. Ich muss die Kraft finden, das alles zu überstehen.«

Die Ärztin mit dem weizenblonden Pagenkopf zuckte mit den Schultern. »Es ist Ihre Entscheidung, aber sind Sie sicher, das alles ganz allein durchstehen zu können? Nach all dem, was Ihnen in den letzten Monaten widerfahren ist, ja, in den letzten Jahren?«

»Ich habe meinen Glauben.«

6

Nestbeschmutzerin:
Rufmord durch die,
die ich am meisten liebe

Der von meinen Eltern angezettelte Verleumdungspro-
zess hatte 2003 begonnen, die eigentliche Verhandlung war 2004. Der Ort der Verhandlung war St. Pölten,
Landeshauptstadt von Niederösterreich und Sitz des Verlags von Josef Kleindienst. Das war auch der Grund, warum für die Verleumdungsklage das Landesgericht in St.
Pölten zuständig war. Erst hatte ich überlegt, ob ich wirklich zu dem Prozess kommen sollte, aber es waren Zeugen
geladen, Pakistaner, die mich betatscht oder mich als Hure
beschimpft hatten. Ich wusste, wenn ich nicht zu der Verhandlung ging, würden mich deren Aussagen sehr belasten
können.

Seit zwei Jahren hatte ich meine Eltern nicht gesehen –
eigentlich eine unfassbar lange Zeit. Seitdem war so viel
passiert, manche Menschen erlebten nicht einmal während
ihres gesamten Daseins so viel schreckliche Dinge. Noch
am Abend vor der Verhandlung, den ich in der Wohnung
von Kleindiensts Bruder in 10. Wiener Bezirk zubrachte,
dachte ich, dass ich den kommenden Tag nicht überstehen
würde. Wieder hatte ich Herzrasen und Panikattacken, ich
glaubte, dass ich es so oder so nicht schaffen würde. Entweder ich würde vor Luftnot sterben oder durch meine
Eltern. Die von meinem Vater ausgesprochene Morddrohung war nicht vergessen, davon konnte ich ausgehen.

In der Wohnung lebte ich zusammen mit meinem

Freund David, den ich während der Arbeit an meinem Buch kennengelernt hatte. Der erste Freund, der für mich eine Bedeutung hatte. Ich zitterte an diesem Abend am ganzen Körper, so dass ich schließlich fragte: »Können wir zusammen beten? Ich habe das Gefühl, dass mir das guttun würde.« David war keineswegs gläubig, weshalb er auch auf meine Bitte sagte: »Du brauchst keine Angst zu haben, wir haben einen guten Rechtsanwalt. Verlass dich einfach auf ihn.«

David hat mich in dieser schweren Phase begleitet, ich habe ihm viel zu verdanken. Er ist bis heute einer der Menschen, den ich sehr respektiere und den ich immer noch sehr gern habe. Der beste Ex-Freund, den ich mir vorstellen kann. Aber ich hatte gemerkt, dass die Beziehung immer schwieriger für uns beide wurde, da David die große Liebe, die ich gefunden hatte, die Liebe zu Gott, nicht mit mir teilte. Ich hatte das Gefühl, dass er mich in dieser Sache nicht ernst nahm. Aber wie sollte er das auch, wenn ich ständig behauptete, die wichtigste Person in meinem Leben sei nicht er, sondern Gott. Um mit einer solchen Feststellung umzugehen, kann man nur versuchen, dass sich dieser Gedanke nicht in den Vordergrund drängt. Eigentlich kann das aber keine Beziehung aushalten. Vergleichbar ist das mit einem alleinerziehenden Menschen, der einen neuen Partner kennenlernt und dieser sagt: »Ich akzeptiere dich, aber nicht dein Kind.« Und »mein Kind« war Gott.

Und auf Anwälte wollte ich mich nun schon gar nicht verlassen, denn bei den Prozessen mit den Boulevardzeitungen hatte ich nicht gerade zu spüren bekommen, dass man unbedingt darauf aus war, meine Persönlichkeitsrechte zu wahren. Ich hatte erfahren, dass man in einem Rechtsstaat nicht immer Recht sprach, sondern Urteile fällte. Wer die besseren Argumente und Beweise vorlegen

konnte, der hatte recht. Anwälte reichten nicht aus, damit
Täter auch tatsächlich verurteilt wurden.

Da David also nicht mit mir beten wollte, schlug ich die
Bibel auf und fand dann eine Stelle im Lukasevangelium,
die mich sehr tröstete: »Wenn man euch vor die Gerichte
der Synagogen und vor die Herrscher und Machthaber
schleppt, dann macht euch keine Sorgen, wie ihr euch verteidigen oder was ihr sagen sollt. Denn der Heilige Geist
wird euch in der gleichen Stunde eingeben, was ihr sagen
müsst« (12,11 und 12,12). Ich spürte, dass ich am nächsten
Tag viel Gegenwind bekommen würde, weil es immer Gegenwind gibt, wenn man an Gott glaubt. Augenblicklich
fühlte ich mich nicht mehr so verzagt.

Der nächste Tag. Der Gerichtstag. Als meinen Begleiter
hatte ich Gott bei mir, David und zur weiteren Unterstützung eine Freundin. Sophia war die Frau eines Naturheil-
kundlers, zu dem ich aufgrund meiner psychischen Probleme, die sich durch die medialen Hetzkampagnen verstärkt hatten, gegangen war. Aus dieser Begegnung hatte
sich eine Freundschaft zur gesamten Familie entwickelt,
auch zu seiner Frau Sophia. Ich selbst ging mit der Ge-
wissheit in den Prozess, dass ich es schaffen würde. Dennoch tauchten in mir immer wieder Zweifel auf: Nein, ich
werde nicht gewinnen, meine Eltern werden gewinnen.
Die haben so viele Zeugen, wer wird schon für mich aussagen?

Bereits ganz früh waren wir mit Davids Auto nach St.
Pölten gefahren, von Wien aus eine gute dreiviertel Stunde. Ich hatte mir vorgenommen, möglichst früh das Gericht zu betreten, auf keinen Fall wollte ich am Eingang
meinen Eltern begegnen. Vielleicht konnte ich eine Ecke
finden, in der ich mich mit der Freundin verkriechen
konnte, bis der Prozess begann. Doch auch meine Eltern
hatte es zeitig ins Justizgebäude getrieben. Als ich den

Eingang passiert hatte, sah ich, wie sie gerade durch die Sicherheitskontrolle gingen. Eigentlich sah ich nur den Schleier meiner Mutter. Sofort hatte ich wieder einen meiner Flashbacks. Meine Mutter tauchte vor meinem inneren Auge auf. In Pakistan. Wie sie mich lobte, wenn ich mit guten Noten nach Hause kam, manchmal sogar mit Preisen für meine hervorragenden Leistungen. Wie unbekümmert sie damals gewesen war! Von einem Moment auf den anderen wurde ich traurig. Nach zwei Jahren trafen wir uns in einem Gericht wieder.

Ich hielt David und meine Freundin zurück – meine Eltern sollten mich nicht hier unten entdecken. Erst nachdem sie die Treppe in den ersten Stock hinaufgegangen waren, begaben wir uns durch die Kontrolle.

So lange es ging, zögerte ich es hinaus, mich vor dem Gerichtssaal, in dem die Verhandlung stattfand, einzufinden. Schließlich konnte ich es nicht länger hinausschieben – ich musste mich den Blicken meiner Eltern stellen. Sie saßen auf Stühlen vor dem Saal, mein Vater und meine Mutter. Sophia hielt meine Hand und flüsterte mir zu: »Schau nicht hin, bitte schau nicht hin. Wir gehen einfach an ihnen vorbei.« Ich versuchte, den Rat zu befolgen, aber es gelang mir nicht. Trotz aller Verzweiflung, trotz des Hasses, den ich gegenüber meinem Vater empfunden hatte, freute ich mich, dass ich ihn sah. Und war diese Begegnung auch nur durch den Gerichtstermin ermöglicht worden, so war es immerhin ein Wiedersehen. Und da saß er auf einem lackierten Holzstuhl und hatte den gleichen Blick wie damals, als er mich aus der Notschlafstelle abholte, in die ich immer wieder gelaufen war, wenn ich es zu Hause nicht ausgehalten hatte. Ein Blick, der sagte: »Was hast du mir nur angetan? Ich habe dir so viel gegeben.« Und in den Augen meines Vaters stimmte es auch: Er hatte mir alles gegeben, was er geben konnte. So wie ich nicht wusste, was mein Verbrechen war, so wusste er nicht, was sein Verbrechen war. Er hatte doch nur so gehandelt, wie es die Religion vorschreibt. Er hatte doch nichts Böses getan. Und weil ich das wusste, weil ich die Konflikte, die wir hatten, besser begreifen konnte, ihm einen Schritt voraus war, litt ich in diesem Moment für meinen Vater, so wie ich für mich selbst gelitten hatte. Ich wünschte mir für ihn, dass er nie in dem islamischen System aufgewachsen wäre, denn auch er war ein Opfer dieses Systems. Er war nicht geboren worden, um sich später dafür verteidigen zu müssen, dass er als Moslem auf die Welt gekommen war. Er war geboren worden, um genau das zu tun, was er gerade tat.

In dem Blick meiner Mutter sah ich nur Schmerz. Schluchzend und mit tränenverhangenen Augen schaute sie mich an, ihre Tochter. Später sagte man mir, dass die ganze Situation meine Mutter wohl emotional stark belastet habe, sie hätte die Veröffentlichung meines Buchs nicht verkraftet. Gewiss, es musste ein extremer Schock für sie gewesen sein, zu erfahren, dass ich nicht mehr Jungfrau war. Ihre höchste Priorität hatte darin bestanden, ihre Töchter unberührt in die Ehe zu bringen. Und bei diesem Anspruch hatte sie versagt. Vollkommen. Und jetzt stand ich vor ihr und sollte gegen den Mann aussagen, der ihr neuer Sohn geworden war.

Um all diesen Blicken zu entkommen, rannte ich auf die Toilette. Umgeben von den kalten weißen Kacheln, schüttelte es mich, wieder raste mein Herz, so laut, dass ich glaubte, in dieser gefliesten Toilette den Widerhall zu hören.

Sophia, David und mein Rechtsanwalt, der sich bislang zurückgehalten hatte, standen vor der Tür und warteten auf mich. Mein Verteidiger sagte: »Sie müssen sich beherrschen, Sie dürfen nicht zu emotional werden. Bleiben Sie kontrolliert, und fallen Sie auch nicht Ihrem Vater in die Arme.« Diese Worte hatte ich mir selbst auch schon gesagt – aber durch die Begegnung mit meinen Eltern wieder vergessen. Später sollte ich ähnliche Sätze zu jungen muslimischen Frauen sagen, die ich zu ähnlichen Gerichtsprozessen wie dem meinen begleitete, oft mit vergleichbarem Erfolg. Nach all den Erfahrungen, die ich gemacht hatte, wusste ich mittlerweile, dass Österreicher nicht unbedingt meine Kultur verstanden und ich mich so verhalten musste, dass sie es verstanden. Ich musste ihnen entgegenkommen. Wenn ich hingegen zu meiner Mutter gehen und sie umarmen würde, sie würden über diesen Liebesbeweis nur irritiert sein.

Um nicht meine Eltern anschauen zu müssen, versuchte ich mich auf ihren Anwalt zu konzentrieren, auf den selbst ernannten Flüchtlingsanwalt. Er wirkte sehr siegesbewusst, was ich mir damit erklärte, dass er sich seiner Sache sicher war. Ich erinnerte mich daran, dass ich ihn wegen des Visums für meinen Cousin mehrmals in seiner Kanzlei hatte aufsuchen müssen. Jedes Mal, wenn ein solcher Termin anstand, hörte ich über Kopfhörer Xavier Naidoo, eine Musik, die mir Azra nahegebracht hatte: »Ich sing Lobeslieder / auf den Herrn. / Streitet ob des Für oder Wider / ich tue es gern.« Naidoos Songs bauten mich auf, und das war notwendig, denn ich brauchte Kraft, um diesem Mann zu begegnen.

Nachdem es mit der Zwangsheirat nicht geklappt hatte, überlegten meine Eltern, welche Möglichkeit es noch gab, meinen Cousin Salman nach Europa zu holen. Da kam meinem Vater die Idee mit der Adoption. Er wollte Salman adoptieren, damit auch er in Österreich bleiben konnte. Ein Verfahren wurde schon bald darauf eingeleitet.

Ich musste die Adoptionsurkunde mit unterschreiben. Ich unterschrieb. Ich hatte alles versucht, um auch das zu verhindern, war aber wieder einmal gescheitert – wie bei meinem Versuch, die Polizei von der Falschheit meiner Heiratsurkunde zu überzeugen. Es war ein Moment, in dem alles an mir abprallte, ich alles tat, nur um meine Ruhe zu haben. Dem Druck meines Vaters hatte ich nicht standhalten können. Einmal fragte ich den Anwalt meines Vaters, warum er ihn vertrat, da meinte er: »Mein Mandant ist ein sehr netter Mann.«

Nie hatte ich bezweifelt, dass mein Vater nett war. Mein Vater ist einer der nettesten Menschen, die ich kenne. Die meisten, die in sein Taxi steigen – neben seiner Arbeit als Kranlenker fuhr er inzwischen auch Taxi – und mit ihm unterwegs sind, denken sich hinterher: So einen Vater, Bruder oder Kollegen zu haben, das wäre ein Segen. Der bietet sogar an, dass er einen zum Essen nach Hause einladen würde. Und bei meiner Mutter ist es das Gleiche: Wenn sie etwas Gutes gekocht hatte, brachte sie immer den Nachbarn etwas von den Speisen, damit auch sie davon kosten konnten. Wahrlich: Sie sind keine schlechten Menschen, aber für sie ist es normal, schwarz-weiß zu malen, wenn sie über andere Personen urteilen. Schwarz sind für sie die bösen Menschen und weiß die guten. Ich wäre nach diesem System die Böse, und meine Eltern wären die Guten. Aber so einfach ist das alles nicht. Und wer denkt, dass mein Vater im Osama-bin-Laden-Look herumläuft, mit möglichst langem Bart, turbanartiger Kopfbedeckung sowie beigefarbener Kleidung, der irrt. Man kann hier im Westen der Meinung sein, dass jemand, der seine Tochter zwangsverheiratet, ein Fundamentalist ist, den man sofort einsperren muss. So ist es ebenfalls nicht. Meine Familie ist zwar religiös, aber nicht fundamentalistisch. Meine Mutter hat sich manchmal geschminkt, sie hat sogar hin und wieder ihre Haare gezeigt, wenn sie in Linz durch die Straßen ging. Nur in Pakistan bedeckte sie sich von Kopf bis Fuß. Also: Meine Eltern sahen auch an diesem Tag im Landesgericht von St. Pölten nicht so aus, wie Eltern eigentlich auszusehen haben, die ihre Töchter gegen deren Willen verheiraten.

Der Prozess begann. Mein Vater betrat als Erster den Saal, danach meine Mutter, schließlich folgten wir anderen ihr. Krampfhaft bemühte ich mich, sie dieses Mal nicht anzuschauen. Sie schluchzte jetzt noch lauter als eben auf dem Stuhl, es war richtig arg. Als ich an ihr vorbeigehen wollte, sagte sie: »Komm in meine Arme, ich liebe dich doch.« Ich erinnere mich nicht mehr genau, ob sie wirklich die Worte »ich liebe dich« verwendete, auf jeden Fall war es aber eine ähnliche Formulierung gewesen. »Ich liebe dich« – es war ihr stets schwer gefallen, dies zu äußern, wahrscheinlich, weil sie diese Worte selbst nie von ihrer Mutter gehört hatte. Diese war sehr früh verstorben, als meine Mutter noch ein Kind war, nie hatte sie die Geborgenheit mütterlicher Liebe erfahren. Sie hatte nur gelernt, dass es im Leben einer Frau einzig darum geht, gehorsam zu sein und sich zu unterwerfen. Wenn man das befolgt, besteht die Chance, dass man überlebt. Und nun war da ihre Tochter, die sich nicht unterwerfen wollte, die in ihren Augen bereit war, stattdessen ihr Leben zu ruinieren. Meine Mutter glaubte in diesem Moment sicher, dass ich nie wieder einem islamischen Mann begegnen würde, der mich annahm – deswegen konnte sie ihre Tränen nicht stoppen. Dass ich gar keinen islamischen Mann mehr wollte – ich hätte es ihr nicht erklären können.

Was mich auch durcheinanderbrachte: Wenn ich mich in den vergangenen Jahren nach Liebe sehnte, hatte meine Mutter nur Verachtung für mich übrig gehabt. Solange ich nicht das tat, was sie von mir verlangte, sah sie mich als Strafe Allahs. So sagte sie einmal: »Mit dir hat mich Allah bestraft, aber dafür bin ich mit Aisha um das Doppelte gesegnet worden!« Diese Worte begleiteten mich in die Schule, auf dem Weg nach Hause. Wenn ich etwas zu meinen Brüdern sagte, antworteten sie nicht mehr. Meine Mutter hatte ihnen verboten, mit mir zu reden. Auch Aisha wurde von mir ferngehalten. Je westlicher ich wurde, umso mehr. Mein Einfluss, das war die Überzeugung der Familie, könnte meiner jüngeren Schwester schaden. Wenn Pakete mit Geschenken aus Pakistan kamen, erhielt ich nichts. Man zeigte sie mir nur mit den Worten: »Erst wenn du dich dem Willen deiner Eltern unterwirfst und die Heiratsurkunde für Salman unterschreibst, erhältst du auch wieder Geschenke.« All diese Tatsachen führten mich in eine große Einsamkeit. Ich dachte an die Zeiten zurück, in denen wir in Sarleinsbach wohnten und draußen zusammen auf den grünen Wiesen spielten, bis es draußen dunkel wurde. Wieder hatte ich das Gefühl, dass diese Bilder Tränen auf mein Gesicht spülten, doch ich riss mich zusammen. Ich ignorierte meine Mutter, warf mich ihr nicht in die Arme. Ich fing auch nicht an zu weinen. Selbstbewusst ging ich weiter zu dem Stuhl, auf dem ich Platz nehmen sollte.

Nachdem die Richterin, eine Mittvierzigerin mit schulterlangen kastanienbraunen Haaren und schwarzem Talar, die Verhandlung eröffnet hatte, wurden zuerst meine beiden Brüder aufgerufen. Adnan, mein vier Jahre jüngerer Bruder – ich war bei diesem Prozess vierundzwanzig –, sagte: »Meine Schwester wollte immer Schauspielerin werden, wollte immer berühmt werden. Aus diesem Grund hat sie das Buch geschrieben.«

Die Richterin warf trocken ein: »Berühmt werden zu wollen ist in Österreich noch kein Verbrechen.«

Adnan konterte: »Aber sie hat ihre Geschichte genommen und sie instrumentalisiert.«

Auf diese Bemerkung ging die Richterin nicht weiter ein, sondern sagte in ungefähr diesen Worten: »Ihre Schwester schreibt sehr viel darüber, dass sie in der Familie keine Freiheiten gehabt hatte und oft geschlagen wurde. Haben Sie davon etwas mitbekommen?«

»Nein, meine Mutter hat sie nie geschlagen. Es gab keine Probleme.« Meine zwei Brüder hatten nie verstanden, warum ich aufgrund meiner Weigerung, meinen Cousin zu heiraten, meine Mutter zum Weinen und meinen Vater zum Wüten gebracht hatte.

Für meine Geschwister war ich diejenige, die den Familienfrieden zerstört hatte. Ich konnte mir vorstellen, dass Adnan genug davon hatte, meine Mutter leiden zu sehen, und deshalb vor der Richterin alles so rigoros abstritt. Er wird, so überlegte ich weiter, ebenfalls zu spüren bekommen haben, dass meine Eltern in der islamischen Gemeinde nicht mehr so willkommen waren wie früher. Er litt für meine Eltern.

Trotzdem: Wie konnte er behaupten, dass ich nie geschlagen worden war? Es war schwer, das zu hören und auszuhalten. Mein Bruder wusste, dass es nicht stimmte. Er hat miterlebt, wie ich mich auf der Toilette eingesperrt hatte, damit Mama nicht auf mich einprügeln konnte. Wie ich schon als kleines Kind weinend zu ihm gelaufen kam, um bei ihm Schutz zu suchen. Er war dabei gewesen, als meine Mutter mich regelrecht rausgeschmissen hatte.

Adnan enttäuschte mich. In Pakistan hatte ich ihn im Kinderwagen durch die Gegend geschoben, ich hatte ihn so häufig getragen und auf ihn aufgepasst, dass ich mich manchmal wie seine Mutter gefühlt hatte, obwohl ich doch nur seine vier Jahre ältere Schwester war. So sehr hatte ich ihn geliebt und liebe ihn noch immer. Und nun hatte er mir wie eine Schlange Gift verabreicht. Doch hätte er anders handeln können? Hätte er die Wahrheit sagen dürfen? Er hatte so zu denken wie mein Vater, wie sein Vater. Er musste die Ehre meines Vaters verteidigen.

»Wie läuft denn eigentlich Ihr Tag ab?« Ich hörte, wie die Richterin mit ihrer Befragung fortfuhr.

Adnan schaute sie erst etwas verdutzt an, dann aber erzählte er: »Nach der Schule gehe ich meistens gleich raus, um Fußball zu spielen oder mich auf andere Weise mit meinen Freunden zu treffen. Spät am Abend komme ich dann nach Hause, esse was und mache, wenn nötig, noch ein paar Schularbeiten.«

»Das heißt, Sie sind kaum zu Hause?«

»Ja, genau.«

»Und wie können Sie dann so sicher sein, dass da nie etwas vorgefallen ist?«

»Ich kann es mir nicht vorstellen.«

»Und gab es wirklich kein einziges Mal, dass Ihre Eltern schimpften?«

»Na ja, das schon. Meine Schwester wollte sich immer so anziehen.« Als die Richterin nachfragte, was er denn damit meine, mit »so anziehen«, sagte mein Bruder: »Eben sexy.« Und nach einer Weile fügte er hinzu: »Damit haben doch alle Eltern ein Problem.« Es schien, als wollte er mit dieser altklugen Antwort die Richterin beeindrucken, was ihm aber nicht gelang. Sie konstatierte nur nüchtern: »Dann gab es also doch Schwierigkeiten.«

»Ja, ja, wie ich schon sagte, mit der Kleidung. Meine Mutter wollte nicht, dass sie diese aufreizenden Sachen trug. Aber deswegen hat sie sie doch nicht gleich geschlagen.«

Die Befragung von Adnan war damit beendet, anschließend machte Hassan, mein zwei Jahre jüngerer Bruder, seine Aussage. Das, was Hassan erzählte, unterschied sich kaum von dem, was Adnan zu Protokoll gegeben hatte. Es klang wie abgesprochen. Ich beobachtete genau das Gesicht der Richterin, und ich hatte den Eindruck, dass ihr die Ähnlichkeit der Äußerungen nicht entgangen war.

Nun wurde meine Mutter in den Zeugenstand gerufen. Sie sagte: »Ich habe meine Tochter nie geschlagen.« Auch sie konnte in dieser emotionalen Stresssituation nicht die Wahrheit sagen. Auch für sie hatte ich durch meinen Wunsch, die Entscheidungen über mein Leben selbst zu treffen, ihre Ehre und die meines Vaters in Gefahr gebracht. Oft genug hatte mein Papa gesagt, dass er wegen mir noch einmal sterben würde. Einmal hatte er sich vom Balkon unserer Wohnung, die im siebten Stock lag, herunterhängen lassen. Er drohte an, dass er springen würde. Er wollte mir zeigen: »Ich sterbe, wenn du nicht heiratest.« Meine Mutter war damals in Tränen ausgebrochen, und wieder einmal fühlte ich mich schuldig. Für die Tränen, die ich vergossen habe, interessierte sich aber niemand.

Alles kam mir vor wie eine Erbsünde, die immer weitergegeben wird. Jahrelang hatten meine Brüder all die Erniedrigungen mitbekommen – und nie etwas dazu gesagt. Und auch jetzt nicht, vor Gericht. Und jetzt meinte noch meine Mutter, dass sie mich nie geschlagen hätte, behauptete, dass es zu Hause nie Probleme gegeben hätte.

Die Richterin hielt dagegen: »Aber Ihr Sohn hat gerade eben ausgesagt, dass es doch welche gab.« Sie stellte überhaupt eine Menge Fragen, die für meine Mutter unangenehm waren. So wollte die Richterin wissen, ob meine Mutter Schwierigkeiten mit meiner Kleidung gehabt hätte. Sie hielt ihr auch eine Aussage vor, die sie in den Protokollen der Notschlafstelle gefunden hatte. Es ging dabei um eine Nachricht, die wir zu Hause im Fernsehen vernommen hatten und in der berichtet wurde, dass so und so viele Menschen durch eine Dachlawine ums Leben gekommen seien. Meine Mutter hatte zu dieser Nachricht den Kommentar abgegeben: »Ich wünschte, du wärst auch von der Dachlawine begraben worden, dann wäre es mit dir vorbei.« In diesen Protokollen hatte ebenfalls gestanden, dass sie mich vor den Sozialarbeitern als Schwein beschimpft hatte.

Es war zu spüren, dass die Richterin mit ihrer Strategie ein Ziel verfolgte: so lange nachzuhaken, bis meine Mutter vielleicht doch die Wahrheit erzählte. Und die Taktik zeigte Erfolg. Schließlich sagte sie unter Tränen: »Meine Tochter war eine Schande für die ganze Familie. Ich war froh, als sie in Pakistan war.« Damit war im Prinzip klar, dass doch nicht alles so richtig war, was meine Brüder und meine Mutter zuvor erzählt hatten.

Es war schrecklich, das alles zu hören. Und immer wieder hatte ich diese Flashbacks. Ich sah meine Mutter, wie sie in unserem kleinen Dorf Dhedar in der Früh mein Lieblingsgericht Baratas zubereitet hatte. Als die Kartoffelteigtaschen fertig waren, setzten wir uns im Kreis auf den Boden, meine beiden Brüder, meine Mutter mit Aisha auf dem Schoß, daneben ich. Es war alles so idyllisch. Doch schon im nächsten Moment sah ich, wie sie mich an den Haaren packte und durch die Gegend zerrte. Mein Vater hatte mich nie in dieser Form geschlagen, es gab hin und wieder einmal eine Ohrfeige von ihm, aber das war auch alles. Das war auch mit ein Grund, warum ich ihn so verehrt hatte.

Meine Mutter wiederholte: »Ja, sie war eine Schande.«

Die nächste Person, die die Richterin befragte, war mein Vater. Noch immer blickte er so, wie ich es auf der Bank vor dem Gerichtssaal beobachtet hatte. Die Richterin wollte wissen, ob er die Heiratsurkunde für mich unterschrieben hätte. Mein Vater erwiderte: »Ja, ich habe die Heiratsurkunde unterschrieben, als ihr Anwalt und als ihr Vater.« Unmerklich schüttelte ich den Kopf. Was ich geahnt hatte, war Realität geworden: Meinem Vater war es nicht bewusst, dass es Unrecht war, was er begangen hatte. Und so konnte er auch zugeben, was er getan hatte. In Pakistan war es normal, dass Väter für ihre Töchter entschieden. Natürlich unterschreiben meist auch die Töchter ihre Heiratsurkunde, aber ich war gerade nicht da, also konnte er das für mich erledigen.

In seinen Augen hatte ich keine Moral mehr, schon gar nicht als Ungläubige. Wie oft hatte mein Vater beim Essen gesagt: »Die Ungläubigen wollen, dass die Töchter möglichst schon mit siebzehn aus dem Haus gehen. Sie wollen sie nicht mehr bei sich haben, weil sie keine Bindung mehr zu den Familien haben. Es gibt bei den Ungläubigen keine Familiengemeinschaft, so wie wir sie haben.« In dieser Hinsicht mochte er ja recht haben, Familienbindungen waren in Europa nicht so stark ausgeprägt, aber dafür wurden und werden die Kinder in Pakistan zu einem großen Teil in emotionaler Abhängigkeit erzogen.

Auch mein Vater verneinte, dass meine Mutter mich geschlagen hatte: »Das stimmt nicht.« Zugleich wiederholte er, was er schon im Fernsehen in der Sendung *Vera aktuell* bekundet hatte, nämlich dass ich mit der Heirat einverstanden gewesen sei.

Es war die Hölle. In doppelter Hinsicht. Es war furchtbar zu hören, dass er nicht die Wahrheit sagte, und es war schrecklich, meinen Vater so zu sehen, im Kreuzverhör. Im Stillen machte ich mir Vorwürfe: Sabatina, was hast du dir nur dabei gedacht? Was hast du bloß angerichtet? Du hast deinen Vater … Nein, ich hatte meinen Vater nicht angeklagt, er hatte mich verklagt. Dennoch fühlte ich mich schuldig. Allein deshalb, weil ich vor Gericht ständig das Gefühl hatte, ich müsste mich rechtfertigen. Aber für was? Und genauso empfand es mein Vater: Für was musste er sich denn verantworten? Ich musste wie bei meiner Mutter an seine Kindheit denken, die sehr schwer gewesen war, mit einer Stiefmutter, die ihn nicht liebte. Sein ganzes Leben lang hatte er gelitten, und dann hatte er es irgendwie geschafft, nach Europa zu kommen und meine Mutter, meine drei Geschwister und mich nachzuholen, damit wir alle zwischen den Ungläubigen ein besseres Leben führen konnten, damit wir mehr zu essen hatten als die anderen Familien aus unserem Dorf, damit wir Kinder eine bessere Ausbildung erhielten, die er uns in Pakistan nie hätte ermöglichen können. Und damit ich vielleicht einmal einen Mann heiraten würde, der mich nie schlug. Das war auch eines der Argumente gewesen, warum er mich mit einem Cousin verheiraten wollte. »Bei einem Cousin«, so erklärte er mir, »kann ich immer ein Auge darauf haben, sollte er dir etwas antun. Ich kann dann immer zur Familie gehen und sagen: ›Hey, was ist mit eurem Sohn hier los? Er schlägt meine Tochter!‹ Ich kann Druck auf die Familie ausüben, bei einem Fremden kann ich das nicht.« Auch in dieser Hinsicht hatte er immer nur das Beste für mich gewollt.

Wieder ein Flashback: Ich sah, wie ich meinem Vater seine Füße massierte. Er liebte es, wenn ich das tat. Es wurde mir einmal von einem Verwandten erzählt, dass ihm seine Stiefmutter als Kind nicht einmal Schuhe hatte kaufen wollen, so schlimm war sie zu ihm gewesen. Diese Füße waren für mich Sinnbild, wie viel Mühe, wie viel Arbeit es ihm bereitet hatte, all die Schritte nach vorne zu gehen, die er dann gegangen ist. Und so massierte ich, sooft ich durfte, seine Füße. In mir war dieses Verlangen, Nähe zu ihm zu wahren. Und das Massieren der Füße war diese Zärtlichkeit, nach der ich mich sehnte. Dabei stieg ein Geruch in mir auf, der Geruch meines Vaters, wie er sich in mir festgesetzt hatte, wenn ich ihn berühren konnte. Süßlich und warm.

In diesem Moment, mitten in der Gerichtsverhandlung, hatte ich auf einmal den unbändigen Wunsch, wieder seine

Füße zu massieren. In diesem Saal waren die Menschen, die ich am meisten liebte, zu denen ich tatsächlich gern hingelaufen wäre, was aber nicht möglich war, weil sie mich verklagt hatten, weil sie mich verachteten.

Heute denke ich, dass ich all die vielen Erinnerungen hatte, Erinnerungen, die mit den schönen Zeiten in Pakistan verbunden waren, um das, was gerade im Gerichtssaal stattfand, zu verdrängen, nicht so nah an mich herankommen zu lassen. Ich glaube, dass ich sonst die gesamte Situation nicht ausgehalten hätte. Es gab keine Verbundenheit mehr für mich, ich war aus der Familie ausgestoßen worden, ich hatte kein Recht mehr, in das Nest zurückzukehren. Alles war mir geraubt worden. Alles war auf einmal weg.

Meine Augen schweiften über die Menschen in dem Raum. Meine Schwester war nicht zur Verhandlung gekommen. Seltsam. Es wäre interessant gewesen, was sie ausgesagt hätte. Aber anscheinend hatten meine Eltern einen Grund gefunden, warum Aisha nicht hatte als Zeugin erscheinen müssen. Auch wir kommunizierten nicht mehr miteinander. Nie hatte ich mir vorstellen können, mit meiner Familie nur noch über Anwälte Kontakt zu haben, und doch war es so. Es war mir gelungen, den Bruch endgültig zu vollziehen, und so sollte es bis heute bleiben. Während meiner späteren Arbeit bei Sabatina e. V. stellte sich das immer als ein großes Problem heraus: Die Mädchen blieben in der Nähe ihrer Eltern, denn trotz der Drohungen, die diese äußerten, trotz der fortbestehenden Misshandlungen war da weiter die Hoffnung, es könnte sich bessern. Die Eltern könnten ihre Meinung ändern. Diese mögliche Aussicht war auch mit ein Grund gewesen, weshalb ich nach dem Auszug aus der Wohnung meiner Eltern nicht gleich nach Wien ging, sondern erst noch eine Weile in Linz wohnte. Viel zu lange. Diese Hoffnung,

die ich selbst noch bis zu diesem Tag der Verhandlung heg-
te, konnte ich nun begraben. Das wurde mir im Gericht
auf einmal klar. Ich habe mich fotografieren lassen, wie ich
mich nie hätte fotografieren lassen dürfen. Ich hatte den
Islam verlassen, ich hatte eine Zwangsheirat verweigert.
Im Prinzip hatte ich alle Todsünden begangen, die man als
Muslimin nur begehen konnte.

Josef Kleindienst hatte vor dem Prozess gesehen, wie
schlecht es mir ergangen war. Er wusste von meinem
Herzrasen, von meiner Bulimie, dass ich in ärztlicher Be-
handlung war. In seiner Wut hatte er einmal meinen Vater
angerufen und gesagt, dass er das alles überhaupt nicht
verstehen könne, ein Mensch wie er gehöre ins Gefängnis.
Ich hatte dieses Telefonat mitbekommen, und es verletzte
mich sehr, dass mein Verleger diese Worte gegenüber meinem Vater äußerte. Als ich ihm das mitteilte, tat Kleindienst sich schwer mit mir: »Wie kannst du solche Menschen lieben? Wie kannst du jemanden lieben, der dich mit
falschen Behauptungen vor Gericht bringen will?« Ja, wie
sollte ich das erklären? Eigentlich war es für Außenstehen-
de kaum zu begreifen, in welchen problematischen Strukturen muslimische junge Frauen lebten.

Mit Erschrecken musste ich nun feststellen, dass nicht nur
Pakistaner als Zeugen geladen waren, sondern auch österreichische Nachbarn, die mein Vater das eine oder andere
Mal zum Tee eingeladen hatte. Was konnten die über meine Situation wissen? Sie hatten doch keinen Einblick in
das, was mein Vater wirklich dachte. Und als sie dann aufgerufen wurden, sagten sie, wie fröhlich ich immer gewesen sei, wenn sie mich auf der Straße getroffen hätten, auch
schwärmten sie davon, wie toll meine Eltern seien, wie
sehr ich sie lieben würde und wie meine Eltern mich lieben
würden. Wenn die Eltern einen lieben, dann können sie

einer Tochter doch nichts Schlechtes antun. Einen größeren Widerspruch zu meinen Aussagen konnte man sich kaum vorstellen. Auch hier herrschte dieses mir schon bekannte Bild vor: Entweder waren die Erzeuger schlecht oder sie waren gut. Dass man einen Menschen lieben, aber ihm dennoch Böses zufügen kann, ein solches Weltbild befand sich anscheinend nicht in ihren Köpfen.

Als Nächstes wurden zwei ehemalige Klassenkameradinnen von mir befragt. Eine von ihnen war sehr furchtlos und gab kund, was sie wusste, und das, was sie wusste, war gegen meine Eltern gerichtet. Rebecca, die als Zweite vor die Richterin treten musste, war in der Schule meine engste Freundin gewesen. Sie wusste über meine damalige Situation am besten Bescheid, sie hatte mitbekommen, wie schwer ich es hatte, wie oft ich bei ihr übernachten wollte, welche Gespräche ich mit dem Jugendamt und den Sozialhilfestellen geführt hatte. Ihre Mutter war auch diejenige gewesen, die mich gewarnt hatte: »Geh bloß nicht nach Pakistan, die wollen dich da bloß verheiraten!« Einmal waren meine Eltern bei Rebecca und ihrer Mutter zu Besuch gewesen. Mein Vater und meine Mutter hatten bei dieser Familie nicht einmal etwas trinken wollen, weil sie für sie nur Ungläubige waren. Sie konnten damals deren Gastfreundschaft nicht würdigen. Vielleicht haben sie ja heute angefangen, anders zu denken.

Rebecca war nicht alleine zum Gerichtstermin erschienen, an ihrer Seite befand sich ihr Vater. Ich konnte mir vorstellen, dass sie Furcht vor meinen Eltern hatte. Schon als sie in den Zeugenstand gerufen worden war, schaute sie nervös die Richterin an, danach ihren Vater, bis ihr Blick wieder hektisch zur Richterin wanderte. Sie spielte unruhig mit ihren Händen, man merkte ihr an, dass sie Angst hatte. Nachdem die Richterin meine Freundin aufgefordert hatte, das zu erzählen, was sie wahrgenommen hatte, stotterte

Rebecca herum: »Ja, nein, Sabatina hatte keine Freiheiten gehabt. Sie durfte die Dinge nicht tun, die ihr Spaß machten, schauspielern und singen.« Sie sagte noch andere nebensächliche Sachen, doch die wirklich wichtigen Dinge, das, was ihre Mutter als Ahnung über meine Reise nach Pakistan ausgesprochen hatte, meine Anrufe bei ihr, weil ich nicht zu Hause schlafen wollte, das erzählte sie nicht. In ihrem Blackout hatte sie all dies vergessen. Ich dachte nur: Na, großartig! Da gab es nun eine Zeugin, die mir so gut hätte beistehen können, und dann hatte sie die entscheidenden Begebenheiten aus ihrem Gedächtnis verloren.

Es folgten als nächste Zeugen die Sozialarbeiter. Sie gaben zu verstehen, für sie gelte die Schweigepflicht, da meine Eltern sie nicht davon entbunden hätten. Sie konnten also nicht aussagen. Glücklicherweise hatte die Richterin die Protokolle von der Notschlafstelle angefordert, von den Stationen, wo ich übernachtet hatte, wenn die Streitereien mit meiner Mutter zu heftig wurden und ich es zu Hause nicht mehr ertragen hatte. Diese Protokolle halfen der Richterin bei ihrer Urteilsfindung, dennoch war ich enttäuscht. Ich hatte mir gewünscht, die Sozialarbeiter könnten mir beistehen. Immerhin hielten sie sich mit einer Meinungsäußerung zurück, nicht weil sie mir schaden wollten, sondern weil sie, wie sie mir später erklärten, Angst davor hatten, mein Vater würde etwas gegen die Notschlafstelle unternehmen. Es war unglaublich, dass Sozialarbeiter sich vor meinem Vater fürchteten. Aber ich konnte es nachvollziehen.

Irgendwann war die Gerichtsverhandlung vorbei. Ich hatte sie überstanden, sie überlebt. Alles, was ich während des Prozesses an Gefühlen unterdrückt hatte, kam nun heraus. Tränen strömten über mein Gesicht. David und Sophia hielten mich. Zusammen gingen wir hinaus, keinen Blick warf ich zurück.

7

Eine verhängnisvolle Begegnung

Die Verleumdungsklage meiner Eltern hatte keinen Erfolg. Ich hatte den Prozess gewonnen. In dem Urteil stand, dass meine Aussagen und die meiner Zeugen glaubwürdig und nachvollziehbar seien. Ein Erfolg. Aber dennoch hörte die Verfolgung durch die Medien nicht auf. So stellte man mich immer häufiger als Hasserin des Islam dar. Wahrscheinlich hätte man es noch verstanden, wenn ich den Islam verlassen hätte und Atheistin geworden wäre, aber dass ich in meinen Interviews Bibelverse zitierte, das ging besonders den liberalen Journalisten zu weit. Ich wiederum fand deren Haltung nicht liberal, sondern ihrerseits fundamentalistisch. Wieso kritisierten sie mich wegen meines katholischen Glaubens? Warum durfte ich nicht erklären, warum ich das Christentum für die bessere Religion hielt? Warum ließen sie mir nicht meine Meinung? Ich wollte sie ja nicht bekehren, sondern nur meine Haltung darlegen. Wieso attackierten sie mich, wenn ich sagte, dass die freie Meinungsäußerung eine Errungenschaft des christlichen Glaubens sei? Ebenso bedingungslose Liebe und Toleranz, die beinhalten, einen anderen so zu akzeptieren, wie er ist. Wieso glaubten sie mir nicht, wenn ich sagte, dass dies Werte seien, die andere Kulturen nicht kennen würden, dass sie ein Fundament des christlichen Abendlands seien und damit auch ein Fundament Österreichs? Nur weil ich nicht ihrem Opferbild entsprach? Gab ihnen das das Recht, mich nicht ernst zu nehmen? Nie und nimmer hätten die österreichischen Journalisten ihre Artikel in Pakistan veröffentlichen können. Aber das schien wenig ausschlaggebend für sie zu sein, lieber versuchten sie, mich als Mädchen darzustellen, das seine Eltern fertigmachen will.

Oder lag es daran, dass mich auch die Christen, die Katholiken in Österreich, viel zu freizügig fanden, mit meinen Fotos nicht umgehen konnten? Jedenfalls machte ich nicht die Erfahrung, dass sich die katholische Kirche – bis auf den Priester Rudolf Schermann – für mich einsetzte. Aber letztlich erwartete ich das nicht, denn zwischen Religiosität und Glauben machte ich einen großen Unterschied.

Religiosität verband ich mit der Institution Kirche, die in ihrer Geschichte, da brauchte ich mir nur die Zeit des Nationalsozialismus anzuschauen, Unrecht geduldet hatte. Religiöse Menschen waren für mich oft auch die Menschen, die in die Kirche gehen und jedem erzählen, was sie alles für gute Werke getan haben, um sich hinterher besser zu fühlen. Aber in meiner Vorstellung vom Christentum werde ich von Gott nicht durch gute Taten selig gesprochen, sondern durch Glauben und Vertrauen in ihn. Und für diesen Glauben hatte ich meine Familie verlassen, Verfolgung auf mich genommen, hatte mit dem Wertesystem, in das ich hineingeboren wurde, gebrochen. Mit einer solchen Katholikin, die derartige gewagte Bilder von sich hatte machen lassen, musste man ein Problem haben, das konnte ich mir durchaus vorstellen. Eigentlich passte ich nirgendwo hinein, weder bei den Muslimen noch bei den Christen, noch bei den Atheisten. Denn denen war ich ja wieder zu religiös – beziehungsweise hatten sie gar nicht erst verstanden, welche Bedeutung der Glaube für mich spielte. So allein, wie ich mich fühlte, konnte ich nur noch gläubiger werden. Das Evangelium wurde für mich so lebendig wie nie zuvor.

Angefangen hatte ich damit, das System der Ehre und den Islam in Frage zu stellen, als meine Lage immer aussichtsloser geworden war. In der Koranschule kamen erste Zweifel hoch, doch erst meine Weigerung, die Heiratsurkunde zu unterschreiben und ein Visum für meinen Cousin Salman zu beantragen, bewogen mich dazu, letztlich doch keine gute Muslimin zu sein. Mein ganzes Leben hatte ich gelernt, Allah nicht zu kritisieren. Als Jugendliche hörte ich von einer Frau, die den Koran ins Feuer geworfen hatte und sich daraufhin in ein Tier verwandelte. Ich wollte diese Frau sehen, dieses Tier, wollte wissen, wo es lebte. Und als ich meinen Onkel Ibrahim, einen Verwandten meiner Mutter, fragte, sagte er: »In Pakistan, in einem Gefängnis. Niemand darf die Frau besuchen.« Auch wenn ich diese Antwort etwas unbefriedigend fand, löste sie Angst in mir aus, Angst vor Allah. Um mich ihr nicht ausgeliefert zu fühlen, versuchte ich, nur noch mehr zu beten. Doch sosehr ich mich bemühte, Allah zu gefallen, er zeigte mir keinen Ausweg aus der Furcht – und auch später nicht aus der so schwierigen Situation mit meinem Cousin Salman. Zudem, auch wenn dies nur ein nebensächlicher Aspekt war, hatte mich die Tatsache gestört, dass ich während meiner Periode als unrein galt und den Koran nicht berühren durfte.

All diese Erfahrungen führten dazu, dass ich mich trotz aller Anfeindungen nicht entmutigen ließ. Hinzu kam, dass mir nach der Publikation meines Buchs viele junge muslimische Frauen Briefe schrieben, in denen stand: »Danke, Sabatina, dass du das öffentlich gemacht hast, was ich selbst jeden Tag erlebe.« Unzählige Hilferufe waren es. Die Mädchen und Frauen fragten, wie sie der Hölle entkommen konnten, in der sie sich befanden. Ihnen war es vollkommen egal, was für Fotos ich gemacht hatte und dass ich zum Christentum konvertiert war. Für sie war es einzig wichtig, dass sie einen Willen entwickeln konnten, um vielleicht ähnliche Schritte zu gehen. Um auch Stöckelschuhe zu tragen und unverschleiert herumzulaufen.

Und dann, eines Tages, traf ich Sohaila, die meinem Leben eine weitere Wende gab.

Ich brauchte Tee. Ich hätte ihn im nächsten Supermarkt kaufen können. Das wäre vollkommen unkompliziert gewesen. Aber nein, mit meinem Sturkopf musste ich mich der nächsten Herausforderung stellen. Inzwischen war ich eine nahezu öffentliche Person geworden. Die Leute in Wien schauten mich an. Neugierig, zweifelnd, überlegend. War ich das junge Mädchen, das sich gegen ihre Eltern aufgelehnt hatte, weil es zwangsverheiratet werden sollte? Angesichts des Todesurteils, das mein Vater über mich gefällt hatte, war diese Öffentlichkeit nicht sehr sinnvoll. Doch weil ich sie nicht mehr rückgängig machen konnte, schien es mir auch völlig absurd, mich weiter vor meinen eigenen Landsleuten zu verstecken. Ich wollte den Tee unbedingt in einem kleinen pakistanischen Geschäft in Wien besorgen. In meiner Wiener Anfangszeit war ich manchmal in diesen Gewürz- und Gemischtwarenladen gegangen, wenn ich Heimweh verspürte, hatte es aber schnell wieder unterlassen, weil ich merkte, dass es zu gefährlich für mich werden konnte, wenn man hier erfuhr, wer ich war. Nun war es sowieso egal, jeder, der es wollte, konnte mich ausfindig machen.

An der Kasse saß eine junge Frau, rundlich, blass, in düster-graue Gewänder gehüllt. Ihre ungewöhnlich grünen Augen mit dunklen Schatten verfolgten mich, als ich mich in dem Regal umschaute, in dem der Tee stand. Als ich schließlich bei ihr bezahlte, schrieb sie mir ein paar Worte auf die Rückseite des Kassenzettels. Durch das Buch und mein Bekenntnis zum Christentum war ich, wie ich durch sie später erfuhr, erklärtermaßen Gift für alle islamischen Frauen geworden. Eine Frau mit Ehre durfte mit mir nicht mehr sprechen, also wählte sie die Kommunikation über diesen indirekten Weg.

Ich las nicht gleich, was sie geschrieben hatte, sondern erst, nachdem ich mich weit genug vom Geschäft entfernt hatte, um nicht dabei beobachtet zu werden. »Ruf mich an«, stand auf dem Zettel. Darunter eine Telefonnummer und der Name Sohaila.

Konnte das eine Falle sein? Konnte der Ladeninhaber Sohaila gezwungen haben, diese Worte zu Papier zu bringen, sollte ich im Geschäft auftauchen? Dadurch, dass die junge Frau nicht mit mir gesprochen hatte, war klar, dass sie über meine Identität Bescheid wusste. Konnte es sein, angesichts des perfekten pakistanischen Alarmsystems, dass man mich mit dem Zettel irgendwohin locken, mich gefangen nehmen und meinem Vater übergeben wollte? In den vergangenen Wochen hatte ich diesbezüglich die seltsamsten Phantasien entwickelt – und sie erschienen mir nicht einmal abwegig. Aber hätte mir die Frau dann nicht beim Überreichen des Kassenbons einen warnenden Blick zugeworfen? Ich konnte mich täuschen, aber ich hatte letztlich nicht den Eindruck gewonnen, dass sie als Werkzeug benutzt wurde, um mich aufzuspüren. Mein Gefühl sagte mir, es ging um sie selbst.

Am nächsten Tag wählte ich die Nummer, die sie mir aufgeschrieben hatte. Sohaila meldete sich. Nachdem ich meinen Namen gesagt hatte, kam sie sofort auf das zu sprechen, worüber sie mit mir hatte reden wollen: »Kannst du nicht zu uns nach Hause kommen? Meine Mutter erwartet dich, auch meine Schwester Naila.«

»Aber ist nicht dein Vater da?«, fragte ich vorsichtig. Sohailas Vater Mohammed war arbeitslos und trieb sich den ganzen Tag irgendwo herum oder kommandierte seine

Frau und seine Töchter, wie sie mir nun erzählte. Mit ihrem Gehalt ernährte sie die Familie.

»Nein.« Es klang sehr bestimmt. Erstaunlich bei einem Vater, der keinem geregelten Job nachging und ständig in der Wohnung aufkreuzen konnte.

»Wohin soll ich denn kommen?«

»In den achten Bezirk.« Sie sagte mir auch noch die Straße und die Hausnummer.

Das Gebäude, in dem Sohaila lebte, sah nicht nur von außen schäbig aus, auch das Treppenhaus gemahnte eher daran, dass es dringend einer Renovierung bedurfte. Es war ein Haus, in dem Menschen wohnten, die nicht viel Geld für die Miete bezahlen konnten. Aber es duftete so wunderbar nach Curry und angebratenem Fleisch, ein Geruch, der mir einen schmerzhaften Stich versetzte – gleichsam ein Automatismus.

Als ich an der Tür klingelte, an der Sohailas Nachname stand, öffnete mir eine Frau, die eine große Ähnlichkeit mit ihrer Tochter hatte, nur älter als Sohaila war, wohl Mitte vierzig. Das Leid war ihr nun schon ins Gesicht geschrieben. Es musste ihre Mutter sein – und so war es auch.

»Ich heiße Anjum«, stellte sie sich vor und umarmte und küsste mich in ihrem großblumigen Salwar Kamiz in Weiß, Blau und Grün: »*Bismillah*, *bismillah* – Allah sei Dank, dass du gekommen bist. Meinen Töchtern sag ich immer, seid so mutig wie Sabatina.«

Im ersten Moment konnte ich nichts herausbringen. Diese ungewöhnliche Begrüßung verblüffte mich sehr. Doch nicht genug der Herzlichkeit. Anjum lief in einen Raum, der vom Flur ausging, machte sich an einem Schrank zu schaffen und zog aus einem Fach ein Gewand mit einer Goldstickerei heraus, das sie ausschüttelte und mir anschließend überreichte: »Ich gebe dir das Kleid, denn du hast keine Mutter mehr, die dir pakistanische Kleider kaufen kann.« Ich wusste, dass die Familie nicht viel Geld hatte, dennoch durfte ich dieses Geschenk nicht ablehnen. Es wäre unhöflich gewesen. Also bedankte ich mich überschwenglich und umarmte Anjums weichen, warmen Körper.

»Ach, das ist doch nichts«, sagte sie, nahm mich am Arm und führte mich in das mit vielen gemusterten Teppichen ausgelegte Wohnzimmer. Auf einem nicht minder bunten Stoffsofa saßen Sohaila und ihre ältere Schwester, beide leicht pummelig. Ich wusste, dass Sohaila neunzehn war, Naila war vielleicht dreiundzwanzig und trug ebenfalls einen Salwar Kamiz, der aber viel zurückhaltender in den Farben war als der ihrer Mutter. Sohaila war dagegen in eine Jeans gekleidet, in der eine weiße indische Bluse steckte. Ihre langen, hellbraunen Haare reichten ihr fast bis zu den Hüften. Da ihre umschatteten Augen grün waren und sie eine sehr helle Haut hatte, wirkte sie in diesem Aufzug – ganz im Gegensatz zur Aufmachung im Laden – sehr westlich. Wann immer ich ihr an der Kasse begegnet war, hätte man sich diese Verwandlung kaum vorstellen können.

Bislang hatte ich das Gefühl, dass sich sonst keine andere Person in der Wohnung aufhielt, dennoch fragte ich in meiner Vorsicht die beiden Schwestern, während Sohailas Mutter in die Küche geeilt war, um Tee zuzubereiten: »Wo ist euer Vater?«

Sohailas grüne Augen füllten sich augenblicklich mit Tränen. »Er ist bei einer anderen Frau. Er hat gesagt, dass er diese Frau mehr liebt als meine Mutter.«

»Was heißt das? Will er nicht mehr zurückkommen?« Behutsam versuchte ich mich an das Problem heranzutasten. Finanziell waren die drei Frauen schon längst nicht mehr von Mohammed abhängig. Es konnte aber ihr Ehrgefühl getroffen haben, denn eine Frau, die von ihrem Mann verlassen wurde, galt genauso viel wie eine verstoßene. Nämlich nichts.

»Der Aufenthaltsstatus meiner Mutter ist von ihm abhängig«, erklärte Sohaila. »Wenn mein Vater die andere Frau heiratet, kann sie nicht mehr in Österreich bleiben. Zurück nach Pakistan zu müssen, noch dazu ohne Mann, das wäre für sie die Hölle.«

»Aber es ist auch so die Hölle«, warf Anjum ein, die ins Wohnzimmer zurückgekommen war und Tee und einen Teller mit Teigtaschen auf den Tisch stellte. »Ich habe alles versucht, um meinem Mann eine gute Frau zu sein. Aber schon in der Hochzeitsnacht sagte er zu mir: ›Du bist hässlich.‹« Immer wieder schikanierte Mohammed Anjum, so erfuhr ich weiter. Als sie gerade Pakistan verlassen hatten und in Wien ankamen, wo Mohammed Arbeit gefunden hatte, meinte sie einmal zu ihrem Mann: »Heute haben wir unseren Hochzeitstag. Sollten wir ihn nicht feiern?« Zu den Kindern, neben Sohaila und Naila gab es noch zwei Söhne, sagte Mohammed: »Hier habt ihr Geld. Geht raus und kauft euch ein Eis. Ich will mit eurer Mutter Hochzeitstag feiern.« Anjum zog sich in froher Erwartung eines besonderen Tages das schönste Kleid an, das sie hatte. Schminkte sich. Als sie fertig war und sich ihrem Mann zeigte, hatte dieser nur breit und fies gelacht. Danach sagte er brutal: »So, und jetzt feiern wir auf meine Weise Hochzeitstag.« Er riss ihr die Kleider vom Körper, auch die Unterwäsche, warf sie zu Boden und trampelte auf ihren nackten Brüsten herum. Er konnte mit ihrer Weiblichkeit nicht umgehen. Und entwürdigte sie. Anjum schrie so laut, dass sich die Nachbarn einschalteten und die Polizei riefen. Als die Beamten erschienen, brachte Mohammed ihnen gegenüber Ausreden hervor, seine Frau sei hingefallen, sie hätte sich so entblößt, weil sie völlig betrunken sei. Immer wieder kamen Polizisten vorbei, weil die Nachbarn sie alarmiert hatten, doch jedes Mal gelang es Mohammed, sie mit fadenscheinigen Ausflüchten wieder zum Gehen zu bewegen. Nichts wurde unternommen, und so änderte sich die Situation auch nicht. Einmal musste Anjum in ein Krankenhaus eingeliefert werden. Sie war von ihrem Mann so zugerichtet worden, dass man ihren Unterleib nähen musste, die Vagina war regelrecht zerrissen worden. »Er hat sich danach für eine Weile zurückgehalten«, schloss Anjum ihren Bericht, »aber jetzt fängt er wieder an, mich zu schlagen.«

»Dein Mann kommt also immer noch in die Wohnung?«, fragte ich. »Und obwohl er eine andere Frau hat, misshandelt er dich weiterhin?«

Anjum nickte. So schmal war Sohailas Mutter nicht gebaut, aber in diesem Moment schien sie hinter sich selbst zu verschwinden. »Ja, er kommt immer wieder. Manchmal sogar mit der anderen Frau. Dann schickt er unsere Töchter weg und zwingt mich zuzuschauen, wie die beiden miteinander schlafen. Das macht er absichtlich, um mich zu quälen.« Anjum blickte schweigend in das Teeglas, das sie mit beiden Händen hielt, dann fuhr sie fort, während sie ihren Blick hob und mich ansah: »Diese neue Frau ist eine Thailänderin, vielleicht ist sie für Mohammed die bessere Frau.«

Ich zuckte zusammen. Wie konnte Anjum nur so denken! Eine Frau, die freiwillig bei solchen Spielchen mitmachte, die akzeptierte, dass eine andere dazu genötigt wurde, bei einem derartigen Treiben zuzusehen, das konnte niemals eine bessere Frau sein – wenigstens nicht nach moralischen Gesichtspunkten. Zudem war das grausam. Zuschauen zu müssen, wie der eigene Ehemann mit einer anderen Frau schlief, erschien mir fast noch schlimmer, als geschlagen zu werden. Eine Steigerung des Alptraums, die ich kaum für möglich gehalten hätte – wenn man hierbei überhaupt eine Hierarchie aufstellen konnte. Anjum war schon äußerlich gezeichnet, im Gesicht hatte ich Narben entdeckt. Was für Spuren mussten solche Erfahrungen aber erst in der Seele eines Menschen hinterlassen?

Naila, der es ein wenig peinlich war, dass ihre Mutter von solch intimen Dingen berichtete, erzählte nun von sich.

Als sie noch zur Schule ging, so berichtete sie, hätte ihr Vater sie gefragt, ob sie in den Ferien mit ihm nach Pakistan reisen würde. Sie sagte freudig ja, war es doch eine Abwechslung in ihrem Leben, und wie viele Kinder, die mehrere Geschwister hatten, wünschte sie sich, einmal allein mit dem Vater sein zu dürfen. Nun hatte sie diese Gelegenheit bekommen. Doch als sie in Karatschi ankamen, in der Hauptstadt der Provinz Sindh, musste sie feststellen, dass sie nicht nur Verwandte besuchen würden, wie der Vater vor der Reise gesagt hatte, sondern dass eine Hochzeit für sie arrangiert worden war. Anjum hatte davon nicht die geringste Ahnung gehabt. Auch sie hatte geglaubt, dass Mohammed nur einige Besuche machen wollte, die längst fällig waren. So wusste sie auch nicht, dass ihr Mann in einer pakistanischen Zeitung eine Anzeige aufgegeben hatte: »Suche für meine zwanzigjährige Tochter mit österreichischem Visum einen Mann.« Es meldeten sich einige Interessierte, und der Vater entschied sich für einen Mann, der fast dreißig Jahre älter war als seine Tochter. Naila hatte ihn heiraten müssen, noch in Pakistan. Ihr Vater drohte ihr: »Wenn du diesen Mann nicht nimmst, bringe ich mich um.« Mir kam das bekannt vor, hatte sich mein Vater doch vom Balkon in die Tiefe stürzen wollen – eine eindrucksvolle Demonstration, um mich zu zwingen, Salman zu heiraten. Und auch bei Naila war enormer emotionaler Druck eingesetzt worden, um ihren Willen zu brechen. Ihr blieb keine andere Wahl, als den so viel älteren Mann zu heiraten.

Sohailas Schwester holte nun aus einer Schublade der Schrankwand eine Videokassette hervor und legte sie in einen Rekorder, der unterhalb des Fernsehers stand. Dieser hatte seinen Platz ebenfalls in der wuchtigen Schrankwand aus mittelbraunem Holz. Als Naila auf den Startknopf drückte, sagte sie: »Das Video wurde bei meiner Hochzeit gemacht.«

Naila trug einen feuerroten Salwar Kamiz mit reichlich Goldstickereien. Es sah aus wie ein übliches pakistanisches Brautgewand, auffallend waren nur Nailas Augen.

»Warst du krank, als du verheiratet wurdest?«, fragte ich. »Deine Augen sehen so seltsam aus.« Eigentlich hätte ich sie fragen wollen, ob sie damals auf Drogen war, aber das wagte ich nicht im Beisein ihrer Mutter.

»Nein«, antwortete Naila. »Ich habe Schlaftabletten genommen, um alles nicht so deutlich mitzubekommen. Ich hoffte, dass die Hochzeitsnacht dann nicht mehr so schlimm sein würde. Tatsächlich habe ich nur halb wahrgenommen, wie mein Mann Irfan sich wie ein wildes Tier auf mich stürzte. Nicht ein einziges Mal hat er mich gestreichelt. Doch ich konnte ja nicht jeden Tag Schlaftabletten nehmen. Ich erlebte dann das, was meine Mutter schon erlebte hatte: Mein Mann sagte mir, ich sei hässlich.« Ich musste daran denken, als Naila das Videoband stoppte, dass Mohammed sich einen Mann für seine älteste Tochter ausgesucht hatte, der ihm stark ähnelte. Sohailas Schwester fuhr mit dem Erzählen fort, als sie die Fernbedienung neben ihr Teeglas gelegt hatte: »Und meine Schwiegermutter gab mir zu verstehen: ›Du brauchst gar nicht zu glauben, dass wir dich ausgesucht haben, weil du etwa hübsch wärst. Wir haben dich ausgesucht, weil du meinem Sohn ein Visum ermöglichst. Wenn du nach Österreich zurückgehst und ein solches nicht beantragst, werden wir dich in Stücke reißen.‹«

Eine pakistanische Frau, die in Europa lebt, erfährt auf dem Heiratsmarkt eine Wertsteigerung um das Zehnfache. In Pakistan geistert die Vorstellung herum, dass in den europäischen Ländern das Geld auf der Straße liegt. Man muss dafür auch nicht viel tun, man ist einfach nur reich. Ich selbst hatte einst solche Bilder in meinem Kopf. Sind die Pakistaner dann in Europa, bekommen sie einen Schock, weil Vorstellung und Realität keineswegs zusammenpassen.

»Du hast wahrscheinlich dieses Visum beantragt, weil dich dein Vater dazu gezwungen hat, als du wieder in Österreich warst, oder?«

Ich konnte sehen, wie sich der Schmerz auf Nailas Gesicht spiegelte. Sie nickte. »Ja, er sagte mir, wo ich meine Unterschrift unter das Dokument zu setzen hatte. Er führte fast meine Hand. Danach kam Irfan nach Österreich. Erst wohnten wir hier zusammen bei meiner Mutter, danach fanden wir eine eigene kleine Wohnung. Einige Monate später wurde ich schwanger, und der Arzt, der mich behandelte, stellte fest, dass es ein Mädchen wird. Das erzählte ich meinem Mann, und augenblicklich fing er an, mich zu prügeln. Er trat auf meinen Bauch und sagte: ›Wenn du das Mädchen auf die Welt bringst, dann werde ich es erdrücken.‹ Ich lag am Boden, blutete und schrie. Auch meine Nachbarn riefen die Polizei. Als die Beamten eintrafen und Irfan fragten, was denn los sein, meinte er, ich hätte ihn geschlagen. Danach fragten sie mich, ob das denn stimmen würde, aber ich sagte, nein, so sei es nicht gewesen, ich hätte meinen Mann nicht geschlagen, aber ich sei von einem Stuhl heruntergefallen und hätte mich dabei verletzt, sonst sei nichts passiert. Und zum Glück war dem Baby auch nichts geschehen. Ich hatte eine solche

Angst, dass ich eine Ausrede erfand. Die Männer fragten mich noch, ob ich Anzeige erstatten wolle, aber ich verneinte dies. Wenn ich das getan hätte, wäre meine Ehre weg gewesen.«

Wieder ging es um die Ehre.

Naila brachte ihr Kind zur Welt. Als mein Buch erschien, so erzählte sie, hätte sie es neben dem Mädchen in ihr Bett gelegt. »Ich habe zu meiner kleinen Tochter gesagt: Du wirst ein besseres Leben haben als ich. Es gibt für dich Hoffnung.«

Mich rührte diese Bemerkung, weil es genau das war, was ich mir so sehr wünschte.

Anjum, die mir immer wieder kleine frittierte Teigtaschen anbot, sagte: »Als du mit deinem Buch im Fernsehen aufgetreten bist, haben alle Pakistaner in meiner Umgebung gesagt, dass du den Islam schlechtmachst, dass du unsere Ehre beleidigst. Aber wir haben Allah nur gedankt.«

Naila, ihre älteste Tochter, mischte sich wieder ein: »Immer wird uns gesagt, dass der Islam die beste Religion sei. Aber ich kann das nicht nachvollziehen. Ich bin, nachdem Irfan mich so geschlagen hatte, zu einer Moschee gegangen. Dort gibt es Personen, die Frauen Ratschläge erteilen. Als ich dort ankam, saßen mir zwei Personen mit Kopftüchern gegenüber, und als ich ihnen von meinen Problemen mit Irfan berichtete, beschimpften sie mich und meinten, dass ich wohl nicht in der Lage sei, meinen Mann zu befriedigen.« Die dunklen Augenringe, die auch Naila hatte, schienen noch dunkler zu werden, es waren Ringe einer jungen Frau, die wirkte, als hätte sie sich aufgegeben.

Das, was mir Naila gerade geschildert hatte, sollte mir immer wieder begegnen. Diese beiden Kopftuchfrauen, die Naila hätten beraten sollen, sie aber stattdessen fertigmachten, hätten, da war ich mir sicher, wenn man sie öffentlich nach ihrer Tätigkeit befragt hätte, behauptet: »Wir sind zwei islamische Feministinnen, der Islam gibt uns eine wichtige Position, wir dürfen hier in der Moschee arbeiten und uns um die Rechte von Musliminnen kümmern.« Was ich damals mehr ahnte, bestätigte sich für mich dann in den nächsten Jahren, als ich mich mehr und mehr für Frauen wie Sohaila, Naila und Anjum einsetzte. Die öffentliche Meinung von Muslimen war oftmals anders als die Realität. Es steckt eine gewisse Taktik dahinter. Österreichern, Deutschen wird suggeriert: »Seht her, wir sind auch um das Schicksal islamischer Frauen besorgt, wir kümmern uns um ihre Rechte.« Aber gleichzeitig nehmen die beistehenden Kopftuchträgerinnen die hilfesuchenden Musliminnen nicht ernst – besonders dann nicht, wenn sie womöglich noch in Jeans und offenherziger Kleidung zur Beratung kommen –, sondern versuchen stattdessen, die Frauen wieder in ihre traditionellen Rollen hineinzudrängen.

»Lebt ihr drei Frauen zusammen in dieser Wohnung?«, wollte ich nun wissen, dabei blickte ich Anjum, Sohaila und Naila an.

»Nein«, erwiderte Naila. »Nur meine Schwester und meine Mutter. Ich wohne seit einiger Zeit in einem Mutter-Kind-Heim. Bis dahin war es aber ein langer Weg, das berichte ich dir ein anderes Mal.«

»Du bist also nicht mehr mit Irfan zusammen?«

»Von allein hätte ich es nicht geschafft, in dieses Heim zu gehen. Aber mein Mann zwang mich, einen Kreditvertrag bei einer Bank zu unterschreiben. Das Geld, das ich dadurch ausgezahlt bekam, nahm er an sich und verschwand damit nach Pakistan. Mich selbst ließ er mit meiner Tochter und den Schulden zurück. Sozialarbeiterinnen brachten mich dann in das Heim.«

Ich hatte schon viel Leid erfahren, aber was Naila und

Anjum bislang in ihrem Leben aushalten mussten, erschien mir fast unerträglich. Und ich war froh, dass Sohaila mich gebeten hatte, sie anzurufen. Zwangsehen, das hatte ich ja selbst erlebt, waren eine Katastrophe, da sie nicht auf Respekt und Liebe gründeten. Um Zwangsheiraten zu vermeiden, diskutierte der Bundestag im Januar 2011 in erster Lesung darüber, im Rahmen des Aufenthaltsgesetzes eine neue Regelung zu erlassen, bei der die Ehebestandszeit von zwei auf drei Jahre angehoben wird. Dahinter stand das Interesse, dass die Zwangsverheiratung ein eigener Straftatbestand werden soll und Scheinehen nicht mehr so leicht eingegangen werden. Für muslimische Frauen, die sich aus einer Zwangsehe retten wollen, bedeutet ein solches Gesetz aber nur, dass sie noch ein Jahr länger mit einem Mann wie Irfan zusammen sein müssen. Noch ein Jahr länger geschlagen und verprügelt werden.[10]

»Das Schwierige ist«, fügte Anjum leise hinzu, »dass wir pakistanischen Frauen so wenig Mut haben.« Sie erhob sich, verließ das Zimmer, wahrscheinlich wollte sie für einen Moment allein sein.

Ich nahm die Gelegenheit wahr, um Sohaila nach ihren Erfahrungen zu fragen, denn bislang hatte sie nur stumm zugehört.

»Ich habe mich gerade verliebt«, sagte sie.

»In einen Pakistaner?«

»Ja.«

»Aber hast du nicht gesehen, was deiner Mutter und deiner Schwester geschehen ist?« Nach meiner Zwangsheirat war es für mich nicht vorstellbar, je wieder einen pakistanischen Mann als möglichen Beziehungspartner ins Auge zu fassen.

---

10 www.frauenhauskoordinierung.de/index.php?id=79&tx_ttnews[tt_news]=454&cHash=079140363a

»Aber es müssen doch nicht alle pakistanischen Männer schlecht sein«, verteidigte sich Sohaila. »Einen Moslem muss ich sowieso heiraten. Ich kann doch keinen Christen heiraten. Und wenn ich meinem Vater einen Mann vorschlage, dann akzeptiert er ihn vielleicht. Das wäre besser, als wenn er mir einen aussucht wie bei Naila. Und der Mann, den ich mir ausgesucht habe, der ist ganz modern.«

Anjum hätte nach ihren Gewalterfahrungen wahrscheinlich nichts dagegen gehabt, wenn Sohaila einen Christen geheiratet hätte. Es gab Mütter, die, obwohl sie selbst misshandelt worden waren, nichts unternahmen, wenn ihren Töchtern ähnliches Leid widerfuhr. Eher gaben sie ihre Opferhaltung weiter, plädierten wie die Väter für einen Mann, der seine Hand nicht im Zaum halten kann. Andere Mütter wurden zum Tier, bekamen sie mit, wenn ihre Töchter geschlagen wurden. Anjum tendierte nach meiner Wahrnehmung mehr zur zweiten Kategorie, doch sie hatte keine Macht über die Wahl des Ehemannes von Sohaila – das stand einzig Mohammed zu. Aber das war es nicht, was mich in diesem Moment vorrangig beschäftigte. Irgendetwas stimmte bei Sohailas Geschichte nicht, das spürte ich. Ich wollte es genau wissen. »Und lebt der Pakistaner in Wien? Kannst du dich mit ihm hier treffen und ihn näher kennenlernen?«

Ich hatte den wunden Punkt getroffen. Sohaila druckste ein wenig herum, bis sie schließlich zugab: »Nein.«

»Ist er in Pakistan?«

Sie nickte.

»Aber wie willst du dann beurteilen können, was für ein Mann er ist? Oder hast du ihn dort getroffen?«

»Ich habe ihn übers Internet kennengelernt. In einem Chatroom. Daran kannst du schon sehen, dass er aus einer ganz modernen Familie kommt.« Vor Nervosität schlang

Sohaila ihre langen Haare zusammen und steckte sie mit einer Klammer hoch.

»Ich will deine Illusionen nicht zerstören, aber ich bin mir sicher, dass er dich nur interessant findet, weil du für ihn eine Möglichkeit darstellst, ein Visum zu erhalten.«

Energisch schüttelte Sohaila den Kopf.

Eine weitere Diskussion erschien zwecklos. Sohaila war überzeugt davon, dass sie sich den Mann ausgesucht hatte und nicht er sie. Was sollte ich dazu noch sagen? Also verabschiedete ich mich von den beiden Schwestern und ging in die Küche, wo Anjum am Tisch saß und auf die geblümte Decke darauf schaute. Ich umarmte sie, bedankte mich nochmals für das Gewand.

»Du darfst uns Frauen nicht allein lassen«, sagte sie leise zum Abschied.

Einen Moment stutzte ich, darüber hatte ich noch nicht nachgedacht, dann versprach ich ihr aber, dass ich mich weiter um pakistanische, um muslimische Frauen kümmern würde. Es stimmte, gegen das Elend, von dem ich gerade in den schrecklichsten Varianten gehört hatte, musste etwas unternommen werden.

Einige Wochen später rief mich Naila an: »Sabatina, du musst uns helfen. Die pakistanische Gemeinschaft hat den Scharia-Rat einberufen. Man hat Angst, dass meine Schwester die Ehre verletzen könnte.«

»Was hat sie denn getan?«, fragte ich. »Ihr Internetfreund ist doch in Pakistan und nicht in Wien.« Ich konnte es kaum glauben, was ich eben gehört hatte. Von England weiß man, dass dieses islamische Rechtssystem schon Eingang in die Gesellschaft gefunden hat. Aber doch nicht im Falco-Land Österreich! Die Scharia wird oft mit abgehackten Händen und gesteinigten Frauen gleichgesetzt, sie ist aber kein feststehender Rechtscodex, sondern ein Weg, der von Rechtsgelehrten ausgelegt werden kann. Die Scharia beruht auf dem Koran und auf der Hadith, den Berichten über die Lebensweise des Propheten Mohammed und seinen Anweisungen, und beinhaltet eine Summe von Pflichten und Verboten für den Einzelnen und die Gemeinschaft. Das religiöse Recht wird darin geregelt ebenso das Erbrecht, aber auch die Speisenfolge an bestimmten Festtagen. Sollte es bei diesen Dingen Streitigkeiten geben, wird keine gerichtliche Einigung gesucht, sondern man geht damit zum Mullah.

»Sohaila hat angefangen, sich nicht nur zu Hause, sondern auch auf der Straße westlich zu kleiden. Du weißt ja, dass unsere Mutter eine liberale Einstellung hat. Deswegen hat sie auch nichts dagegen unternommen. Doch den Muslimen ging das gegen den Strich. Viele haben sich mit meinem Vater beratschlagt. Sie haben gesagt: ›So wie deine Tochter herumläuft, das ist nicht in Ordnung.‹« Naila machte eine Pause, während ich daran dachte, dass es bei mir genauso war.

Auch bei mir hatte sich die pakistanische Gemeinschaft über meine Kleidung aufgeregt, aber nicht nur diese, sondern auch die Bekannten der Bekannten, wenn sie zur islamischen Gemeinschaft gehörten. Ein großer Kreis von Menschen, die sich das Recht herausnahmen, mich als »Schlampe« oder »Hure« zu bezeichnen. Die ihren eigenen Töchtern nicht mehr gestatteten, sich mit mir zu treffen. Auch Sohaila würde durch ihre »Verwestlichung« langsam den Kontakt zur pakistanischen Gemeinschaft verlieren, von ihrer Mutter würden sich die Familienmitglieder fernhalten, wie es auch bei meinen Eltern der Fall gewesen war …

Ich unterbrach meine Gedanken, da Naila mit dem Sprechen fortfuhr: »Diese Männer und mein Vater trafen dann die Entscheidung, die Angelegenheit dem Scharia-

Rat zu übergeben. Ihre Mitglieder sind der Meinung, man müsse meine Schwester für ihr Verhalten bestrafen.«

Gänsehaut überzog meinen Körper. »Und hat der Rat schon einen Beschluss gefasst?«

»Die Mullahs sind sich nicht einig, ob meine Schwester Prügel bekommen soll oder man härtere Konsequenzen ziehen muss.«

»Was verstehen die unter ›härteren Konsequenzen‹?«

»Du kennst es. Zurück nach Pakistan.« Ja, das kannte ich nur zu gut. »Kannst du nicht etwas für Sohaila tun?« Naila flehte mich geradezu an.

»Ich bin keine Wunderbringerin«, sagte ich, »aber ich kann es versuchen.« Im Grunde wusste ich nicht einmal, wie ich mir selbst helfen konnte. Aber das sagte ich nicht laut.

Sohaila brachte ich dann zu einer Interventionsstelle gegen Gewalt, damit man sie dort beriet. Lange blieb sie dort nicht, denn schon bald darauf flog auch sie nach Karatschi, um zu heiraten. Sie hatte sich regelrecht in diese Internetliebe hineingesteigert und schließlich auch ihren Vater davon überzeugt, dass sie diesen und nur diesen Mann heiraten könne. Sicherlich waren ihre Wunschbilder auch das Ergebnis vieler Stunden, die sie mit Bollywood-Filmen verbracht hatte. In nahezu allen pakistanischen Familien laufen diese indischen Produktionen, um das Leben der Frauen, das sich hauptsächlich auf Kochen und Kinderkriegen beschränkt, etwas farbiger zu gestalten. Sie sind ein Gegengewicht zum Alltag. Ich selbst hatte so viele angeschaut, dass ich jahrelang davon träumte, Schauspielerin zu werden. Die Filme wecken eine Sehnsucht nach Liebe, nach einer vollkommenen Liebe. Die Männer, die dort auftreten, schlagen ihre Frauen nicht, sie tragen sie auf Händen. Da kommt Saruk Khan, der Prinz, und rettet die Prinzessin vor der Zwangsheirat, die die Eltern geplant haben. Natürlich leben die beiden dann glücklich bis an ihr Lebensende zusammen, bekommen noch viele ebenso glückliche Kinder, die wieder frei ihre Partner wählen dürfen. Das ist aber nur in Bollywood so, in der Realität sieht es in den meisten pakistanischen Familien anders aus.

Ich wünschte Sohaila, dass sie nicht desillusioniert wurde. Aber ich zweifelte daran.

8

Ungläubige sind schlechte Menschen – wirklich?

Sohaila war in Pakistan, ihrem ersehnten Glück entge-genfiebernd, und ich traf in dieser Zeit einige Male ihre Schwester. Naila, die immer etwas zurückhaltender, ja, »islamischer« gewirkt hatte als Sohaila, fing auf einmal an, ihre Religion zu hinterfragen. »Weißt du, Sabatina, alle Muslime sagen ständig, die Ungläubigen sind so schlecht. Aber die Ungläubigen geben mir zu essen, und die Un-gläubigen haben mir Windeln für meine Tochter geschenkt. Warum haben sie mir geholfen? Und warum hat mir nie-mand von der Moschee geholfen? Warum haben mich die Frauen dort weggeschickt? Keine von ihnen hat nach mir gesehen, nachdem Irfan uns einfach verlassen hatte, ob-wohl ich kein Geld hatte und mein Kind fror, weil ich den Strom für die Heizung nicht bezahlen konnte. Und die Ungläubigen sind sogar zu mir gekommen, ich musste sie nicht einmal aufsuchen.«

Ihr Beispiel zeigte mir, dass es notwendig war, nicht nur zu reden, wie es gern in den Beratungsstellen getan wird und wie ich es selbst erlebt habe, sondern praktisch zu handeln. Naila selbst war, bevor sie ins Mutter-Kind-Heim gekommen war, von Beratungsstelle zu Beratungs-stelle geschickt worden. Am meisten Unterstützung hatte sie aber von katholischen Schwestern bekommen, die ich darum gebeten hatte, für Nailas Baby Geld zu sammeln, damit es etwas zum Anziehen hatte.

Nailas Erfahrungen waren auch genau die gewesen, die mich bewogen hatten, zum Christentum zu konvertieren.

Im Islam hatte ich alles getan, um für Allah da zu sein. Und trotzdem hatte er mich abgelehnt. Ich war nicht gut genug für ihn. Im Islam konnte man überhaupt nie gut genug sein, um sicher zu sein, dass man ins Paradies kam. Es sei denn, man nimmt sich einen Sprengstoffgürtel und jagt sich und Ungläubige in die Luft. Auch Naila hatte das verstanden, ohne dass man es ihr sagen musste. Sie hatte einfach nur genau beobachtet.

Angeregt durch das Versprechen, das ich ihrer Mutter gegeben hatte, fragte ich beim Frauenministerium in Österreich nach, ob man nicht eine größere Aufmerksamkeit für die Probleme von Musliminnen bekommen, ob man nicht bessere Schutzmaßnahmen für sie in die Wege leiten könne. Gerade das Thema Zwangsheirat sei bislang wenig in der Öffentlichkeit diskutiert worden. Man wurde mit einem Kuschel-Islam konfrontiert, den die islamische Glaubensgemeinschaft in Österreich präsentierte, insbesondere von ihrer Medienreferentin Carla Amina Baghajati, die vom Christentum zum Islam konvertiert war.

Frauen, die diesen Weg gehen, haben den christlichen Glauben meiner Meinung nach nie wirklich erlebt. Oft haben sie das Gefühl, ihre muslimischen Männer würden sich einen Übertritt zum Islam wünschen. Sie glauben, dass sie dann mehr von der Familie des Mannes aufgenommen werden. Mesut Özil, der als Sohn türkischer Einwanderer in Gelsenkirchen aufgewachsen war und ein Fußballstar wurde, war mit Anna-Maria Lagerblom liiert, der Schwester von Sarah Connor. Anna-Maria Lagerblom konvertierte zum Islam und nannte sich fortan Melek. Das half auch nichts, Mesut Özil trennte sich schließlich von ihr, ihre Konversion war meiner Meinung nach vollkommen umsonst gewesen. Die eigenen Werte, die eigene Herkunft einfach für einen Mann aufzugeben – so weit würde ich nie gehen, selbst wenn dieser Mann George Clooney wäre. Auch ihm würde ich bei einer solchen Forderung zu verstehen geben: »Auf Wiedersehen!« Ich konnte auch überhaupt nicht begreifen, warum Charlotte in der Fernsehserie *Sex and the City* Harry zuliebe zum Judentum konvertieren will.

Aber zurück zu Carla Amina Baghajati, der Pressesprecherin der islamischen Glaubensgemeinschaft in Österreich: Sie hatte sich auf mich eingeschossen, ich konnte nicht behaupten, dass sie darum bemüht war, mir zu helfen. Sonst hätte sie es getan. Vielmehr hatte sie Josef Kleindienst geschrieben, dass das Christentum auch nicht besser sei als der Islam, es seien in ihm ähnlich gewaltsame Aussagen gemacht worden. Im Prinzip tat sie nichts anderes, als den Islam zu verteidigen. Sie bestätigte eine Beobachtung, die ich durch meine Erfahrungen gemacht hatte: Muslime leiden unter einer chronischen Krankheit. Sie nennt sich Beleidigtsein. Ständig fühlen sie sich beleidigt. So wie mein Vater sich permanent durch die westliche Kultur beleidigt gefühlt hat, so ist dieses Phänomen auch bei anderen Muslimen zu entdecken. Die vielen Huren gehen ihnen gegen den Strich, die vielen Menschen, die Alkohol trinken. Und als einmal muslimische Jugendliche österreichische junge Männer zusammenschlugen, nur weil sie Bier getrunken hatten, hieß es gleich, die österreichischen Jugendlichen hätten die Muslime auch nicht provozieren müssen, indem sie Alkohol tranken.

Carla Amina Baghajati, und das regte mich besonders auf, wetterte gegen mich und meinte, sie würde nur einen friedlichen Islam kennen. Sie war die perfekte Pressesprecherin der islamischen Glaubensgemeinschaft in Österreich: ohne Migrationshintergrund, exzellent Deutsch sprechend, Kopftuch tragend. Nach außen hin wurde das Bild vermittelt, die Muslime in Österreich seien lauter integre Leute, vollkommen der Wahrheit verbunden. Die Journalisten folgten ihren Verlautbarungen, und sie schrieben, dass das Wort »Islam« nichts anderes als »Frieden« bedeuten würde, von »Unterwerfung«, der eigentlichen Übersetzung, keine Spur. Ich dachte nur: Was kann mir eine Carla Amina Baghajati vom Islam erzählen? Sie war aller Wahrscheinlichkeit nach mit Schweinebraten, Bikini und Co. aufgewachsen, in einem Land, in dem Freizügigkeit und Pornografie legal sind. Sie hatte keine Koranschule besucht und war nicht in einem islamischen Wertesystem groß geworden. Wie sollte sie da wissen, was die Töchter in einem solchen System erfahren? Ich hatte das Blut der Mullahs in mir, nicht sie. Mir musste sie nicht erklären, wie die Muslime sind. Und deshalb schien es mir sinnvoll, gegen den Kuschel-Islam anzugehen, deshalb auch mein Versuch, mehr Verständnis beim Frauenministerium zu finden.

Die Mitarbeiterinnen des Ministeriums fanden meine Argumente einleuchtend, wenn auch etwas widerwillig, und organisierten eine Podiumsdiskussion zum Thema Zwangsheirat. Teilnehmerinnen waren Benita Ferrero-Waldner, ÖVP-Politikerin und damalige Außenministerin, Maria Rauch-Kallat, zu der Zeit Bundesministerin für Gesundheit und Frauen, eine Türkin, die für die Interventionsstelle arbeitete, zu der Sohaila gegangen war, und ich. Schon vor dem eigentlichen Beginn der Veranstaltung – sie fand in einem Saal im 1. Wiener Bezirk statt, direkt hinter dem Stephansdom, in Kooperation mit der österreichischen Tageszeitung *Der Standard* – merkte ich, dass die Türkin eine Abneigung gegen mich hatte. Auch sie hatte es als ihre große Aufgabe angesehen, den Islam vor jeglicher Kritik zu schützen. Selbst als ich ihr vorhielt, dass diese Religion Menschenrechtsverletzungen beinhalten würde, und ich zudem auf die Geschichte von Sohaila hinwies, die sie ja kannte, beharrte sie auf ihrer Meinung, den Islam müsse man nicht anfeinden, er sei nichts anderes als friedliebend. Sogleich bekam ich zu hören: »Frau James, es wäre doch besser, wenn Sie bei dem Thema Zwangsheirat den Islam raushalten.«

»Ja, natürlich«, erwiderte ich, im Stillen dachte ich jedoch: Ich bin aber nicht hierhergekommen, um nette multikulturelle Geschichten zu erzählen, à la Muslime schlachten ein Lamm, und Österreicher schauen neugierig beim Schächten zu. Warum durfte ich nicht die kulturellen Konflikte in einer Gesellschaft aufzeigen, wenn sie nun einmal religiös begründet sind? Konnte man nicht ertragen, dass ich in Österreich nicht ein Einzelfall war, dass es neben mir noch viele andere vergleichbare Schicksale gab? Dass diese schlimmen Dinge mitten in dem Alpenland passierten?

Es schien fast so zu sein.

In der Diskussion zeigte sich weiter, dass bei dem Thema Zwangsheirat und Scheinehe die Politik im Vordergrund stand, und zwar das jeweilige Parteiprogramm. Und das war keineswegs das Programm für muslimische Mädchen. Parteien wie die ÖVP (Österreichische Volkspartei) oder die SPÖ (Sozialdemokratische Partei Österreichs) interessierte der Islam nicht wirklich. Einzig die rechtspopulistische FPÖ, die Freiheitliche Partei Österreichs, die nicht an der Diskussion teilnahm und damals von Jörg Haider geleitet wurde, nahm es auf. Doch deren einzige Motivation bestand darin, Stimmung gegen Ausländer zu machen. Im Jahr 2009 konnte diese Partei dann auch für die Europawahl mit Plakaten werben, die an den Straftatbestand der Volksverhetzung grenzten. Da hieß es: »Abendland in Christenhand« oder »Daham (Daheim) statt Islam«. Hätten sich die anderen Parteien kritischer mit dem Islam befasst, nach dem Motto: »Jeder ist willkommen, solange er die Menschenrechte achtet«, dann wären solche entsetzlichen Parolen der FPÖ vielleicht zu verhindern gewesen.

Während der Podiumsdiskussion fiel mir ein, wie mein Cousin Salman nach Österreich gekommen war aufgrund der falschen Heiratsurkunde, die ich nie unterschrieben hatte. Doch die Behörden hatten ihm geglaubt, nicht mir. Nailas Ehemann war nach Österreich eingewandert und auch einer meiner Onkel. Und immer auf der Basis einer Scheinehe. Das nannte man dann ausländerfreundlich. Das sollte man auch sein. Aber mir war es wichtig, dass den richtigen Menschen geholfen wurde. Menschen wie Sohaila. Die Opfer waren. Das war mein Anliegen.

Und Sohaila war ein Opfer. Bollywood hatte sich nicht erfüllt. Kurz nach der Podiumsdiskussion kehrte sie wieder zurück nach Wien. Weinend rief sie mich an: »Ich muss dich unbedingt sehen.«

Als wir uns in einem Café trafen, erkannte ich sie kaum wieder. Sie war mager, im Gesicht und an den Händen entdeckte ich überall kleine Narben wie bei ihrer Mutter.

»Was ist passiert?«, fragte ich.

Stockend fing sie an zu erzählen. Sie und Arif hatten in Karatschi Verlobung und Hochzeit gefeiert, obwohl sie ihn nach dem ersten Treffen, dem »Blind Date«, längst nicht mehr hatte heiraten wollen. Ihr Vater hatte aber darauf bestanden und schon alles arrangiert, auch versprochen, dass seine Tochter Arif ein Visum verschaffen würde. Es war die Wiederholung der Geschichte, wie sie auch ihre Schwester Naila erlebt hatte.

Nach der Heirat sperrte Arif Sohaila in ein Zimmer, zog sie aus, prügelte auf sie ein und fesselte sie ans Bett, so dass sie nicht weglaufen konnte.

»Aber das Schlimmste war«, erzählte sie mit tränennassem Gesicht, »dass Arif und seine Mutter mir kaum etwas zu essen und zu trinken gaben.«

»Wie meinst du das?«, hakte ich nach.

»Ich bekam gerade so viel, dass ich den nächsten Tag noch überlebte. Und ich hatte wirklich gedacht, dass Arif anders ist. Er war in einer Großstadt aufgewachsen und nicht auf dem Land. Er hat mit mir gechattet, da musste er doch cool sein. Aber nicht einmal die Pakistaner, die im Internet surfen, sind anders als ihre Väter.«

Ich schwieg. Wie sollte ich Sohaila erklären, dass islamische Gesellschaften frauenfeindlich sind und die Jungen mit dieser Einstellung erzogen werden. Dass eine Gesellschaft schwer zu reformieren ist, deren Wurzeln in der islamischen Religion liegen und die sich immer wieder auf diese Wurzeln beruft. Glücklicherweise leben und handeln nicht alle Muslime nach dem Koran, denn würden sie ihn buchstabengetreu in ihren Alltag integrieren, würden alle Männer ihre Frauen schlagen: »… und wenn ihr fürchtet, dass Frauen sich auflehnen, dann ermahnt sie, meidet sie im Ehebett und schlagt sie.« (Sure 4,34)

Während ich in das verstörte Gesicht von Sohaila schaute, musste ich erneut an meinen Cousin denken. Auch er war wie Arif in einer Stadt zur Welt gekommen. Lahore war wirklich nicht so rückständig wie das kleine Dorf, in dem ich aufgewachsen war. In Lahore gibt es Mädchen, wenn auch nicht viele, die in Jeans bei McDonald's sitzen und Hamburger essen und Coca-Cola trinken. Cola zu trinken war auch für mich der Inbegriff von Freiheit. Ich dachte: Je mehr Coca-Cola ich in mir habe, umso mehr habe ich auch Österreich in mir. Seltsamerweise schien das bei mir sogar noch zu stimmen.

»Das war so schlimm. Ich hasse Arif.« Sohailas Stimme klang, als hätte sie gerade eine Liter-Flasche von dem klebrigen Süßgetränk in einem Zug geleert.

»Dann würde ich dafür sorgen, dass Arif nicht nach Wien kommt.«

»Wie stellst du dir das vor? Wie soll ich dem Druck meines Vaters standhalten?«

Sohaila hatte recht. Ich konnte noch so viel sagen, tausendmal wiederholen: »Mach das nicht, unterschreib nicht das Visum für Arif«, es blieben nur Worte. Wenn junge Frauen wie sie keine Perspektive haben, kein Geld für eine eigene Unterkunft, wie sollten sie da Mut finden, sich gegen ihre Familie zu wehren?

Sohaila schien meine Gedanken erahnt zu haben, denn sie sagte: »Soll ich auf der Straße leben? Soll ich zu wildfremden Österreichern laufen und denen erzählen: ›Wegen einer Chat- und E-Mail-Bekanntschaft bin ich nach Pakistan geflogen, aber dann musste ich ihn heiraten, obwohl ich es nicht wollte?‹ Die würden das für eine romantische Geschichte halten und mich nicht verstehen.«

Ich verstand sie nur zu gut. Und ich litt mit ihr. Trotzdem: Konnte man nicht doch etwas machen?

Im Anschluss an unser Treffen im Kaffeehaus suchte ich einige Sozialarbeiter auf, um mir von ihnen Ratschläge einzuholen Aber ich stieß mit meinem Vorhaben schnell an Grenzen. Ich lief ja auf High Heels herum, zog figurbetonte Sachen an, knallenge Jeans, Tops, bei denen man meinen Brustansatz sah, in den Haaren steckte eine Jackie-O-Sonnenbrille. Sozialarbeiter sahen damals aber nicht so aus. Anscheinend musste man für diesen Beruf ein ganz bestimmtes Image pflegen. Möglichst unattraktiv, möglichst grau, leicht fettige Haare, umgeben von ein bisschen Zigarettenduft. In dieses Raster passte ich nicht. Wer so herumstöckelte, der war in ihren Augen nicht wirklich bei der Sache, der konnte sein Herz nicht bei diesen Frauen haben. Obwohl es genau so war.

Mich wiederum nervte ihre Oberflächlichkeit. Ich hatte mir mehr Solidarität erhofft.

Mittlerweile war Arif in Europa. Sohaila arbeitete nicht

mehr an der Kasse des pakistanischen Ladens – da hatte sie aufgehört, als sie mit ihrem Vater nach Pakistan flog –, sondern in einer Billa-Filiale. Sehr zum Unmut von Arif. Jeden Tag stand er stundenlang vor den Schaufenstern des Geschäfts, und hatte Sohaila Feierabend, sagte er zu ihr: »Ich bringe dich um. So wie du hier lebst, das lasse ich nicht zu.« Arif konnte ihr westliches Umfeld überhaupt nicht ertragen.

Wenn sie mich fragte, was sie denn tun solle, erinnerte ich sie jedes Mal daran, was er und seine Mutter mit ihr in Pakistan gemacht hatten. Es konnte also sein, dass er seine Worte »Ich bringe dich um« nicht nur so dahersagte. »Auch wenn dein Vater strikt dagegen sein wird«, fuhr ich fort, »du musst deinen Mann anzeigen!« Weiter redete ich auf sie ein. »Wir leben hier in einem Rechtsstaat. Man wird dir helfen.«

Sohaila konterte: »Aber der Rechtsstaat hat dir bei der Heiratsurkunde auch nicht geholfen, Sabatina.«

»Aber in deinem Fall kann es anders sein. Geh vor Gericht, kämpfe für dein Recht!«

Wieder und wieder rief ich Sohaila an, mit dem Ziel, dass sie den Mut für diesen Schritt aufbrachte. Es gelang mir sogar, die Interventionsstelle, die sich als Erstes um Sohaila bemüht hatte, davon zu überzeugen, ihr eine Rechtsanwältin zur Seite zu stellen. Am Anfang hatte man noch gezögert, unterschwellig hatte ich das Gefühl, man war der Meinung, Sohaila wäre selbst schuld an ihrem Schicksal. Warum rebellierte sie auch gegen ihre Traditionen? Aber vielleicht war das auch nur mein Eindruck, weil ich nicht verstehen konnte, dass andere nicht das sahen, was doch glasklar war: Um etwas zu ändern, war es einfach notwendig, vor Gericht zu gehen. Sonst würde alles so weitergehen wie bisher. Aber schließlich hatte man doch ein Einsehen und engagierte eine Anwältin für Sohaila.

Es kam dann der Tag des Gerichtsprozesses. Arif wurde freigesprochen, und zwar weil Sohaila für ihre körperlichen wie verbalen Misshandlungen keine Zeugen hatte angeben können. Es stand Aussage gegen Aussage.

Das letzte Mal sah ich Sohaila 2009. Ich hatte ihr angeboten, eine Auszeit bei Freunden von mir in Deutschland zu nehmen. Sie hatte es nicht ertragen, weiter mit Arif zu leben, was dazu führte, dass sie von ihrem Vater verstoßen wurde. Sohaila sollte mit Menschen zusammenkommen, die ihr zugewandt waren.

»Dann konntest du auch nicht mehr bei deiner Mutter leben?«, fragte ich.

»Nein«, sagte Sohaila fast teilnahmslos.

»Und wo hast du gewohnt?«

»Mal hier, mal da. Ständig musste ich umziehen, die Orte wechseln. Mein Vater lässt einfach keine Ruhe und will mich zwingen, zu Arif zurückzukehren.«

»Und jetzt?«

»Jetzt lebe ich mit einem Freund zusammen. Ich koche und putze für ihn. So sieht mein Leben aus. Und es wird auch nicht besser werden. Das Einzige, was ich noch habe, das sind die Bollywood-Filme, dann vergesse ich für einige Stunden mein Leben.«

»Schlägt er dich, dein neuer Freund?«

Sie schüttelte den Kopf. Eine Weile sah sie mich schweigend an, bis sie in einem Ton fortfuhr, der mir wie eine Anklage vorkam: »Sabatina, du hast immer gesagt, dass ich kämpfen soll. Aber wenn ich kämpfe, dann verliere ich. Warum soll ich noch kämpfen? Kannst du mir das sagen?«

Ihre Aussage traf mich hart. Es fiel mir schwer, ihr zu erklären, warum sie sich wehren soll. Weder konnte ich ihr meine Ansichten über Behörden und Gerichte erklären, denen es in meinen Augen offensichtlich an kultureller Kompetenz mangelte, die einfach nur glaubten, wenn man einige Migranten einstellt, wäre das Problem gelöst. Ich konnte ihr aber auch nicht sagen, dass sie noch viel zu pakistanisch sei. Wer sich weiterhin dreistündige Bollywood-Filme ansah und glaubte, mit den Träumen im Kopf die nächsten Wochen weiterleben zu können, musste Schwierigkeiten mit dem Kämpfen haben. Ich hatte Sohaila nicht begreiflich machen können, dass der Kampf an sich schon ein Gewinn war, egal wie schwer er auch sein mochte. Aber auch mir selbst musste ich immer wieder vor Augen halten, dass andere Menschen nicht so wie ich sind und jeder seine eigenen Grenzen hat. Sohaila hatte nicht den Halt, den ich aus meinem Glauben schöpfte und noch immer schöpfe. Sie hätte eine große Kraft daraus gewinnen können, dass sie nicht mehr geschlagen wurde, dass Arif ihr nicht mehr drohen konnte, sie zu töten, wenn sie sich zu westlich anzog. All das schien aber für sie keine Bedeutung zu haben. Es gab zudem noch ein anderes Problem, wie sich dann bald herausstellte.

»Ich muss immer wieder meinen Vater sehen«, gestand sie mir in unserem Gespräch.

Ich seufzte. Diese Inkonsequenz. Mit ihr war auch der Richter während Sohailas Prozess konfrontiert worden. Es hatte sich gezeigt, dass sie nie vollständig den Kontakt zu ihrem Vater abgebrochen hatte, sondern in ihrer Sehnsucht – trotz all seiner Brutalität – seine Nähe suchte. Für das Gericht war das ein Beweis, dass alles nicht so schlimm sein konnte, wenn die Tochter nicht von ihrem Vater ließ.

Wie oft hatte ich selbst davon geträumt, irgendwo heimlich meine Schwester Aisha oder meine Brüder zu treffen, sie einfach nur zu umarmen, um danach gleich wieder mein eigenes Leben fortzusetzen. Doch das ging nicht, es war zu gefährlich. Von einer anderen Muslimin, die in einer ähnlichen Situation war wie ich, hatte ich erfahren, dass sie immer wieder ihren Bruder gesehen hatte. Und irgendwann hatte er doch zugeschlagen. Tödlich. Mag mancher Österreicher oder Deutsche mal in großer Wut zu einem Partner oder einem Familienmitglied sagen: »Ich bringe dich um«, so mag das im nächsten Moment schon wieder vergessen sein, spätestens dann, wenn der Zorn verraucht ist. Nicht aber in pakistanischen Familien. Drohungen dieser Art sind ernst zu nehmen. Mögen vier Begegnungen nach einem Verstoß ohne Folgen verlaufen, so kann bei der fünften die ausgesprochene Morddrohung ausgeführt werden.

Sohaila hinterließ mich ein wenig ratlos, dennoch konnte es keine Lösung sein, nicht weiterzukämpfen. Ich musste an Waris Dirie denken, die ich noch 2004 traf, vor dem Prozess, den Sohaila gegen ihren Mann Arif verloren hatte.

Ein Jahr zuvor war das einstige somalische Model UNO-Sonderbotschafterin gewesen, gerade hatte die Menschenrechtsaktivistin, die sich gegen die Beschneidung von Mädchen und Frauen einsetzte, ihre eigene Organisation gegründet: Desert Flower Foundation. Dem österreichischen Nachrichtenmagazin *News* hatte ich in dieser Zeit ein Interview gegeben, und Waris Dirie hatte davon erfahren. Über ihren Manager kamen wir in Kontakt und verabredeten uns zu einem Treffen in einem Thermenhotel in Loipersdorf. Ich war begeistert, denn ich habe Waris Dirie immer bewundert, so viel hatte sie für die Frauen in Afrika erreicht.

Umgehend reiste ich von Wien aus in die Steiermark. Während ich noch dabei war, meine Sachen auszupacken, klopfte es an meiner Hoteltür. Als ich sie öffnete, stand sie vor mir, groß, schmal, mit halblangen gelockten Haaren, die ihr in schönster Unordnung vom Kopf abstanden, einem weich geschwungenen Mund, der in Grübchen endete, weil sie mich anlächelte.

»Oh, du bist ja sehr schön«, rief sie auf Englisch aus.

Das von einem ehemaligen Topmodel zu hören, gefiel mir gut. Das zu leugnen, wäre gelogen. Aber bevor ich weiter über das Kompliment nachdenken konnte, zog sie mich in eines der Hotelrestaurants. Ich weiß nicht mehr, was wir bestellten, aber ich erinnere mich noch, dass sie mit den Fingern aß, was die Kellner dieses Nobelhotels mit leicht befremdeten Blicken quittierten.

»Was machst du in Österreich?«, fragte sie mich zwischen zwei Fingerhappen.

Ich erzählte ihr von Salman, von meinen Problemen mit meiner Familie, von denen, die ich mit der österreichischen Presse hatte. Sie hörte mir zu, dann sagte sie, dass ich meinen Kampf nie aufgeben dürfe, stark bleiben solle, aber es wohl das Beste wäre, wenn ich woanders hingegen würde: »Zwangsheirat ist ein globales Thema, du musst nicht in Österreich bleiben.« Daran hatte ich noch nicht gedacht, aber es stimmte: Wenn mich meine Zweitheimat nicht verstand, warum sollte ich dort bleiben?

In den drei Tagen unserer Begegnung sprachen wir kein einziges Mal über Beschneidung. Einmal nur gab ich ihr zu verstehen, ich würde es zu würdigen wissen, dass sie so viel von sich preisgegeben und einen privaten Teil von sich geopfert hätte, um anderen Menschen die Augen zu öffnen, um etwas in der Welt zu ändern. Sie sollte ein Vorbild für mich bleiben.

9
Auf der Flucht vor
tödlicher Ehre

Waris Dirie ermutigte mich, Wien zu verlassen. Zugleich las ich in der Bibel den Vers: »Die Gefangenen sollst du aus dem Dunkel des Kerkers herausholen und den blind gewordenen Augen das Licht wiedergeben« (Jesaja 42, 7).

Für mich war klar, wer die Gefangenen waren. Die jungen Frauen, die unter dem Islam zu leiden hatten, denen ich begegnete und denen ich trotz meiner eigenen Probleme helfen wollte. Und als ich schließlich hörte, dass ein Verwandter von mir aus Pakistan gekommen war, ein Hardliner, was Ehre und Anstand betraf, dachte ich nur: Bitte, bring mich nicht um. Ich hatte schreckliche Angst, und ich wusste, dass ich Waris Diries Rat befolgten sollte. Ich musste fort aus Österreich.

Ein Ausweg bot sich, als mich nach einem Fernsehauftritt bei dem evangelischen Pfarrer und Talkshowmoderator Jürgen Fliege in seiner gleichnamigen Sendung Kollegen von Xavier Naidoo anriefen. Sie stellten mich dem Management des Schweizer Sängers Patrick Nuo vor, der zuletzt in der DSDS-Jury saß. Die für ihn arbeitenden Leute meinten, sie würden ein Musikprojekt machen, »Zeichen der Zeit« genannt, an der einige christliche deutsche Popmusiker teilnehmen würden, darunter Rolf Stahlhofen, aber auch Xavier Naidoo. Dafür sollte ich doch auch einen Song aufnehmen, vielleicht würde man mich ja nehmen. Die Idee gefiel mir. Und so fragte ich eine Freundin, die Geige spielte, ob sie mich nicht bei einem Lied begleiten könnte. Sie war sofort dabei, und wir wählten etwas Pakistanisches. Keiner würde den Inhalt verstehen, aber mir gefiel der Song aufgrund der Sehnsucht, die er ausdrückte.

Das Erstaunliche geschah, nachdem wir das Lied präsentierten. Man wollte mich bei dem Projekt dabeihaben, doch unter einer Bedingung: Ich müsste in Hamburg leben. Und da ich sowieso wegwollte, packte ich Ende 2004 meine Koffer.

Die Beziehung zu David war zu dieser Zeit schwierig geworden. Es kriselte nicht nur, weil er seinen Wohnsitz in ein Land verlegen wollte, das ein muslimischer Staat war und ich ihn dorthin keinesfalls begleiten wollte, auch meine Liebe zu Gott war immer stärker geworden. Ich brauchte diesen Halt, weil ich zu viel aufgegeben hatte. Alle Bereiche meines Lebens hatte ich Gott übergeben, wie ich nun feststellte, nur nicht den meiner Beziehung. Was meine Finanzen betraf, hatte ich am eigenen Leib erfahren: »Wer gibt, der wird noch mehr bekommen.« Als ich mich entschlossen hatte, zehn Prozent meines Einkommens – Einnahmen aus meinem Buch und Vorträgen – gemeinnützigen Organisationen zu überlassen, bekam ich plötzlich Geld vom Finanzamt zurück. Meine Miete wurde gesenkt. Beim Kauf von Schuhen erhielt ich ohne Nachfrage einen Rabatt von 30 Prozent. Am Ende hatte ich tatsächlich mehr Geld statt weniger.

Und in meinem beruflichen Leben hatte ich Gott ebenso akzeptiert und damit Erfolg gehabt. Warum weigerte ich mich dann, Ihn bei meiner Partnerschaft hineinzulassen? Durch die Erfahrung einer Zwangsheirat hatte ich gewiss zu Beginn Angst, dass Er darüber bestimmen könnte, wen ich ehelichen sollte. Was, wenn der mir jedoch nicht gefiel? Wenn ich ihn ablehnen musste? Erst langsam verstand ich, dass Gott mir keinen Mann aussuchen würde. Aber wenn das so war, warum überantwortete ich Ihm dann nicht auch diesen Teil meines Lebens? Warum hatte ich so große Angst davor?

Als ich mit Nele, einer Freundin, die mit mir die Gebetsgruppe besuchte, darüber sprach, sagte sie: »Ganz einfach, du hast Angst davor, weil Sex vor der Ehe nicht der Bibel entspricht. Du bist ein großes Vorbild in dem, was du tust, aber was deine Beziehung angeht, da lebst du nicht nach Gott.«

»Was meinst du denn damit?« Ich begriff gar nichts. War das Christentum etwa genauso moralisch wie der Islam? War Nele eine christliche Fundamentalistin? Ich hatte bis dahin stets gedacht, dass es Gott eher gleichgültig ist, ob man vor der Ehe Sex hat oder nicht, dass er zu jeder Form von Partnerschaft dazugehören würde, ob nun mit oder ohne Trauschein. Außerdem hatte ich die Erfahrung gemacht, komisch angeschaut zu werden, wenn ich anderen früher erzählte, ich sei noch Jungfrau. »Da verpasst du aber etwas«, wie oft hatte ich diesen Satz gehört. Und das alles gab ich auch Nele zu verstehen.

Sie erklärte: »Klar, Gott würde dich niemals ablehnen, wenn du vor der Heirat Sex hast, das würde Allah tun.«

Als ich David von den Gedanken meiner Freundin berichtete, blickte er mich sehr seltsam an. »Was denkst du denn da schon wieder?«, sagte er. »Es ist doch völlig normal, wenn man in einer Beziehung miteinander schläft.« Er hatte genau dasselbe gedacht wie ich, bevor ich das Gespräch mit Nele führte. Dann fügte er noch etwas hinzu, was ich anfangs selbst bei meiner Freundin vermutet hatte: »Ich glaube, da bist zu fundamentalistisch unterwegs, wenn du jetzt meinst, dass du keinen Sex mehr mit mir haben kannst. Gehörst du seit neuestem vielleicht einer Sekte an, von der ich noch nichts weiß?«

Heftig protestierte ich: »Nein, wie kommst du denn

darauf? Ich bin keineswegs fundamentalistisch! Mit meinen Überlegungen tue ich keinem Menschen weh.«

David war einige Jahre älter als ich. Dies war ein wichtiger Aspekt gewesen, mich ihm anzuvertrauen, denn in meiner damaligen Unreife brauchte ich jemanden an meiner Seite, der mir sagte: »Pass auf, das musst du so und so machen.« Meine gleichaltrigen Freunde sprachen über die No Angels und andere Musikgruppen, das war aber nicht das, was mich brennend interessierte. David war derjenige, der in unserer Beziehung den Weg vorgab – und das war auch gut so, denn sonst hätte ich, trotz aller Probleme mit viel Selbstbewusstsein ausgestattet, alles in die Hand genommen, nicht unbedingt zu meinem Besten. Seine Meinung war mir wichtig, und keineswegs wollte ich ihn verletzen. Ich schlief weiterhin mit ihm, zumal ich die Vorstellung, dass Gott es besser finden würde, keinen Sex vor der Ehe zu haben, nicht selbst aus der Bibel, sondern einzig von Nele gehört hatte. Ich besaß noch keine wirklich eigene Haltung zu dieser Thematik, weshalb ich im Stillen nur dachte: Na, dann zeige ich euch, dass ich nicht fundamentalistisch bin. Und da ich zugegebenermaßen Sex liebe, hatte ich auch nicht das geringste Problem damit, David nicht weh zu tun.

Nele begann ich zu meiden, setzte mich in der Gebetsgruppe weit von ihr weg, war wieder davon überzeugt, dass sie wohl in ihren Ansichten sehr extrem sei. Einmal hatte sie mir auch gesagt, dass ich in Sünde leben würde, als sie mich und meinen Freund in der gemeinsamen Wohnung besuchte. Dennoch fing ich an, mich mit diesem Thema mehr und mehr zu beschäftigen, besonders seitdem David und ich der Ansicht waren, dass es besser sei, wenn wir uns trennen würden. Was wir dann auch taten.

So fragte ich mich, warum denn die Ehe ein Sakrament, etwas so Wichtiges sei. Wenn ich mich umsah, hatte ich nicht das Gefühl, dass sie meisten verheirateten Paare eine gut funktionierende Ehe führten. In vielen Beziehungen in meinem Umfeld gab es Schwierigkeiten, wurde an eine Trennung, an eine Scheidung gedacht, meist – wie es mir vorkam – als etwas fast Selbstverständliches. Bei all den Nachteilen einer islamischen Gemeinschaft, Muslime nahmen eine Scheidung nicht als eine Normalität hin. Natürlich wäre es fatal, wenn es sie nicht gäbe, wenn die Mädchen, die in unserem Verein Hilfe suchen, sich nicht von ihren Männern scheiden lassen könnten, die ihnen physische wie auch psychische Gewalt antun. Doch die Scheidung blieb für mich ein Problem. Warum überhaupt heiraten, dachte ich, wenn später Papa und Mama verschiedene Adressen haben, weil ihnen der Wert der Ehe und ihre Aufrechterhaltung nicht mehr wichtig ist? Und die Kinder, die Schwächsten, litten dazu noch am meisten unter diesem Hin-und-Hergerissensein.

Aber was stand in der Bibel selbst zu diesem Thema? Im Neuen Testament heißt es: »Ich sage aber den Unverheirateten und den Witwen: (…) Wenn sie sich aber nicht enthalten können, so lasst sie heiraten, denn es ist besser zu heiraten, als entbrannt zu sein« (1 Korinther 7,8). Keineswegs konnte man diese Textstelle im Sinne von »Vögel deinen Nächsten« auslegen. Aber sie bedeutete auch nicht, dass Gott gegen Sexualität war. Im Gegenteil: Er hatte sie dem Menschen als wunderbares Geschenk mitgegeben. Und am schönsten schien sie zu sein, wenn man sich für einen Partner entschieden hatte, mit dem man sein ganzes Leben verbringen wollte. Oh mein Gott, dachte ich nur, wie soll das denn klappen, wenn man Sex mag? Willst du mich knechten?

Nein, das wollte er nicht. Es gab da so etwas wie Selbstdisziplin. Und Wertachtung. Gott vermittelte mir: »Du bist für mich so extrem wertvoll. Ich habe dir einen Körper geschenkt, ich habe dir Sexualität geschenkt, aber ich will nicht, dass du verletzt wirst.« Wobei ich damit nicht sagen will, dass ich eine Frau, die mit sechzig Männern geschlafen hat, nicht für wertvoll halte. Es geht mir dabei um etwas anderes. Martin Luther hat einmal gesagt, dass man nicht verhindern könne, dass einem die Vögel um den Kopf herumfliegen. Aber man könne verhindern, dass sie ein Nest auf dem eigenen Kopf bauen. Anders formuliert: Selbstverständlich begegne ich attraktiven Männern, und es ist nicht so, dass sie mich nicht interessieren, aber es ist ein unglaublich befreiendes Gefühl, nein zu sagen. Für mich bedeutet es einen Werteverfall, wenn man der Devise folgt: »Tue es, sooft du willst und mit wem du willst.« So wie in der amerikanischen Fernsehserie *Desperate Housewives*, bei der ich das Gefühl habe, dass hier jeder mit jedem schläft und das als Normalzustand angesehen wird. Ich habe für mich den altmodischen Begriff der Treue entdeckt. Und wenn ich vor der Ehe treu sein kann, dann kann ich ebenso in der Ehe treu sein. Eine solche Denkweise ist uncool, ich weiß. Und ich will keineswegs als eine Heilige dargestellt werden, aber ich habe zu oft gesehen, wie ein Mann eine Frau zerstören kann. Sicher: Er kann sie auch richtig aufleben lassen, aber das hängt eben von der richtigen Entscheidung ab. Und so beschloss ich Ende 2004, keinen Sex vor der Ehe zu haben – und bis heute habe ich mich daran gehalten. So, das ist jetzt geklärt.

Weiter überlegte ich, worauf sich mein Leben gründete. Das war eindeutig mein Glaube. Dieser war fest wie Betonpflaster, sämtliche Stürme des Lebens konnten darüber hinwegfegen, meinem Glauben würde das nichts anhaben können. Mein Daseinsfundament war nicht unbeständig oder von anderen Menschen abhängig wie etwa bei jemandem, für den das Wichtigste das eigene Kind oder der Partner ist. Passierte mit dieser Person etwas Schlimmes, konnte das Lebensfundament von einem Tag auf den anderen weggeschwemmt werden. Ich hatte das erfahren, als ich auf einmal keine Familie mehr hatte, keine Eltern, keine Geschwister. Diese Erfahrung lehrte mich: Ich brauche einen Partner, dessen Leben ebenfalls auf einem Fundament gegründet ist, das sich nicht einfach wegspülen lässt. Ob ich je einen solchen finden werde, weiß ich nicht. Aber da ich nun Gott in meine Beziehungen hineingelassen habe, hoffe ich auch auf den Erfolg, den ich auf den Gebieten Finanzen und Beruf hatte, als ich mich dabei auf Ihn verließ.

Ein Umzug nach Deutschland erschien mir auf einmal wie ein Schritt nach vorn. Und helfen konnte ich auch in der Hansestadt, auch dort lebten gepeinigte Musliminnen. Wie Waris Dirie gesagt hatte, dieses Problem war global. David unterstützte mich bei meinem Vorhaben, Österreich den Rücken zu kehren, er würde sowieso selbst nicht mehr lange in Wien leben. Einzig schwer wurde mein Herz, wenn ich daran dachte, Sohaila verlassen zu müssen. Aber ich konnte nichts mehr für sie tun, ich hatte alles versucht, was damals in meinen Möglichkeiten lag. Sie musste irgendwann sowieso ihren Weg allein gehen, zudem kannte sie alle Stellen, die ihr immer helfen würden. Meinen eigenen Verein, Sabatina e. V., gab es ja noch nicht.

Meine wenigen Sachen waren wieder einmal gepackt, und in den ersten Wochen nach einer langen Zugfahrt in den Norden Deutschlands lebte ich bei einem Pastorenehepaar in der Nähe von Neu Wulmstorf. Neu Wulmstorf liegt hinter Hamburg-Harburg, schon zu Niedersachsen gehörend. Ohne Auto war es sehr mühsam, jeden Tag ins Musikstudio nach Hamburg zu fahren, und so entschied ich, mir eine eigene Wohnung zu suchen, und bis ich eine gefunden hatte, wollte ich in einem kleinen, günstigen Hotel leben. Inzwischen war es Januar 2005.

Weil ich mich in Hamburg nicht auskannte, beauftragte ich einen Immobilienmakler, eine Wohnung für mich zu finden. Einzige Bedingung: Ich wollte in einem Stadtteil leben, in dem es nicht so viele Migranten gab. »Am besten weit und breit keine Pakistaner.« Zu groß war die Gefahr, dass man mich erkannte, dass meine Eltern und Verwandten – insbesondere mein Onkel Norman – erfuhren, wo ich mich gerade aufhielt.

Der Makler bot mir eine wunderschöne kleine Zweizimmerwohnung in einem Neubaugebiet in Hamburg-Othmarschen an. Felsenfest behauptete er: »Hier leben nur Ärzte, Lehrer und Rechtsanwälte. Hier leben keine Muslime.«

Dass dies ein Irrtum war, sollte ich bald feststellen. Aber da ich mich sofort in die Wohnung verliebt und mich die Bemerkung des Maklers beruhigt hatte, unterschrieb ich den Mietvertrag. David, nun mein bester Ex-Freund, half mir dabei, ein neues Leben aufzubauen. Auch wenn wir nicht mehr zusammen seien, so sagte er, sei es ihm wichtig, dass es mir gut gehe. Er bezahlte einige meiner Möbel, kochte, erzählte mir am Telefon Geschichten, die er seit meinem Umzug nach Deutschland erlebt hatte. Vorher hatte ich ihn immer mit meinen Problemen bedrängt, jetzt hörte ich ihm endlich einmal richtig zu. Und ich merkte, dass ich in ihm einen Menschen gefunden hatte, dem mein Schicksal wirklich naheging. Das hatte ich in Wien so nicht bemerkt.

Kurz nach meinem Einzug in die neue Wohnung stellte ich mich an den Herd. Ein pakistanisches Currygericht wollte ich zubereiten. Die Gewürze schüttete ich mit vollen Händen in die Pfanne mit Hühnerfleisch und Gemüse. Es duftete köstlich. Vor lauter Freude riss ich die Fenster auf, alle Welt sollte an diesem wunderbaren Geruch teilhaben.

Alle Welt trat dann erst einmal in Gestalt einer kleinen, blonden Frau in den Dreißigern auf mich zu. Dicht hinter ihr folgte ein Mann, den ich noch nicht gut erkennen konnte.

»Hallo«, sagte sie, als ich glückselig am Fenster meiner Parterrewohnung stand. Das ist aber nett, dass sie mich anspricht, dachte ich, denn ich wohnte ja noch nicht lange dort. Bevor ich etwas sagen konnte, fuhr die Frau, die – passend zu dem Elbvorort – ein blaues Kostüm und teure, schicke Wildlederpumps trug, auch schon fort. »Sie sind neu hier, woher kommen Sie denn?«

Bevor ich nachdachte, war es herausgerutscht. »Aus Pakistan«, sagte ich.

»Schau mal, Schatz« – die Frau wandte sich zu ihrem Mann, der nun an sie herangetreten war –, »sie kommt auch aus Pakistan!«

»Scheiße!« Zum Glück hatte ich es so leise gesagt, dass die beiden es nicht hörten. Wieso musste ich in dieser noblen Wohngegend Menschen treffen, die aus meiner Heimat kamen? Hatte der Makler nicht gesagt, hier würden keine Muslime leben? Ich blickte mir den Begleiter der sichtlich in Europa geborenen Frau genauer an. Hochgewachsen, schwarze Haare, schwarzer Bart, dunkle Augen. Moslem. Eindeutig. Immerhin trug er einen perfekt sitzenden dunkelblauen Anzug, ein weißes Hemd, Lederschuhe, die ebenfalls sehr teuer aussahen. So edel, wie der Mann angezogen war, musste er ja nicht gleich ein Terrorist sein und mich verraten, überlegte ich. Aber nicht immer konnte man von der äußeren Erscheinung auf die innere Haltung schließen, das hatte ich schon mehrmals erfahren. Aber er schien mit einer Deutschen verheiratet zu sein, was für einen Pakistaner auch nicht gerade üblich war. Egal: Meinen Eltern hatte ich eine Chance gegeben, mich zu verstehen – nur war dies leider misslungen –, und auch diesem Moslem musste eine Chance gegeben werden.

Kurz nach dieser Fensterepisode lud mich das Paar öfter zum Essen ein. Der Weg war nicht weit, wir wohnten schließlich im selben Haus. Zwischen uns entwickelte sich eine Freundschaft. Stephanie war Hausfrau, Raoul arbeitete als Banker bei einer großen arabischen Bank. Über mich selbst hatte ich ihnen nur erzählt, dass ich gerade plante, eine Karriere als Sängerin zu starten. Mehr nicht.

In dieser Zeit ging der Rechtsstreit mit meinen Eltern in die nächste Runde. Denn sie akzeptierten das Gerichtsurteil von St. Pölten nicht und gingen dagegen an. Sie legten Berufung ein. Die nächste Instanz war das Landesgericht für Strafsachen in Wien. Das war der Ansicht, die Richterin hätte schlampig gearbeitet, nach dem Motto: »Was soll die ganze Aufregung, es ist doch bekannt, dass es in Pakistan Zwangsverheiratungen gibt, das ist in diesem Land doch Tradition.« Der Richter, der das Berufungsverfahren leitete, ließ alle zuvor getroffenen Aussagen für ungültig erklären, und zwar aufgrund einer einzigen Szene, die in meinem Buch steht. Es ist die Szene, in der meine Mutter mich mit einem Schuh schlägt. Der Auslöser war nichtig gewesen. Sie hatte im Wäschekorb ein T-Shirt von mir gefunden, das ihr entschieden zu freizügig war, blau, mit kurzen Ärmeln. Erst hatte sie es mir um die Ohren gehauen, danach hatte sie in ihrer Raserei nach einem spitzen Schuh gegriffen und mich damit mit voller Wucht ins Gesicht getroffen, so dass meine Lippe aufplatzte. Ich sollte das beweisen, sollte dafür Zeugen vorbringen. Aber ich war damals allein mit meiner Mutter im Raum gewesen, wie sollte es da möglich sein, Augenzeugen anzuführen? Normalerweise war es schwer genug, eine Zwangsheirat zu dokumentieren. In meinem Fall hatte ich Glück gehabt, weil mein Vater dies selbst im Gerichtssaal zugegeben hatte. Noch heute will ich mir nicht ausmalen, was aus mir geworden wäre, wenn er das nicht getan hätte. Vor der ganzen Welt hätte ich als Lügnerin dagestanden – was aber eigentlich auch so schon der Fall war. Aber die Peiniger wären davongekommen, und meine Schwester Aisha hätte sicherlich das gleiche Schicksal gehabt wie ich, auch sie hätte dann aller Wahrscheinlichkeit nach früh einen Cousin heiraten müssen.

Doch unabhängig davon war es hart genug zu erfahren, dass das vorherige Gerichtsurteil vollkommen aufgehoben wurde. Die ganze Geschichte musste noch einmal von vorne verhandelt werden. Aber das Schlimmste war, dass mich dadurch das österreichische Landesgericht suchte. Unterstützung fand es dabei in dem Rechtsanwalt meiner Eltern, der dann schließlich auch meine Hamburger Adresse ausfindig machte. Irgendwie war ihm dies gelungen. Das Berufungsverfahren endete erst 2010 mit einem abgesprochenen Urteil.

Patrick Nuo hatte mitbekommen, wie sehr ich unter dem Vorgehen meiner Eltern litt. Immer wieder versuchte er zu helfen: »Du musst Kontakt zur Polizei aufnehmen«, sagte er, wenn ich ihn und seine Frau Molly Schade besuchte. »Vielleicht kann man über dich eine Auskunftssperre verhängen. Vielleicht ist es möglich, dass du sogar Polizeischutz bekommst.« Patrick Nuo brachte mich schließlich mit jemandem von der Hamburger Polizei in Kontakt.

Nachdem ich den Beamten meine Geschichte erzählt hatte, sagte man mir, man würde eine Analyse machen, nach der dann entschieden würde, ob es notwendig sei, dass ich in ein Opferschutzprogramm aufgenommen würde. Die Analyse ergab, dass es notwendig sei, und so werde ich seit 2006 vom LKA, vom Landeskriminalamt, begleitet.

Im selben Jahr, doch einige Monate vor der Entscheidung des LKAs, hatte ich, damals vierundzwanzig Jahre alt, beschlossen, mir nicht so viele Gedanken über mein Talent beziehungsweise Nicht-Talent als Sängerin zu machen, sondern, bedingt durch das Berufungsverfahren meiner Eltern und die Erfahrungen mit Naila und Sohaila, den missbrauchten, unterdrückten und schutzlosen muslimischen Frauen zu helfen und deshalb einen Verein zu gründen. Das war im März 2006. Mit Sabatina e. V. konnte ich auf einer völlig anderen Ebene arbeiten, so agierte ich nicht länger als Einzelkämpferin.

Bestärkt wurde mein Entschluss aber auch, als ich Afia kennenlernte, eine junge Pakistanerin, die als Kind verheiratet worden war. Inzwischen war sie neunzehn Jahre alt, hatte ein Kind und lebte zusammen mit ihrem pakistanischen Mann in Frankfurt. Ich lernte sie über einen Bekannten kennen. Schon bei unserer ersten Begegnung mochte ich sie sofort, weil ich fühlte, dass auch sie eine Kämpferin war.

»Warum bist du in Deutschland?«, fragte ich Afia.

»Meine Eltern wurden von den Taliban getötet«, antwortete sie mit traurigem Gesicht. »Es war eine entsetzliche Hinrichtung. Ich bekam dann den Status einer Asylantin, und wir konnten nach Deutschland.«

»Was haben denn deine Eltern gemacht?«

»Genau weiß ich das nicht, aber sie haben sich dagegen gewehrt, alles zu akzeptieren, was die Taliban von ihnen forderten. Durch die politischen Entwicklungen blieben wir länger in Deutschland, als man anfangs dachte. Aber jetzt sollen wir wieder in unsere Heimat abgeschoben werden, weil die Taliban offiziell nicht mehr an der Macht sind. Aber das stimmt nicht. Die Extremisten gehen von

Monat zu Monat brutaler vor, auch gegen die einheimische Bevölkerung.«

Das, was Afia sagte, war nachvollziehbar, aber etwas in ihrer Stimme sagte mir, dass das nicht die ganze Wahrheit war. Es schien sie noch etwas anderes zu bedrücken.

»Gibt es vielleicht noch einen weiteren Grund, warum du nicht zurückwillst?«, fragte ich vorsichtig.

»Nein«, erwiderte Afia vehement.

Ich schwieg eine Weile, um sie nicht zu bedrängen, doch ich wollte mich mit ihrem Nein nicht zufriedengeben.

»Hast du vielleicht Angst, dass es für dich dann noch schlimmer wird?« Immer wieder hatte ich gehört, dass verheiratete muslimische Frauen, die viele Jahre im Ausland gelebt und die längste Zeit ihrer Ehe dort verbracht hatten, nur ungern in ihr Heimatland zurückkehrten, weil sie befürchteten, dort misshandelt zu werden. Es schien fast so, als würde sich ein europäisches, ein westliches Umfeld auf die Gewaltbereitschaft mancher Ehemänner auswirken.

Afia schloss die Arme um ihren Körper, als wolle sie sich schützen. Tränen rollten über ihr Gesicht. Schließlich nickte sie: »Ja, Zahir schlägt mich. Und in Pakistan wird er mich bestimmt noch mehr schlagen.«

»Hat dich dein Mann von Anfang an geschlagen?«

»Nein, das nicht.«

»Aber warum ist er so gewalttätig geworden?«

»Wir leben in einem Asylantenheim. Die Frauen, die ich dort kennengelernt habe, stammen aus den verschiedensten Ländern. Sie alle tragen kein Kopftuch, ich war die Einzige, die verschleiert herumlief, und da habe ich beschlossen, mich auch nicht mehr zu verhüllen. Ich wollte mich in ihrer Anwesenheit nicht verstecken, ich wollte mich überhaupt nicht mehr verstecken.« Ich konnte ihr nur zustimmen, dafür, dass sie den Schleier abgelegt hatte.

Afia war eine Schönheit, schmal und zierlich, mit langen, pechschwarzen Haaren. Ihr Gesicht war das eines Models, sehr ebenmäßig, mit feiner Haut, ihre Augen hatten fast die Farbe von tiefgrünem Meereswasser.

»Und dein Mann hat nun Angst, dass seine muslimischen Freunde über dich und damit auch über ihn reden würden.«

Sie nickte erneut. »Zahir meint, er müsse mich züchtigen, sonst würde ich Schande über unsere Familie bringen. Aber was ist dabei, wenn ich nicht so leben will wie seine Mutter oder einst auch meine? Wenn ich sage, man habe sich doch auch dem Leben hier in Deutschland anzupassen, blickt er durch mich hindurch. Er will davon nichts wissen. Aber ich finde es gut, wenn meine Tochter hier nicht so jung wie ich verheiratet wird. Ich möchte nie wieder weg von Deutschland. Sabatina, kannst du mir helfen?«

So oft hatte ich diese Worte in den letzten Monaten gehört. Unendlich viele muslimische Frauen litten auch in Europa, ohne dass sie eine Chance hatten, gehört zu werden. Afia benötigte einen Anwalt, und ein Anwalt kostete Geld. Immer wieder versicherten mir Freunde, sie würden meine Arbeit finanziell unterstützen, doch dazu wäre es rechtlich am besten, einen Verein zu gründen. Nur so könnte mein Engagement als gemeinnütziges Tun anerkannt werden. Warum nicht?, dachte ich und durchlebte eine Monate der organisatorischen Anstrengung. Bis alles geklärt und Vereinsstatuten aufgestellt waren, sollte es Monate dauern.

10

Ehrenmorde und Kinderheiraten – das Erbe des Propheten Mohammed

Das Schicksal von Afia ließ mich nicht mehr los. Ein aufgeschlossener Rechtsanwalt wurde eingeschaltet, der sich um ihr Abschiebungsverfahren und das ihrer Familie kümmerte. Ich hatte auch erfahren, dass Afia heimlich, ohne das Wissen ihres Mannes, zum Christentum übergetreten war. Muslime, die sich in Deutschland zum Christentum bekennen, erhalten eine Aufenthaltsgenehmigung, da ja, wie schon gesagt, in Ländern wie Pakistan oder Afghanistan auf die Konversion die Todesstrafe steht. Natürlich war schon damals den Behörden bekannt, dass viele Muslime zu dieser Strategie griffen, um nicht abgeschoben zu werden. Aber ich war fest davon überzeugt, dass Afia nicht zu denen gehörte, die einen Übertritt zum Christentum als Taktik benutzten. Wann immer es ihr möglich war, besuchte sie in Hamburg eine christliche Gemeinde, die von Afghanen geleitet wurde. Dies machte ich auch immer wieder auf den Ämtern klar, die ich aufsuchte, um etwas für Afia zu erreichen. Ich versicherte den dortigen Mitarbeitern, dass mir das Konversionsproblem bekannt sei, dass es aber in diesem Fall nicht zutreffen würde. Ich weiß nicht, ob es meiner Glaubwürdigkeit oder meinem souveränen Auftreten – oder beidem – geschuldet war, doch plötzlich hieß es, dass Afia mit ihrer Tochter in Deutschland bleiben könne. Sicher hatte auch der Anwalt zu dieser Entscheidung beigetragen, aber der

Rechtsweg war doch sehr mühsam, langwierig und unglaublich kompliziert. Der Beschluss bezog sich jedoch nicht auf Afias Mann – und ehrlich gesagt, hatte ich mich nicht um seinen Aufenthaltsstatus gekümmert. Es hatte mir völlig ausgereicht, mich für Afia einzusetzen, zumal ihr Ehemann sich unabhängig von ihr einen Anwalt genommen hatte.

Für mich war das Bleiberecht von Afia ein großer Erfolg. Ein persönlicher Erfolg. Bei Sohaila hatten die Gerichte nicht so entschieden, wie ich es mir gewünscht hatte, auch nicht in meinem Fall, aber immerhin gab es bei Afia eine positive Nachricht. Wenn man nur einer von drei Frauen helfen konnte, so dachte ich, war viel gewonnen.

Stephanie und Raoul, meine Nachbarn, hatten inzwischen herausgefunden, dass ich nicht nur bei dem Projekt »Zeichen der Zeit« mitmachte. Das jedenfalls stellte ich fest, als ich wieder einmal bei ihnen zum Essen eingeladen war. Ich freute mich, sie zu sehen, waren sie in meinem unruhigen Leben doch eine Konstante geworden. Sie waren Personen, auf die ich mich verlassen konnte, Raoul half gern aus, wenn ich ein Problem mit dem Computer oder einer Lampe hatte. Stephanie und ich sprachen über alles, was uns durch den Kopf ging. Während sie nun eine Platte mit dampfendem *biryani* auftrug, Gewürzreis mit Huhn und Joghurt, schmunzelte ich über das Spielzeug ihrer kleinen Tochter, das überall herumlag. Eine typische Mittelstandsfamilie, dachte ich, während Raoul sich und seiner Frau Wein einschenkte – er war ein Moslem, der Alkohol trank, eigentlich ein moderater, ja, liberaler Moslem, der auch, wie ich bei vergangenen gemeinsamen Essen festgestellt hatte, nicht auf Schweinefleisch verzichtete. Als er die Flasche mit dem Bordeaux abgestellt und mir in mein Glas

Wasser eingeschenkt hatte, sagte Raoul unvermittelt: »Ich finde nicht gut, was du machst.«

Auf was bezog sich seine Aussage? Ich war irritiert. Meinte er meine Karriere als Sängerin, die ich schon längst beendet hatte? Meine Konversion zum Christentum? Oder meine Vereinsgründung? Aber wie konnte er davon wissen, da ich ihn doch gerade erst gegründet hatte? Also fragte ich, um genauer zu erfahren, worauf sich seine Äußerung bezog: »Wie meinst du das: ›Ich finde nicht gut, was du machst‹?«

»Na ja, ich habe etwas über deine Organisation gelesen, dass du muslimischen Frauen helfen willst. Ich habe deinen Namen im Internet gegoogelt. Aber warum konzentrierst du dich mit deinem Engagement auf die islamischen Frauen«, fuhr er fort, »als wären nur sie von Gewalt betroffen? Auch deutsche Frauen werden geschlagen.«

»Eins darfst da dabei nicht vergessen, Raoul, von hundert Ehrenmorden finden neunundneunzig in islamischen Familien statt. Soll ich nun der einen Frau helfen oder den neunundneunzig?« Dieser Vergleich war etwas perfide, denn ich hätte ja auch allen Frauen helfen können, aber ich hatte mit meiner Arbeit einen Fokus setzen wollen. Auf jeden Fall verfehlte meine etwas zweifelhafte Argumentation nicht ihre Wirkung.

Er schwieg, aber nur für einen Moment, dann setzte er wieder an: »Weißt du, ich habe ein Problem damit, dass du die Ehrenmorde und auch die anderen Gewalttaten, die an Frauen verübt werden, auf den Islam schiebst. So habe ich jedenfalls den Artikel über deinen Verein verstanden. Diese Gewalttaten haben nichts mit der Religion zu tun.« Zwischen seinen dichten dunklen Augenbrauen zeigte sich eine tiefe Falte.

Immer wieder war diese Behauptung an mich herangetragen worden, und bevor ich etwas darauf erwidern konnte, mischte sich Stephanie in das Gespräch ein: »Der Islam ist friedliebend, es ist eine gute Religion.« Es fehlte nur noch, dass sie mit dem Fuß auf dem Boden aufgestampft hätte. Sie verteidigte den Glauben ihres Mannes, als wollte sie eine muslimische Jeanne d'Arc sein. In ihrem sonst sehr weichen, manchmal auch etwas unbedarften Blick lauerte auf einmal etwas irrational Renitentes.

Nun wusste ich, was ich zu antworten hatte: »Es steht im Koran geschrieben, dass man die Frau schlagen darf, wenn sie nicht dem Willen des Mannes gehorcht.«

»Das steht nicht im Koran!« Empört blickte mich Raoul an, während er sein Rotweinglas in die Hand nahm und einen großen Schluck trank. Das Essen dampfte nicht mehr. Schade drum. Das Gericht mit den vielen leckeren Gewürzen schmeckt besonders gut, wenn es noch richtig heiß ist.

»Bring mir den Koran, und ich zeige dir die Sure, in der genau das steht, was ich dir eben gesagt habe«, gab ich Raoul zu verstehen.

Stephanie, seine Frau, wollte gerade aufstehen und ins Schlafzimmer laufen, wo der Koran neben dem Bett von Raoul lag. Ich hatte ihn dort gesehen, als sie mich vor vielen Monaten durch die Wohnung geführt hatte, um sie mir zu zeigen. Doch sie wurde von einem »Nein« ihres Mannes gestoppt. Seiner Stimme war anzuhören, dass er keinen Widerspruch duldete. »Du holst den Koran nicht. Du bleibst hier.« Ohne ein Wort zu sagen, setzte sie sich wieder auf ihren Stuhl, die Augen merkwürdig geweitet.

Diese Folgsamkeit einer Deutschen ärgerte mich so sehr, dass ich sagte: »Und genauso schlimm ist es, dass Mohammed eine Sechsjährige heiratete. Soll das ein gutes Vorbild sein? Als Frau im 21. Jahrhundert würde ich sagen, das ist für mich Kindesmisshandlung.« Ich zitierte nun eine Stelle aus dem *Klassenbuch* des arabischen Histo-

rikers Muhammad ibn Sa'd, der 784 in Basra geboren wurde. Dort zitiert er Aischa: »Der Gesandte Gottes heiratete
mich im Monat Schawwal im zehnten Jahr der Prophetie,
vor der Auswanderung, als ich sechs Jahre alt war. Der
Gesandte Gottes wanderte aus und kam in Medina am
Montag den 12. Rabī al-awwal an und veranstaltete mit
mir die Hochzeit im Monat Schawwal, acht Monate nach
seinem Auszug aus Medina. Die Ehe vollzog er mit mir, als
ich neun Jahre alt war.« Diese Stelle, die ich schon in der
Koranschule in Lahore gelernt hatte, kannte ich inzwischen auswendig.

Die Augen meines Nachbarn funkelten vor Zorn. »Das
war damals so, in dieser Zeit war das üblich. Die Stellung
der Frau war einst sehr schlecht, aber das hat sich geändert.«

»Das war überhaupt nicht üblich – was ist das überhaupt für eine Begründung? Jesus hat viele Jahrhunderte
vor Mohammed gelebt. Er hat mit Sicherheit auch viele
kleine Mädchen spielen gesehen, aber sich keine Sechsjährige als Ehefrau vorstellen können. Jesus hat so etwas nicht
nötig gehabt. Und als Jesus auferstand, hat er sich als Erstes einer Frau gezeigt. Maria von Magdala. Da müsste man
eigentlich denken: Na ja, weise ist das im Grunde nicht,
denn es wäre doch intelligenter gewesen, sich einem Mann
zu zeigen. Ein Mann war damals ein glaubwürdigerer
Zeuge als eine Frau.« Ich holte tief Luft, weil ich mich so
richtig in Rage geredet hatte. Dann aber fuhr ich ohne
Pause fort: »Und das wurde dann auch nach der Auferste-
hung deutlich. Als Maria von Magdala sagte: ›Ich habe Jesus gesehen‹, da haben die Jünger anfangs nur müde abge-
winkt und angenommen, dass die Frau spinnen würde.
Indem Jesus sich aber zuerst einer Frau zu erkennen gab,
hat er ihnen allen eine andere Ehre gegeben als Mohammed. Er hat dadurch zu verstehen geben: ›Ihr Frauen seid
für mich wertvoll, eure Zeugenaussage ist mir genauso

wichtig wie die der Männer.‹ Er war ein Freund der Frauen. Und er hat Frauen, die mit einem Mann zusammenlebten, ohne mit ihm verheiratet zu sein, nicht ausgestoßen. Er hat sich zu ihnen an den Brunnen gesetzt und sie nicht verurteilt. Das ist der große Unterschied zum Leben des Propheten!«

Raoul war nun so wütend, dass er sein Weinglas, das er noch immer in der Hand gehalten hatte, auf den Steinfußboden schmiss. In aggressivem Ton sagte er: »Du hast doch keine Ahnung. Was du behauptest, das stimmt alles nicht.«

»Wie willst du das wissen, wenn ich dir nicht einmal die Stellen im Koran zeigen darf?«

»Aus dem einfachen Grund, weil man deine Lügen dort nicht finden wird.«

Gern hätte ich ihm im Koran die Sure 4, 34 vorgehalten, in der es heißt: »Die Männer sind die Verantwortlichen über die Frauen, weil Allah die einen vor den andern ausgezeichnet hat und weil sie von ihrem Vermögen hingeben. Darum sind tugendhafte Frauen die Gehorsamen und diejenigen, die (ihrer Gatten) Geheimnisse mit Allahs Hilfe wahren. Und jene, deren Widerspenstigkeit ihr befürchtet: Ermahnt sie, meidet sie im Ehebett und schlagt sie! Wenn sie euch dann gehorchen, so sucht gegen sie keine Ausrede.« Aber weil Raoul sich vor der Wahrheit sperrte, erhob ich mich, um in meine Wohnung zu gehen. Das Essen war inzwischen vollkommen kalt. Es war wirklich schade darum.

Auf dem Weg zur Wohnungstür dachte ich: Wäre Raoul wirklich moderat und liberal, wäre er nicht ausgerastet, als ich den Propheten Mohammed kritisierte. Jeder Moslem, der an den Koran und den Propheten Mohammed glaubt, hält ihn jedoch für unfehlbar. Und wenn eine Person unfehlbar ist, darf auch nichts Schlechtes über sie gesagt werden. Solange Mohammed das einzig wahre Vorbild der Muslime bleibt, wird sich der Islam nicht ändern. Ich selbst habe die Erfahrung gemacht: Je mehr man sich dem Sinnbild Christi nähert und nicht Mohammed, umso friedvoller wird man. Nicht einmal, als man Jesus gefangen genommen hatte, wehrte er sich. Nicht einmal am Kreuz nahm er seine Göttlichkeit in Anspruch. Für mich ist Jesus deshalb der Urheber der Liebe schlechthin. Er hat sein Leben für andere gegeben, er hat dem Menschen zu verstehen gegeben: »Du hast Sünden begangen, die bezahlt werden müssen. Ich bezahle sie für dich, ich sterbe für dich, so sehr liebe ich dich.« Und was forderten die Muslime bei begangenen Sünden: Menschenblut muss vergossen werden.

Leider gab es zu dieser Zeit noch nicht die Studie des Kriminologischen Forschungsinstituts Niedersachsen (KFN), in der die Gewaltbereitschaft unter Jugendlichen in Abhängigkeit von ihrer Konfession untersucht worden war. Diese Studie hätte ich in dieser Situation bestimmt Raoul und Stephanie zum Überdenken entgegengehalten. Denn darin wurde 2010 nachgewiesen: Je religiöser muslimische Jugendliche leben, desto gewaltbereiter sind sie. Muslime aus Zuwandererfamilien betrifft das am meisten. Für diese Studie hatte man 45 000 Schüler zwischen vierzehn und sechzehn Jahren in einundsechzig Städten und Landkreisen befragt. Die muslimische Religion fördere die Akzeptanz der Machokultur, sagte der Direktor des Instituts, Christian Pfeiffer, im Juni 2010 dem *Spiegel*. Häufiges Beten und regelmäßige Moscheebesuche würden die Gewaltbereitschaft nicht bremsen: Wer besonders religiös lebe, das legt die Statistik nahe, schlage sogar häufiger zu.[11]

---

11 www.spiegel.de/panorama/justiz/0,1518,698948,00.html

Als ich die Treppen zu meiner Wohnung hinunterge-
gangen war, die Haustür aufgeschlossen und mich auf meinen schwarzen Ledersstuhl gesetzt hatte, erinnerte ich mich
an eine Szene in einem Döner-Imbiss im Hamburger
Schanzenviertel, in dem viele Türken und andere muslimische Ausländer leben. Als ich den Laden betrat, strahlte
ich den Besitzer an, voller Vorfreude auf das, was ich gleich
bei ihm bestellen wollte: Kebab.

»Sie sind bestimmt Muslimin«, sagte er, nachdem ich
dem Mann meinen Wunsch mitgeteilt hatte.

»Nein«, bemerkte ich, noch immer fröhlich. »Das bin
ich nicht, ich war einmal Muslimin.« Ich wusste, dass ich
mit dieser »Erbsünde« Muslime provozierte, was aber
auch meine Absicht war. Zu diesem Zeitpunkt war ich,
was das anging, noch mutig.

»Aber wie kann das sein?« Der Mann sah mich mit seinem eindrucksvollen Schnauzbart aus großen Augen an,
während er mit flinken Fingern Salat auf einem Teller dra-
pierte. In einer Kurzfassung erzählte ich ihm, was mir passiert war, daraufhin meinte er: »Ihre Eltern sind schuld, die
haben den Islam falsch gelebt.«

Ich schüttelte den Kopf, während er mir den Teller
reichte, auf den er des Weiteren gegrilltes Kalbfleisch und
eine mit Petersilie verfeinerte Joghurtsauce getan hatte.
»Nein, meine Eltern sind nicht schuld, der Prophet ist
schuld.«

»Was?« Vor Schreck wäre ihm fast der Teller aus seiner
kräftigen, behaarten Hand geglitten.

»Meine Eltern haben so gelebt, wie es im Koran steht.
Sie haben alles richtig gemacht.«

»Ich habe den Koran nie gelesen, das gebe ich zu. Aber
der Islam ist eine Religion, die nach Christus gekommen
ist. Mohammed kannte die Gedanken von Jesus, er wird
doch nie und nimmer solche gewalttätigen Dinge gegen

Frauen gesagt haben. Jesus war für Frieden, und das war auch Mohammed.«

Der Imbissladen-Besitzer hatte ähnlich wie Raoul reagiert, wenn auch zum Glück nicht so heftig, was auch daran lag, dass er eine ganz andere Interpretation vom Koran hatte als mein Nachbar in Othmarschen, nämlich eine historische. Doch es war ein vergleichbares Muster. Selbst wenn man den Koran nicht kennt, wird der Prophet immer als Hoffnungsträger dargestellt, als Erlöser. Und Gott sei Dank ist es so. Denn wenn Muslime ihn tatsächlich lesen würden – wie die Studie des KFN zeigt –, würden sich wahrscheinlich noch mehr islamische Männer das Recht nehmen, ihre Frauen im Namen des Islam zu misshandeln. Sicher: Nicht jeder Moslem schlägt seine Frau, und viele Muslime, die in einem christlichen Land leben, übernehmen auch, wenn die Integration glückt, Werte einer christlichen Kultur, deren Anschauungen von Gut und Böse. Doch eine gute Integration, wie sie wohl bei diesem Imbissbesitzer und auch bei Raoul stattgefunden hatte, beinhaltet auch, das sollte man in allen Diskussionen zur Zwangsverheiratung nicht übersehen, eine Gefahr: Die integrierten Muslime glauben nicht an die Verbrechen, die den Frauen widerfahren. Sie halten sie für schlichtweg unmöglich. Und was nicht existiert, können sie nicht verurteilen, nicht verdammen – und wenn diese Verbrechen noch so sehr in der Öffentlichkeit stehen und diskutiert werden. Sie wollen nicht wahrhaben, dass nach offiziellen Schätzungen der Vereinten Nationen sogar jährlich weltweit rund 5000 Frauen und Mädchen wegen Verletzung der »sittlichen Ehre« ermordet werden[12] (die Dunkelziffer ist weitaus höher). Sie wollen ebenso nicht wahrhaben,

---

12 www.ehrverbrechen.de/1/images/downloads/literatur/Studie_Ehrenmord.pdf

dass von Zwangsverheiratungen, obwohl es nationale wie auch und internationale Verbote gibt, jährlich Millionen von Mädchen davon betroffen sind – genauere Statistiken gibt es auch hier nicht. Die Vereinten Nationen bezeichnen – und zwar vollkommen zu Recht – die Zwangsheirat als eine »moderne Form der Sklaverei«. Eine Studie des Kinderhilfswerks der Vereinten Nationen, Unicef, hat ergeben, dass diese Mädchen meist vor ihrer Pubertät oder kurz danach gegen ihren Willen[13] – denn in diesem Alter kann nicht davon ausgegangen werden, dass sie eine freie Entscheidung in dieser Beziehung treffen können – einem Mann versprochen werden.

In Deutschland, einem Land, in dem die Zwangsheirat gegen mehrere Gesetze verstößt – insbesondere entspricht es dem Tatbestand der Nötigung, des Menschenhandels und der Verschleppung sowie oft auch der Vergewaltigung –, wird von verschiedenen Opferverbänden angenommen, dass etwa rund tausend Mädchen pro Jahr in Deutschland in eine Ehe gezwungen werden. Die Ehrenmorde, die in Deutschland passieren, auch darüber gibt es keine offizielle Statistik. Einige Vereine dokumentieren die einzelnen Fälle, über die in den Medien berichtet wurde. So stellte man fest, dass es von Jahr zu Jahr mehr werden. So waren es 2009 dreißig Ehrenmorde und sechs schwere Mordversuche.[14] Schon in Österreich ist mir aufgefallen, dass die islamischen Gemeinden nie dagegen protestiert hatten. In Deutschland schien es ähnlich zu sein. Aber noch war ich zu kurz in diesem Land, um das wirklich beurteilen zu können.

Während ich noch weiter im Dunkeln auf meinem Stuhl saß und meinen Gedanken nachhing – ich kam zu der An-

---

13 www.amnesty-frauen.de/Main/Zwangsheirat
14 www.ehrenmord.de/faq/wieviele.php

sicht, dass wir wirkliche Islam-Aufklärer brauchten und keine moderaten Nichtwissenden wie Raoul –, überfiel mich auf einmal eine panische Angst: Was, wenn mein Nachbar sich mit meinen Eltern in Verbindung setzte? Er hatte so feindselig reagiert, ich traute ihm eine solche Handlungsweise zu.

In diesem Moment wurde mir klar: Ich durfte nicht mehr länger in dieser schönen Wohnung bleiben. Ich war hier nicht mehr sicher. Ich musste aus Othmarschen fort. Mir eine andere Bleibe suchen. Wieder einmal. Also zog ich in ein anderes Stadtviertel, nach Bahrenfeld.

11

Amina, eine minderjährige Deutsche – im Libanon zur Abtreibung gezwungen

Mehr und mehr wurde ich in die Vereinsarbeit hinein-gezogen. Viele Fälle von misshandelten jungen Mus-liminnen könnte ich nennen, aber ich will mich hier auf zwei beschränken, deren Erfahrungen mich sehr beschäf-tigt haben. Die Schicksale von Amina und Faizah. Zwei Frauen, die ich bis heute betreue.

Amina war in Dortmund zur Welt gekommen, der Va-ter Libanese, die Mutter Deutsche. Aminas Vater hatte die Mutter auf Rosen gebettet und auf Händen getragen, mit dem Ziel einer Heirat. Und das gelang ihm auch. Aminas Mutter glaubte, ihre große Liebe gefunden zu haben, und sie trat mit ihm vor einen Standesbeamten. Nachdem die Ehe lange genug bestanden hatte, dass der Vater nicht mehr abgeschoben werden konnte, schob er stattdessen die Frau ab. Er gehörte zu einer nicht geringen Anzahl von Migranten, die aus Berechnung eine Deutsche heiraten, um eine Aufenthaltsgenehmigung zu erlangen.

Das ist unfair, aber eine gängige Praxis. Diese Männer suchen sich oftmals deutsche Frauen aus, die meist aus sehr einfachen Verhältnissen stammen, nicht sehr gebildet sind oder vielleicht auch ein bisschen gutgläubig. Aminas Mutter gehörte zu diesem Frauentypus, wie ich feststellen konnte, als ich sie einmal traf. Sie war schmächtig, die dun-kelblonden Haare reichten ihr bis zur Schulter, und insge-samt wirkte sie zwar sehr freundlich, aber auch unsicher und leicht manipulierbar. Nach der Scheidung von ihrem Mann hatte sie auch keinen Widerspruch erhoben, als Amina und ihre drei Jahre ältere Schwester Tara dem Vater zugesprochen wurden. Beide hatten schon als Kleinkinder physische Gewalt durch den Vater erfahren. Man hatte bei beiden eine Entwicklungsverzögerung festgestellt, und als sie eingeschult wurden, konnten sie dem Unterricht nicht gut folgen und mussten eine besondere Förderschule besuchen. Das Jugendamt hatte sich eingeschaltet, da beide Mädchen verhaltensgestört waren.

Als sie in die Pubertät kamen, regte sich ihr Vater über ihren westlichen Lebensstil auf. »Ihr sollt Kopftücher tragen«, schrie er sie an und prügelte auf sie ein. »Ihr sollt in die Koranschule gehen.« Und so banden sich Amina und Tara ein Kopftuch um und besuchten die Koranschule. Der Vater schlug sie trotzdem weiter. Jedes Mal, wenn er die Jalousien im Wohnzimmer herunterließ, wussten sie, dass es wieder so weit war. Er zog den Gürtel aus der Hose und peitschte auf seine Töchter ein. Doch er strafte nicht nur mit dem Ledergürtel. Einmal hatte er Amina so schlimme Verbrennungen am Schenkel zugefügt, dass sie ins Krankenhaus gebracht werden musste. Auch der Arzt der Kriseninterventionsstelle in Dortmund, zu der sie öfter lief und wo man sie aufnahm, weil sie es zu Hause nicht mehr ertrug, musste mehrmals in seinem Bericht festhalten, dass sie arg zugerichtet worden war.

Die Mutter von Amina und Tara konnte nichts gegen diese Gewalt unternehmen, ihr fehlte die Kraft. Und da sie auch nicht mehr bei ihren Töchtern lebte und die eigene Labilität nicht geringer geworden war, mischte sie sich überhaupt nicht mehr in das ein, was der Vater mit seinen beiden Töchtern tat.

Der hatte inzwischen eine Libanesin geheiratet, die sehr religiös war. Ihren tiefen Glauben benutzte sie als Argument dafür, dass man die Mädchen in den Libanon schicken solle, dort würden sie die Regeln des Islam von Grund auf erfahren und gute Muslimen werden. Eigentlich wollte sie die beiden Mädchen, die nicht ihre Töchter waren, nur loswerden. Amina und Tara waren zu dieser Zeit mitten in der Pubertät und hatten offensichtlich begonnen, sich in Jungen zu verlieben. Und wie Sohaila hatten sie angefangen zu chatten, da ihnen bewusst war, dass sie niemals einen Freund haben konnten, mit dem sie sich wie ihre Mitschülerinnen einfach mal treffen durften. Ihr Vater hatte ihnen deutlich zu verstehen gegeben, dass sie jemanden heiraten würden, den sie überhaupt nicht kannten.

Die Stiefmutter hatte es mit ihren Strategien und in ihrem religiösen Wahn geschafft: Der Vater hielt es selbst für eine gute Idee, die beiden Mädchen in den Libanon zu schicken. Dort sollten sie aber seinem Plan nach nicht nur den Islam kennenlernen, er wollte sie auch in dem Land seiner Herkunft verheiraten. Tara, die Ältere, wurde zuerst fortgeschickt. Da Amina aber noch zur Schule ging – Tara hatte vor ihrer Verheiratung noch die Förderschule abschließen können –, schleppte der Vater seine jüngste Tochter mit aufs Jugendamt. Amina musste dort einen Satz aufsagen, den ihr Vater ihr eingeprügelt hatte: »Ich gehe freiwillig in den Libanon.« Am liebsten hätte sie die Wahrheit herausgeschrien: »Ich will nicht in den Libanon, ich will in Deutschland bleiben und weiter die Schule besuchen. Im Libanon muss ich einen Cousin heiraten, den ich nicht kenne. Bitte, lasst das nicht zu.« Aber sie schwieg – aus Angst, dass der Vater sie wieder grün und blau schlagen würde.

Da diesem nicht entgangen war, dass seine Jüngste immer wieder davonlief, verschloss er bis zum Abflug nach Beirut das Haus und verriegelte sämtliche Fenster. Er sperrte Amina ein. Es ist schon unglaublich, wie viel Energie muslimische Eltern aufwenden können, wenn es darum geht, ihre Töchter unter Kontrolle zu halten.

Schließlich traf Amina zusammen mit ihrem Vater im Libanon ein. Der für sie ausgesuchte Cousin fing sie in einem Augenblick ab, in dem die Verwandten, die sie aufgenommen hatten, nicht zu Hause waren: Er vergewaltigte Amina. Als sie ihrem Vater am Telefon erzählte – er war schon wieder zurück in Dortmund –, dass der Cousin sie geschändet hatte, glaubte er das anfangs nicht, aber irgendwie mussten die Verwandten doch etwas von der Tat in Erfahrung gebracht haben. Amina musste den Cousin nicht mehr zum Mann nehmen, stattdessen wurde ein anderer, entfernterer Verwandter ausgesucht. Die Hölle begann aber jetzt erst richtig.

Amina wurde von ihrem Ehemann Walid schwanger. Die Schwiegermutter zwang sie zur Abtreibung. Amina wurde wieder schwanger, insgesamt vier- oder fünfmal. Jedes Mal musste sie abtreiben. Walids Mutter sagte zur Begründung: »Du bist westlich aufgewachsen, du kannst in deinem Alter noch keine Kinder erziehen.« Kinder durfte Amina also nicht haben, aber sie war alt genug, dass ihr Mann sich seine sexuelle Befriedigung bei ihr holte.

Als ich sie traf, merkte ich, dass sie nicht gut hörte.

»Hast du Probleme mit deinen Ohren?«, fragte ich.

Sie antwortete: »Walid hat wieder und wieder meinen Kopf gegen die Wand geschlagen. Das war so extrem, dass ich heute auf dem rechten Ohr schlechter höre. Aber das war noch längst nicht das Schlimmste. Immer wieder legte er mir einen Strick um den Hals, den er an der Decke befestigt hatte. Dazu musste ich auf einen Stuhl steigen. Dort ließ er mich stundenlang stehen. Er gab mir zu verstehen: ›Wenn du mir noch einmal widersprichst, dann ziehe ich dir beim nächsten Mal den Stuhl unter den Füßen weg.«

Amina dachte an Flucht. Doch auch in dem Haus von Walid waren die Türen und Fenster verriegelt. Eines Tages hatte man aber vergessen, eines der Fenster abzuschließen, und so gelang es ihr – sie war wieder schwanger –, hinauszuklettern und zur Deutschen Botschaft zu laufen. Dort erzählte sie ihre ganze Geschichte. Man hörte aufmerksam zu, am Ende meinte man jedoch, viel könne man nicht für sie tun, im Libanon bräuchte sie ja das Einverständnis des Ehemannes, um das Land verlassen zu können. Schließlich aber machte man ihr doch Hoffnung: »Da gäbe es noch diese Möglichkeit …« Es wurde ein wenig herumgetrickst, wie, davon darf ich nicht erzählen, denn sonst würde diese Möglichkeit bald keine mehr sein.

Amina kam nach Deutschland, nach Köln, wohin schon Tara geflohen war. Sie hatte in Beirut eine ähnliche Hölle erlebt wie ihre Schwester und das Land unter vergleichbaren Umständen verlassen können. Doch da Tara in einer schwierigen Verfassung war, sagte das Jugendamt zu der noch nicht volljährigen Amina: »Es ist besser, wenn Sie nicht bei Ihrer Schwester wohnen.«

Amina wurde in einer Mutter-Kind-Einrichtung in der Nähe von Köln untergebracht. Ihr Vater, der inzwischen erfahren hatte, wo sie war, ließ sie eine Zeitlang in Ruhe. Schließlich aber nahm er Kontakt zu ihr auf, das war, als das Sozialamt Amina und ihrer kleinen Tochter Bahar eine kleine Wohnung zuwies. Als er sah, wie sie lebte, machte er ihr Vorwürfe. Aminas Vater dachte aber bei seinen Anschuldigungen nicht an seine Tochter und seine Enkelin, sondern sein einziger Gedanke galt seinem Schwiegersohn Walid. Er sollte nach Deutschland kommen. Nachdem der Vater seinen Unmut losgeworden war, verschwand er auch wieder. Jedoch nur vorläufig.

Amina hatte nach ihren schrecklichen Erlebnissen im Libanon nicht das geringste Interesse an einem weiteren

Zusammenleben mit ihrem Ehemann. Sie verliebte sich in einen Deutschen. Jürgen sah so gar nicht orientalisch aus, dunkelblond, füllig, der nette Junge von nebenan. Eines Tages war sie mit ihm und ihrer Schwester, die inzwischen ebenfalls mit einem Freund zusammenlebte, in der Innenstadt unterwegs, um einige Sachen einzukaufen. Amina hatte dafür ihre Tochter in die Obhut einer Freundin gegeben. Nachdem die Besorgungen erledigt waren, standen die beiden Schwestern und Jürgen an einer Haltestelle und warteten auf einen Bus, um nach Hause zu fahren. In diesem Moment klingelte Aminas Handy. Es war ihr Vater. Er beschimpfte sie: »Wer ist der Typ neben dir? Und wo ist deine Tochter?« Erstarrt schaute sie sich um. Sie konnte ihren Vater nicht entdecken, aber von irgendwoher beobachtete er sie. Kreidebleich antwortete sie: »Der Mann neben mir ist der Freund von Tara.« Es war eine Lüge. Sie wusste aber so schnell nicht, was sie sonst hätte sagen sollen. Ihr Vater brüllte ins Handy: »Wenn ich herausfinde, dass der Mann dein Freund ist, dann verbrenne ich dich, dann bringe ich dich um.«

Als sie zu Hause ankam, bemerkte sie, dass ihr Schwager Zagir, der Bruder von Walid, der seit einiger Zeit in Deutschland lebte, nicht weit von der Haustür parkte und sie vom Auto aus beobachtete.

Schnell stieg Amina die Treppen empor, flüchtete in ihre Wohnung und verschloss die Tür hinter sich. Die Freundin brachte später ihre Tochter Banar, und auch Jürgen erschien, der nach dem Anruf an der Bushaltestelle nicht mit zu Amina gefahren war, weil er noch etwas zu tun hatte. Seltsam, dachte ich, als ich das hörte, dabei hatte seine Freundin doch gerade eine Morddrohung erhalten. Jürgen und sie schlossen sich in der Wohnung ein, und er verbrachte die Nacht bei ihr. Er war wirklich ein lieber junger Mann, der sie aber nicht richtig unterstützen konnte, da er selbst ein wenig unsicher und haltlos war. Es war mehr eine Jugendliebe, im Sinne von, mal liebe ich dich, mal bin ich sauer auf dich. Eine Liebe mit vielen Höhen und wohl noch mehr Tiefen.

Kurz nach Mitternacht klingelte jemand Sturm und schlug mit voller Wucht gegen die Haustür. Amina hatte Angst, dass er sie eintreten könnte, und so rief sie die Polizei. Sie erstattete Anzeige gegen ihren Vater, sagte, er hätte sie mit dem Tod bedroht.

Die Beamten nahmen die Anzeige auf und rieten ihr, nicht länger in der Wohnung zu bleiben, sondern ein Frauenhaus in Köln aufzusuchen. Sie nahm den Hinweis an, und schnell packte sie einige Sachen für sich und Bahar ein. Jürgen verabschiedete sich von ihr, während sie das Frauenhaus aufsuchte. In dieser Zeit meldete sie sich auch bei zwei Mitarbeiterinnen des Mutter-Kind-Hauses und erzählte ihnen, dass ihr Vater ihr gedroht hätte, sie umzubringen. Zu den beiden Sozialarbeiterinnen hat sie seit ihrem Auszug aus dieser Institution immer noch Kontakt gehalten.

Einige Tage später jedoch suchte Amina die Frauen in der Mutter-Kind-Einrichtung erneut auf und sagte: »Ich habe euch angelogen, mein Vater hat mich gar nicht bedroht.« Sie tat das, weil es ihr ein schlechtes Gewissen bereitete, dass ihr Vater vielleicht ihretwegen ins Gefängnis kommen konnte. Für die Sozialarbeiterinnen bedeutete das aber: Das Vertrauensverhältnis war gestört. Wahrscheinlich hatten sie noch nie mit solchen Schicksalen muslimischer Frauen zu tun gehabt, mit ihrer Ambivalenz.

Den Mitarbeiterinnen des Frauenhauses, in das Amina mit Bahar einzog, erging es ähnlich. Für sie war Amina nur ein »schwieriger Charakter«. Wie konnte eine Frau, die seit Kindertagen von ihrem gewalttätigen Vater traumatisiert worden war, behaupten: »Ich würde für meinen Vater alles geben, ich habe den nettesten Vater der Welt, den besten, den man sich vorstellen kann«? Aber solche Sätze äußerte Amina. Keiner begriff das. »Wieso sagst du solche Dinge?«, gab man ihr zu verstehen. »Nimm keinen Kontakt zu deinem Vater auf, er hat dich verheiratet!« Sie aber konnte keine Grenzen setzen und reagierte mit Äußerungen wie: »Sagt so etwas nicht über meinen Vater. Ich liebe meinen Vater.« Klar, dass man ihr entgegenhielt: »Bist du noch zu retten?« Und Amina konterte: »Ihr müsst das begreifen: Meine Wurzeln sind arabisch, wir Araber lieben unsere Familie.«

Einmal hatte man sie aus dem Frauenhaus geschmissen, weil sie Jürgen gebeten hatte, etwas für sie einzukaufen. In der Einrichtung war es üblich, dass jeder selbst für seine Mahlzeiten sorgte. Amina hatte aufgrund der Morddrohung aber Angst, das Gebäude zu verlassen, und so hatte sie ihren Freund beauftragt, ihr ein paar Nahrungsmittel zu bringen. Da Jürgen ihren Wohnort jedoch nicht kennen durfte, hatte sie ihn zu einer Straßenecke in der Nähe bestellt. Die war aber nicht weit genug vom Frauenhaus entfernt. Amina und Jürgen wurden beobachtet – und dies endete mit dem Rauswurf, ohne zu bedenken, warum sie sich mit ihrem Freund getroffen hatte. Sofort musste sie ihre Taschen packen. Ein Taxi wurde gerufen, doch der Fahrer ließ sie im tiefsten Schnee stehen, weil er, wie er sagte, »keine Umzüge« mache. Erst ein kirchlicher Mitarbeiter holte sie später ab.

Auch hier wieder das bekannte Dilemma: Die Deutschen konnten die Welt von Amina nicht nachvollziehen. Wie kann man einen Vater lieben, der einen zwangsverheiratet hat? Wie konnte man den Freund sehen, wenn es verboten war? Und so schob man sie von einem Frauenhaus ins nächste, weil man ihr Trauma nicht nachvollziehen konnte.

Tara erzählte mir, sie hätte einmal miterlebt, wie ihre Schwester mit ihrem Vater telefonierte. Amina wollte von ihm wissen, warum er ihr das alles angetan habe, warum er sie nicht lieben würde. Immer sehnte sie sich nach seiner Liebe. Nachdem sie die Nummer ihres Vaters gewählt hatte, sagte sie leise: »Hallo Baba!« Tara konnte hören, wie er ihre Schwester, obwohl sie einige Schritte von ihr entfernt stand, am anderen Ende der Leitung verdammte. So laut war seine Stimme: »Allah verfluche dich!« Mit diesen Worten legte er den Hörer auf.

Das Verfahren lief gegen ihn aufgrund der Anzeige, die Amina gemacht hatte. Natürlich konnte sich eine junge Frau nicht ausmalen, dass ein solch gefühlsmäßiges Chaos, ein solches Hin und Her, sollte es bei Gericht bekannt werden, bei einem Richter oder einer Richterin Zweifel wecken konnte. An so etwas hatte Amina nicht gedacht. Sie machte nur das, was sie in diesem Moment für richtig hielt, ohne über die Auswirkungen ihres Handelns nachzudenken. Aber leider ist es selten richtig, was Musliminnen in ihrer emotionalen Not tun. Frauen wie Amina haben keine Ahnung und auch keine Anleitung, wie sie sich verhalten, wie sie reagieren sollen, damit sie für andere glaubwürdig sind.

Wochen nach dem Anruf an der Haltstelle wurde in ihrer Wohnung eingebrochen, jedenfalls stand die Haustür offen. Einbruchsspuren gab es nicht. Nichts wurde gestohlen, es hätte auch kaum etwas gegeben, was sich gelohnt hätte mitzunehmen. Amina besaß keine großen Wertgegenstände wie ihre Mutter. Das einzig Wertvolle war der kleine Fernseher, aber der stand unangetastet auf der Kommode im Wohnzimmer. Stattdessen wurde etwas zurückgelassen – ein schwarzes T-Shirt in Männergröße. Ein Zeichen dafür, dass jemand sie gesucht, aber nicht gefunden hatte. Und dieser Jemand musste aus der Familie stammen.

»Das war mein Schwager! Die wollen mich umbringen!« Amina wurde ganz hysterisch, als man ihr das T-Shirt in ihrer Wohnung zeigte. Ich konnte es so gut nachvollziehen. Bei der Vorstellung, dass sich jemand Zutritt zu ihrer Wohnung verschafft hatte, der wohl einen Schlüssel dazu besaß, obwohl er keinen besitzen konnte, weil Amina über den einzigen verfügte, beschleunigte sich auch mein Puls, zitterten mir die Knie.

Amina musste fort aus Köln. Ich half ihr dabei, dass sie in ein Frauenhaus nach Bonn kam, rief dort an, sprach auch mit einer ihrer Betreuerinnen, die mit einer ähnlichen Stimme redete wie jene Sozialarbeiterin, die sich um Sohaila kümmern sollte. Genauso frustriert. Mir kam das Grausen, und das Telefonat war dann auch nicht sehr erfreulich. Ich fragte, wer denn die Räumung von Aminas Wohnung übernehmen würde, die Möbel müssten doch eingelagert werden.

»Das ist nicht unser Problem, dass muss Amina selbst regeln«, erhielt ich als Antwort.

»Entschuldigen Sie bitte«, erwiderte ich. »Sie hat ein Kind. Sie wird von ihrem Vater bedroht, und das letzte Mal hat sie ihre Wohnung zusammen mit der Polizei betreten, weil jemand bei ihr eingebrochen hat. Soll sie jetzt allein dahin zurückkehren?«

»Dann kann sie ja mit der Polizei die Wohnung räumen.«

Es war unglaublich, was ich da hörte. Bevor ich darauf eine Antwort geben konnte, fügte die Betreuerin hinzu: »Und was mischen Sie sich überhaupt in diese Angelegenheit ein? Was wollen Sie denn von dem Mädchen?«

»Ich will ihr einfach nur helfen.«

»Ja, dann tun Sie doch was. Räumen Sie doch die Wohnung. Auf Wiederhören.« Damit legte sie auf.

Ich kochte vor Wut. Diese Gleichgültigkeit machte mir

zu schaffen. Sah denn keiner, dass hier wirklich eine Bedrohung vorlag?

Knapp ein Jahr zuvor, im Mai 2008, wurde in einem ähnlichen Fall die sechzehnjährige Deutsch-Afghanin Morsal Obeidi in Hamburg erstochen. Ihr sieben Jahre älterer Bruder Ahmad hatte sie mit mehr als zwanzig Messerstichen getötet. Morsal hatte ihre Familie geliebt, hatte ihren Bruder geliebt. Sie wollte ein bisschen Freiheit, aber ihr Vater hatte sie deswegen ebenfalls wie Amina und ihre Schwester Tara mit dem Gürtel geschlagen und sie zur »Umerziehung« nach Afghanistan geschickt. Als sie wieder zurück in Deutschland war, flüchtete sie immer wieder vor der häuslichen Gewalt und wandte sich an den Kinder- und Jugendnotdienst (KJND), der sie in verschiedenen Mädchenwohnheimen unterbrachte. In Morsals Akte findet sich mehrmals der Vermerk: »Hat die Einrichtung auf eigenen Wunsch verlassen.« Sooft sie der Familie entkommen konnte, genauso oft kehrte sie zurück. Das Muster war immer dasselbe: Morsal rief die Polizei, erstattete Anzeige – und zog sie wieder zurück.

In den Medien habe ich Ahmads Auftritt vor Gericht verfolgt, als er sich 2009 für seine Tat verantworten musste. Ein gutaussehender Mann, hip, modern gekleidet. Fashionable. Typischer Mädchenschwarm. Er hatte sehr frei gelebt, in einer eigenen Wohnung, hatte wohl auch Freundinnen gehabt, die keine Musliminnen waren.

Ahmad war Morsals Vorbild, sie sehnte sich nach seiner Liebe, suchte familiären Anschluss bei ihm. Er jedoch erniedrigte sie, griff sie an, sagte ihr, dass er sie umbringen würde. Trotzdem war sie der Meinung: »Ahmad kennt mich, er weiß, wie es mir geht.« Auch hier das Dilemma der Ambivalenz. Seit der Erfahrung mit Amina konnte ich mir gut vorstellen, dass man ihr in den Jugendheimen nicht glaubte, wenn sie verprügelt dort auftauchte. Die Mutter hatte dann ja auch vor Gericht gesagt, dass ihre Tochter sich selbst die Verletzungen zugefügt hätte. Wenn beide Seiten einem nicht glaubten, dann schlug das Herz letztlich für die Familie. Das trieb auch Morsal zurück zu ihrem Bruder. Gnadenlos stach er sie ab.

Ich habe ein Foto gesehen: Morsal liegt auf dem Boden eines Parkplatzes. Sanitäter versuchen, sie wiederzubeleben. Sie trägt Hot-Pants, abgeschnittene Jeans. Sofort dachte ich daran, dass auch sie, wie einst auch ich, wohl gerade ihre Rebellionszeit durchgemacht hatte. Aufreizend gekleidet. Wer von der Polizei, von den Mitarbeitern des Jugendamts nahm ein solches Mädchen ernst? Aber das eine hatte mit dem anderen nichts zu tun – nun war das so schwer zu verstehen wie die Regeln, nach denen muslimische Familien leben.

Nach Morsals Tod gab es eine lokalpolitische Veranstaltung in Hamburg, zu der ich auch eingeladen war. Der damalige Bürgermeister der Hansestadt Ole von Beust nahm ebenfalls daran teil.

Ich sagte: »Jeder Politiker wirbt für seine Partei mit einer Integrationspolitik, und jeder hat dabei andere Ideen, was unter Integration verstanden werden soll. Wer aber vertritt die jungen Frauen wie Morsal? Wer ist ihr Anwalt?«

Einer der anwesenden Politiker antwortete darauf: »Es ist gut, dass Sie an den Fall erinnern. Aber wissen Sie, sie war auch ein schwieriges Mädchen.«

Ich musste mich zusammenreißen, um nicht etwas zu sagen, was man auf einer solchen Veranstaltung besser nicht sagte. Nicht einmal einen Satz wie: »Es tut uns leid, dass wir bei ihrem Schutz versagt haben« gestand man der Toten zu. Nein, man gab ihr sogar noch die Schuld, dass sie nicht mehr lebte. Sie war ja ein schwieriges Mädchen gewesen. Eine solche Ansage hätte auch von einem Scharia-Gericht kommen können: »Das Mädchen war schwierig, sie hat es verdient.« Genau die gleiche Nummer. Ich war so aufgeregt, dass ich in diesem Moment den heiligen Zorn von Jesus gegenüber den Pharisäern nur zu gut nachvollziehen konnte. Die Moral hochhalten – aber nicht danach fragen, wodurch das Leid der Menschen zustande kommt.

12

Muslimische Mädchen – zwischen Vaterliebe und Freiheit

Amina war psychisch angeschlagen. Sie sehnte sich nach Liebe, Geborgenheit und familiärer Wärme. Um ihr zu helfen, brachte ich sie mit Mitarbeitern vom Weißen Ring zusammen, einer Opferschutzorganisation. Sie kümmerten sich um sie und besorgten ihr einen Traumatherapieplatz. Doch als sich ihr Gerichtstermin näherte, war sie nicht nur seelisch am Ende, sondern auch physisch. Ich hatte Angst, dass sie sich das Leben nehmen würde, hielt sie für selbstmordgefährdet. Mit ihrem Kind hatte sie inzwischen in elf verschiedenen Einrichtungen gewohnt. Schon im Mutterleib hatte Banar Gewalt erlebt, und nun ein Frauenhaus nach dem anderen. Amina bat mich, sie bei Gericht zu begleiten. Sie meinte, sie wüsste sonst nicht, ob sie überhaupt aussagen würde. Und ich begleitete sie, weil ich wollte, dass sie aussagte.

Der erste Prozess endete damit, dass der Vater insgesamt rund 400 Euro zahlen musste – dafür, dass er seine Tochter noch als Minderjährige verheiratet hatte. Immerhin konnte dadurch bewirkt werden, dass ihre Ehe für rechtsungültig erklärt wurde, sie also aufgehoben werden konnte. Das war wenigstens etwas, aber eigentlich hatte es darum im Prozess nicht in der Hauptsache gehen sollen. Das war ein Nebenaspekt, der wichtigste Anklagepunkt war die Morddrohung. Diese aber wurde in der Verhandlung mehr oder weniger ignoriert.

Aminas Vater legte Berufung ein, sagte aus, seine Tochter sei eine Lügnerin, er würde die 400 Euro nicht bezahlen. Dadurch musste sie noch ein weiteres Mal vor Gericht antreten. Sie war nun nervlich vollkommen am Boden, für die Richter und Richterinnen jedoch war das nur ein Fall mehr.

Als ich sie auch zu dem zweiten Gerichtstermin begleitete, trug sie eine Perücke.

»Warum hast du dir eine Perücke aufgesetzt?«, fragte ich.

»Es werden viele Bekannte und Verwandte meiner Eltern zum Prozess kommen. Sie haben mich lange nicht gesehen und wissen nicht genau, wie ich aussehe. Wenn ich nach der Verhandlung ohne Perücke durch die Straßen von Köln gehe, erkennen mich die Leute wenigstens nicht«, erwiderte Amina sichtlich aufgewühlt.

Ich nickte, das war ein kluger Einfall.

Dieses Mal begleiteten sie außer mir noch zwei Mitarbeiter vom Weißen Ring. Vor Prozessbeginn sagten sie zu mir: »Eigentlich sollte man jedem Richter in Deutschland dein Buch schicken, damit sie nachlesen können, wie muslimische Väter vor Gericht über ihre Töchter sprechen. Immer nach dem gleichen Schema: Die Tochter ist eine Lügnerin, wir sind die armen Eltern, die ihretwegen vor Gericht stehen und angeklagt werden.«

Aminas Familie erschien zu diesem zweiten Prozess geschlossen. Ihre Schwester Tara. Ihre Mutter. Ihr Vater. Ihr Schwager Zagir. Amina, die mir zuvor gesagt hatte, dass sie ihre Mutter hassen würde, ihr nie wieder begegnen wolle, ging nun auf sie zu und küsste sie auf den Mund. Sie sah ihre Mutter, dachte an ein schönes Erlebnis mit ihr in der Vergangenheit, und schon umarmte sie sie. Danach trat ihre Schwester auf Amina zu, sagte:

»Unser Papa sitzt heute wieder auf der Anklagebank.

Ich will ihn so nicht sehen. Er war ja nicht immer ein schlechter Vater.«

Amina bekam augenblicklich Gewissensbisse und bestätigte: »Ja, das stimmt, er war nicht immer ein schlechter Vater.«

»Aber Amina«, mischte ich mich ein, »du hast mir gestern noch was ganz anderes erzählt. Lass dich nicht von deiner Schwester beeinflussen.«

»Aber mein Vater kommt doch nicht ins Gefängnis, oder?« Aminas Augen flatterten unruhig hin und her. Ich merkte in diesem Moment, dass sie ihre anfängliche Selbstsicherheit, was diesen zweiten Prozess betraf, die sowieso kaum vorhanden war, nun vollends verloren zu haben schien.

»Ich weiß es nicht«, antwortete ich. »Er kann bestraft werden, und ich will auch, dass er bestraft wird für das, was er dir angetan hat. Das willst du doch auch?«

»Ja, schon … ich will das auch, aber ich will nicht, dass er ins Gefängnis kommt.« Amina versuchte auf einmal, die schrecklichen Erfahrungen mit ihrem Vater zu beschönigen.

Der Gerichtsprozess fing an, pünktlich um 9.30 Uhr. Die Staatsanwältin saß links von Amina und mir auf einer Bank, vorne der Richter, daneben zwei Schriftführer. Gegenüber der Staatsanwältin hatte Aminas Vater mit seinem Anwalt Platz genommen, und als Amina in den Zeugenstand trat, musste sie ihm geradewegs in die Augen sehen und wurde direkt mit ihm konfrontiert. Eine ungünstige Ausgangssituation für ein muslimisches Mädchen, das seinem Vater sagen muss: »Du hast das und das getan, und dafür musst du dich verantworten.«

Amina begann mit ihrer Aussage. Schon nach ein paar Worten fing sie an zu weinen. Sie schluchzte, die Schultern bebten, und sie blickte nicht mehr den Richter an, sondern ihren Vater. Da war es wieder, was ich schon bei ihr kannte. Ihre Augen, ihre gesamte Haltung drückten ein einziges Betteln nach Liebe aus. Und sie fasste das auch in Worte. Wie schon zuvor in dem Telefonat, von dem mir ihre Schwester Tara erzählt hatte, sagte sie: »Warum hast du mich nicht gerettet, als ich im Libanon war? Warum liebst du mich nicht? Du warst nicht immer so. Du bist nur wegen der Frau so geworden, die du geheiratet hast.« Super, dachte ich. Das war also die Geschichte, die Amina dem Gericht präsentierte. Dass der Vater sie schon von klein auf geschlagen hatte, darüber verlor sie kein Wort. Als der Richter weiter nachfragte, berichtete sie wirres Zeug, brachte die zeitlichen Abläufe durcheinander, die Abtreibungen fanden statt, als sie längst schon wieder in Deutschland war.

Anschließend fand die Anhörung von verschiedenen Zeugen statt, darunter von einer Mitarbeiterin des Mutter-Kind-Heimes. Als ich sie anschaute, ihre Mimik und Gestik beobachtete, wusste ich sofort, dass der Prozess ein ungutes Ende haben würde. Und so war es dann auch. Die Aussage der Sozialarbeiterin lautete ungefähr: »Ja, man muss schon sagen, Amina hat mal gelogen.«

Als ich das hörte, warf ich dieser Person im Stillen alle möglichen Flüche an den Kopf, wobei ich zugleich dachte: Jesus, verzeih mir all die Gedanken, die ich gerade habe. Doch wenn man solche Freunde hat, braucht man keine Feinde mehr. Ich blickte zu Amina hinüber. Ihre verweinten Augen drückten nur noch Leere aus. Langsam nahm sie ihre Perücke ab, wie in Zeitlupe. Für mich war das ein Zeichen, dass sie aufgegeben hatte. Es war Resignation, in diesem Moment dachte sie wohl: Diese Frau sagt gegen mich aus, also habe ich verloren.

Als die Verhandlung für eine kurze Pause ausgesetzt wurde, beobachtete ich, wie Aminas Mutter, die nicht als

Zeugin befragt worden war und scheinbar emotionslos auf einer Zuhörerbank gesessen hatte, nun auf ihren Ex-Mann zukam und große Einigkeit demonstrierte. Amina flüsterte mir zu: »Mein Vater wird freigesprochen. Für mich ist niemand mehr da. Alle sagen gegen mich aus. Die ganze Familie. Ich bin die Einzige, die für mich aussagen konnte.«

Und das hast du vermasselt, dachte ich, sagte es aber nicht laut. Stattdessen versuchte ich, sie zu ermutigen. »Wieso das?«, fragte ich. »Deine Schwester ist doch auch noch da.«

»Tara hat mir gegenüber geäußert, dass sie nicht wüsste, ob sie gegen unseren Vater aussagen kann.«

Tara, die diese Worte gehört hatte, trat zu uns und sagte in Richtung ihrer jüngeren Schwester: »Amina, nur damit du es weißt, sollte es noch zu einem weiteren Prozess kommen, ich werde nicht mehr für dich als Zeugin erscheinen. Das können wir unserem Vater nicht antun.«

Am liebsten hätte ich Tara an den Schultern packen und schütteln mögen. Sie hatte doch alles in einer ähnlichen Form miterlebt, hatte damals in Dortmund selbst mehrmals das Jugendamt angerufen, um der Gewalt des Vaters zu entkommen. Wieso wollte sie nicht verstehen, dass jeder Schritt, den man diesbezüglich unternimmt, auch bedeutet, vielen anderen Frauen in einer ähnlichen Situation Mut zu machen, ebenfalls gegen einen gewalttätigen Vater vorzugehen? Nur so würde sich etwas ändern!

Die Pause war vorbei, die Verhandlung wurde fortgesetzt. Eine Sozialarbeiterin des Dortmunder Jugendamts wurde aufgerufen. Sie gab zu Protokoll, dass Amina einmal zu ihr gekommen sei und ihr erzählt habe, ihr Vater würde sie bedrohen, später habe sie dies aber widerrufen und gemeint, sie habe gelogen, es würde nicht stimmen, was sie behauptet habe. Wieder das Schema, das dazu bei-

getragen hatte, dass das Vertrauen der beiden Mitarbeiterinnen der Mutter-Kind-Einrichtung in Amina erschüttert
war. Schon in Dortmund hatte es begonnen, dass man
dachte: Die Amina erzählt allen möglichen Blödsinn.

Die Mitarbeiterin des Dortmunder Jugendamts holte
nun ein Berichtheft hervor, aus dem sie vorlas. In diesem
hieß es: »Wir müssen Amina zum Arzt bringen. Sie hat
eine Verbrennung am Schenkel.« Oder: »Wir müssen sie
zu einer Krisenstelle bringen, weil sie extreme Verhaltens-
störungen in der Schule aufweist. Sie kann sich nicht konzentrieren und muss gefördert werden. Das Kind ist nicht
normal.« Dazu benannte sie das jeweilige Datum.

Aminas Anwältin befragte diese Frau: »Was halten Sie
von dem Vater von Amina? Können Sie sich vorstellen,
dass er seine Tochter umbringen würde?«

Die Antwort: »Ich glaube schon, dass er all die schlimmen Dinge getan hat, die ich eben aufgezählt habe. Aber
dass er sie töten will? Es kann auch sein, dass er das einfach
mal so gesagt hat.«

Ich schluckte. Das war ein weiterer Schlag in Aminas
Gesicht.

Ihr Vater verhielt sich die ganze Zeit über ruhig. Er saß
einfach nur da, schüttelte hin und wieder den Kopf und
schien zu denken: Was habe ich nur gemacht, dass mir das
Mädchen das hier antut? Sein Anwalt hatte gute Arbeit geleistet. Das konnte ich schon in der Pause feststellen. Denn
da sagte er zu mir, nachdem Aminas Ehe für rechtsungültig erklärt wurde:

»Der Ex-Ehemann wird übrigens trotzdem nach
Deutschland kommen. Er wird eine Palästinenserin heiraten, die in Köln lebt. Das wollte ich Ihnen nur mitteilen.«

Ich nahm an, dass er an dieser Geschichte nicht ganz
unbeteiligt war, und so erwiderte ich: »Haben Sie deswegen kein schlechtes Gewissen? Sie wissen doch, dass so

etwas menschenverachtend ist. Glauben Sie, dass er Amina zufrieden lassen wird, wenn er nach Deutschland kommt? Warum tun Sie das, was wollen Sie damit eigentlich erreichen?«

Er nannte sein außergerichtliches Vorgehen »Flüchtlingshilfe« und lobte sich selbst wegen seines humanitären Einsatzes.

Für mich war er ein typischer Scharia-Anwalt, der lieber die Täter als die Opfer vertritt.

Nun wurde Aminas Onkel aufgerufen. Hafiz sah in Jeans und Hemd sehr westlich aus; er hatte ein offenes Gesicht, im ersten Moment wirkte er sehr sympathisch. Irgendwie glaubte ich zu diesem Zeitpunkt immer noch, dass Amina den Prozess gewinnen würde, oder wollte es glauben, trotz besseren Wissens, trotz aller bisherigen niederschmetternden Aussagen. Das lag daran, dass ich den brutalen Hintergrund ihrer Biografie kannte. Ich wollte mir nicht vorstellen, dass ein Staat wie der deutsche das durchgehen lassen konnte.

Hafiz gab zu Protokoll, dass er überhaupt keine Ahnung habe, was diese junge Frau, seine Nichte, denn wolle. Sie hätte ihn sogar angerufen und ihm erzählt, dass ihr Kind ein Loch im Herz habe.

Mir blieb die Luft weg. Ein Loch im Herz? Banar? Davon hatte ich noch nie gehört. Wenn dies der Fall wäre, hätte Amina mir bestimmt davon erzählt. Sie liebte ihre Tochter. Nie hätte sie ihrem Kind eine Krankheit angedichtet, nur um Vorteile für sich herauszuholen, um Aufmerksamkeit von der Familie zu bekommen. Aber genau das behauptete Aminas Onkel jetzt. Sie hätte es gemacht, damit er, Hafiz, als Vermittler bei ihrem Vater auftreten solle, mit dem Ziel, dass der sich von seiner zweiten Frau trennte.

Oh, ich hätte ihn vor Wut in Grund und Boden reden

können. Auch seine Aussage war darauf ausgerichtet worden, dass alles, was er sagte, in deutschen Ohren plausibel klang. Es war immer dasselbe Prinzip. Dabei hatte Amina noch auf dem Weg zum Gericht zu mir gesagt: »Sabatina, es gibt da eine Person, die ganz bestimmt für mich aussagen wird.«

»Wer denn?«, fragte ich.

»Mein Onkel Hafiz. Er hat immer auf meiner Seite gestanden. Und er hat auch immer zu meinem Vater gesagt, dass es nicht richtig sei, was er da macht. Mein Onkel liebt mich.«

»Amina, wenn es darum geht, dass er sich zwischen dir und der Ehre der Familie entscheiden muss, wird er sich allemal für die Ehre entscheiden.«

»Du wirfst ständig alles in einen Topf«, widersprach Amina. »In unserer Familie war es nicht so wie in deiner. Ich weiß ja, was du alles erlebt hast, aber mein Onkel Hafiz ist anders.«

Im Stillen hatte ich gedacht: Amina, vor Gericht wirst du eine Realität erleben, die dich sehr verletzen wird. Und jetzt, wo Hafiz vor dem Richter stand, fühlte ich den Schmerz, den sie fühlen musste. Ich hatte gesehen, wie sie sich aufrecht hinsetzte, als ihr Onkel in den Zeugenstand gerufen wurde, hatte gesehen, wie sie wieder Hoffnung schöpfte, als er mit seiner Aussage begann. Jedes Wort begierig aufnehmend – und dann die Enttäuschung. Mit jedem Satz, den er von sich gab, wurden ihre Augen vor Schreck größer und weiter: »Die Behauptungen meiner Nichte sind alle falsch. Sie ist psychisch krank. Einmal hat sie mich angerufen und mir erzählt, dass sie ins Fernsehen kommen würde.«

Amina fing erneut an zu weinen. Blinzelnd verfolgte sie, wie ihr Onkel sich wieder setzte. Sie musste an all die guten und schönen Erinnerungen mit ihm gedacht haben, daran, dass sie lange ihre Familie nicht gesehen hatte, denn auf einmal stand sie auf und fiel ihm um den Hals und fragte ihn mit tränenerstickter Stimme: »Warum lügst du? Ich liebe dich so, warum machst du das?«

Tief durchatmend zog ich Amina von ihrem Onkel weg, flüsterte ihr leise zu: »Nicht vor der Staatsanwältin, das kannst du nicht machen.« So aufgeklärt diese Frau sein mochte, ich ging nicht davon aus, dass sie die Schwierigkeiten in unserer Kultur begreifen würde. Wie soll eine Deutsche das auch nachvollziehen? Einem Onkel, der so über seine Nichte spricht, um den Hals fallen?

Nachdem Amina wieder auf ihrem Platz saß und sich ein wenig beruhigt hatte, wurde ihre Schwester Tara aufgerufen. Sie war die Einzige, die deutlich zu verstehen gab, dass sie sich vorstellen könne, ihr Vater hätte diese Morddrohung ausgesprochen. Aber was bedeutete eine solche Aussage von einer Frau, die wie Amina eine Förderschule besucht hatte? Musste der Richter nicht dem Vorarbeiter Hafiz mehr glauben als zwei Frauen ohne abgeschlossene Ausbildung?

Als man Hafiz nach seinem Beruf befragt hatte, hatte er mit einem Scherz darüber geantwortet, so dass selbst der Richter lachte und die Staatsanwältin schmunzelte. Meist hatte sie mich böse angesehen, wobei mir nicht klarwurde, was sie gegen mich hatte. Sicher wusste sie, wer ich war, und ich konnte mir vorstellen, dass ich mich in ihren Augen nicht genügend wie ein Opfer verhalten hatte. Aber das war nur eine Vermutung.

Zum Schluss wurde noch der Schwager von Amina gebeten, die Situation an der Bushaltestelle und vor der Haustür zu schildern – Zagir war, wie sich herausgestellt hatte, von Aminas Vater dazu aufgefordert worden, dessen Tochter auszuspionieren. Aus diesem Grund hatte Amina auch ihren Vater nicht entdecken können, als sie während des Telefonats mit ihm nach ihm Ausschau hielt. Zagir hatte dem Vater gesteckt, wo sie sich aufhielt, und sie dann im Auto bis zur Haustür verfolgt. Er sah aus, als wäre er einem Edelmodekatalog entsprungen. Der Anzug hatte perfekte Bügelfalten, konnte direkt mit einem von Versace konkurrieren.

Den Ablauf seiner Beobachtungen berichtete Zagir klar und nüchtern, meinte, Amina hätte bei dem Anruf ihres Vaters überhaupt nicht hysterisch reagiert. Was nichts anderes bedeutete, als dass keine bösen Worte gefallen sein konnten.

Amina war nun in Tränen aufgelöst, und ich wünschte nur noch, dass die Gerichtsverhandlung bald zu Ende sein möge. Die Anwesenden waren, das konnte man ihren Gesichtern ablesen, genervt von ihr, weil sie nur noch heulte. Wahrscheinlich würden sie bald glauben, dass das alles hier ein Kasperletheater war.

Bevor es endlich zur Urteilsverkündung kam, sagte die Staatsanwältin zu Amina: »Wollen Sie noch einmal Stellung nehmen zu dem, was gegen Sie gesagt wurde?«

Amina wollte. Sie riss sich mit letzter Kraft zusammen und sagte, dass sie gegenüber den Sozialarbeiterinnen gelogen hätte, weil ihr Vater sie unter Druck gesetzt hätte und sie ihn auch lieben würde.

»Und was war das mit dem Fernsehen?«

In diesem Moment mischte ich mich ein: »Das geht von unserem Verein aus. Für einen TV-Bericht haben wir das Schicksal von muslimischen jungen Frauen dokumentiert. Darin wird gezeigt, dass in vielen Gerichten die Täter zu Opfern gemacht werden und die Opfer zu Tätern.«

Nachdem ich diese Bemerkung gemacht hatte, schaute mich die Staatsanwältin eindringlich an: »Das hätte Amina auch selbst sagen können.«

Ich schwieg, und das war auch besser so.

Der Anwalt von Aminas Vater hielt nun sein Plädoyer und sagte, dass die meisten muslimischen Frauen, die bei der Polizei anrufen, aus der Unterschicht stammen. Was war das denn? Sollte das ein Hinweis darauf sein, dass man es bei Amina mit einem Trottel zu tun hatte, den man bitte schön nicht ernst nehmen sollte? Wo blieb da die kulturelle Kompetenz? Oder bestand sie bei ihm darin, dass er das eine oder andere Mal in einem türkischen, libanesischen oder afghanischen Restaurant gegessen hatte?

Danach plädierte er, nicht weiter verwunderlich, für einen Freispruch für Aminas Vater.

Amina wiederholte mir gegenüber im Flüsterton: »Und gleich wird mein Vater freigesprochen. Du wirst sehen.«

Ich hielt dagegen: »Nein, du wirst heute gewinnen.«

Nun stand die Staatsanwältin auf, um ihr Plädoyer zu halten: »Hier steht Aussage gegen Aussage. Hier kann man meines Erachtens keine eindeutige Auffassung vertreten, daher fordere ich Freispruch.«

Weitere Pause. Rückzug zur Urteilsfindung.

Ich zog Amina in die Cafeteria des Gerichts, sie sollte nicht mit den anderen vor dem Verhandlungssaal warten. Außerdem musste sie nach den vielen Tränen, die nach dem Urteil noch mehr fließen sollten, etwas trinken.

Die Urteilsverkündung fand gegen 17 Uhr statt, nach siebeneinhalb Stunden. Der Richter folgte der Staatsanwältin: Freispruch. Und wieder einmal bestätigte sich, was bei Fällen wie diesem typisch ist: Es steht Aussage gegen Aussage, und die Wahrheit kommt oft nicht ans Licht.

In diesem Moment fing Amina noch heftiger als zuvor an zu weinen. Am liebsten hätte ich im Duett mitgeheult, so unfassbar war das Urteil für mich. Als die gut angezogene Staatsanwältin selbstbewusst an mir vorbeischritt, konnte ich mich nicht beherrschen und rief ihr hinterher: »Scharia-Gericht. In Pakistan wäre das Urteil nicht anders ausgefallen.« Es war mir egal, was man in diesem Augenblick von mir dachte.

Sohaila. Amina. Immer das Gleiche. Sohailas Vater wurde auch freigesprochen. Aminas Vater wurde freigesprochen. Die Täter kamen ungeschoren davon. Das hieß: Wenn eine junge muslimische Frau in Deutschland frei leben will, hat sie unrecht. Ihre Eltern haben recht. Diejenigen, die die Menschenrechte verachten und mit Füßen treten, haben recht. Das hieß auch: Ihr Mädchen sollt euch nicht so aufführen und anstellen, ihr seid aber auch so schwierig. Und wenn ihr mit vierzehn, fünfzehn verheiratet werdet, ja, das ist dann eben so in eurer Kultur.

Draußen auf dem Flur sah ich noch Tara, wie sie ihren Vater nach dem Freispruch umarmte und küsste. Amina stand verloren daneben. Als sie sich von mir verabschiedete, sagte sie kein einziges Wort. Als die beiden Schwestern das Gerichtsgebäude verließen und ich ihnen folgte, raunte mir ihr Vater mit einem Lächeln im Gesicht zu: »Du Verräterin! Du verrätst deine eigenen Leute, deine Kultur. Du hast den Islam verraten.«

Ich erwiderte darauf nichts, dachte nur: Du missbrauchst das deutsche Recht, die Demokratie, um die Rechte der Islamisten durchzusetzen – und ich nenne jeden einen Islamisten, der die Religion und die Ehre vor den Menschen stellt. Jede Lücke benutzt ihr, um Gewalt zu rechtfertigen.

Nachdem ich allein war, weinte ich. Weinte und weinte. Der Einzige, der fassungslos neben mir stand und mich tröstete, war ein Journalist vom NDR. Ich konnte nicht mehr, war der Ansicht, dass ich meine Arbeit nicht mehr fortsetzen wollte. Das alles machte keinen Sinn, wenn das Recht nicht die Opfer schützte. Heulend lief ich durch die Straßen, kaum etwas wahrnehmend. Ich hatte meine Träume geopfert, um jungen muslimischen Frauen zu helfen.

Von einem Münchner Musikmanagement hatte ich das Angebot einer Tour quer durch die Bundesrepublik bekommen – und es abgelehnt. Damals war ich schon im Opferschutzprogramm, und das LKA hatte gefragt, ob ich träumen würde – was aber nur eine nette Umschreibung dafür war, dass ich die Drohung gegen mich wohl nicht ernst nehmen würde. Ich hatte auch noch andere Projekte ausgeschlagen, nur um mich um die Mädchen zu kümmern. Und nun fühlte ich mich im Stich gelassen. Wofür, so fragte ich mich, steckte ich die ganze Kritik ein? War es nicht Aufgabe des deutschen Staates, diese Mädchen zu schützen? Wurde vielleicht die islamische Mentalität durch Gerichtsurteile wie bei Sohaila, Amina und mir nur noch unterstützt?

Bevor Amina und ich getrennte Wege einschlugen, hatte ich noch zu ihr gesagt: »Wir gehen weiter, und wenn es sein muss bis zum Europäischen Gerichtshof.«

»Es bringt nichts«, hatte Amina erwidert. »Es bringt doch alles nichts, was du sagst. Ich werde alle Strafanzeigen gegen meinen Vater zurückziehen.«

Später tat sie das auch. Was ich verstand. Es ist leicht zu sagen: »Kämpfe, kämpfe, kämpfe.« Doch woher sollte ein Mädchen wie Amina die Kraft dazu nehmen? Manche haben noch einen letzten Halt in der Familie, die Mutter, die gut zuredet, die Schwester, eine Großmutter, ein starker Freund. Amina aber hatte niemanden, der sie darin bestärkte durchzuhalten. Ich hatte Gott, aber diesen Gott kennen die meisten jungen muslimischen Frauen nicht, sondern nur Allah.

Aber warum sollte ich weiterkämpfen, wenn nun die Mädchen anfingen, an mir zu zweifeln. Erst gaben sie mir zu verstehen: »Wenn du das meinst, Sabatina, dann mache ich das auch, dann gehe ich vor Gericht.« Aber nach dem Urteil glaubten sie mir nicht mehr. Wahrscheinlich dachten sie nur: Das hätte die Sabatina doch vorher wissen müssen, dann hätte ich das doch alles nicht erst in Gang gesetzt. Dann wäre meine Familie nicht noch mehr über mich verärgert. Solche Gedanken hatten Sohaila und Amina mir gegenüber zwar nie direkt geäußert, aber ich konnte mir durchaus vorstellen, dass ihre Überlegungen in diese Richtung gingen.

Ich hörte noch, dass Amina von ihrer Familie aufgehetzt worden war, Verleumdungen über mich zu verbreiten, zum Beispiel, dass ich viel Geld mit alldem verdienen würde. Dabei hatte doch Amina Geld durch den Verein bekommen. Und als ich mich verteidigte, hieß es, durch meine christliche Einstellung würde ich sowieso nur lügen. Es war nicht einfach, meine eigenen Zweifel zu besiegen, nicht zu verzagen, wenn auf diese Weise gegen mich vorgegangen wurde. Aber sollte alles umsonst gewesen sein, wofür ich in den letzten Jahren gelebt hatte?

13

Das schwerste Hindernis
für die Integration:
Kulturrelativisten

Ich gebe auf! Immer wieder sagte ich diese drei Worte. Ich gebe auf. Ich gebe auf. Zugleich erinnerte ich mich an ein unangenehmes Gespräch, dass ich noch vor dem Gerichtstermin mit Amina mit einer Journalistin einer Berliner Zeitung geführt hatte. Als ich daran in diesem Moment zurückdachte, verstärkten sich nur noch meine Frustrationen, mein Gefühl, dass alles, was ich tat, zwecklos war. Am Telefon hatte sie mir gesagt, dass sie sich für meine Arbeit interessiere, sie wolle ein Porträt über mich bringen, wenn im Fernsehen die Dokumenation ausgestrahlt würde. Gut, dachte ich, für den Beitrag wäre das wichtig, und so sagte ich zu, obwohl meine Beine sich schwer wie Blei anfühlten und ich mir nicht vorstellen konnte, wie ich der Journalistin vortäuschen sollte, dass ich voller Elan war. Ich musste ja Werbung für den Bericht machen, da konnte ich nicht vor einer Journalistin wie ein Häuflein Elend wirken.

Zum Termin riss ich mich zusammen, schminkte mich, stylte mich, so gut es ging. Das Gespräch fand in einem Restaurant in Berlin Mitte statt, und zu diesem erschien eine äußerst hübsche Endzwanzigerin, klein, schlank, in einem adretten Kostüm, in dem sie dennoch ein wenig jung und unbedarft wirkte. Gleich nach der Begrüßung meinte sie: »Frau James, Sie sind eine sehr attraktive Frau.«

Irritiert zuckte ich zusammen. Was sollte eine solche

Feststellung? Sie tat hier überhaupt nichts zur Sache. Doch da ich nicht gleich zu Beginn unhöflich sein wollte, bedankte ich mich für das Kompliment und hoffte, dass sie zum Thema kam. Doch das war keineswegs der Fall. Es ging weiter mit oberflächlichen Fragen und Kommentaren.

Nun war ich nicht mehr nur irritiert, sondern dachte, dass ich aufpassen musste, dass das Gespräch nicht in eine falsche Richtung lief. »Also, was soll das hier, wollen wir nicht über das Thema Zwangsheirat sprechen?«, warf ich ein.

Sie ignorierte meine Bemerkung und fragte weiter: »Sie haben sich Hamburg als Stadt zum Leben ausgesucht – was gefällt Ihnen denn dort so?«

Am liebsten hätte ich gesagt: Die Dinnerpartys an der Elbchaussee, auf denen die größten Sorgen darin bestehen, wer den nächsten Champagnerempfang ausrichtet und an welchem Ort man sich das nächste Haus kaufen soll. Vorsichtiger formulierte ich: »Ich mag es, dass die Stadt etwas Nobles an sich hat.«

»Ich habe das Gefühl, dass Sie das sehr mögen, das Schicke und so«, fuhr die Endzwanzigerin fort.

Das ging mir nun doch zu weit. »Ich denke, wir sollten über andere Dinge sprechen«, gab ich so zu verstehen, dass es noch nicht als Angriff verstanden werden konnte.

»Aber das sind total berechtigte Fragen«, wurde ich belehrt. »Warum darf man sie nicht stellen?« Die Journalistin strich sich empört eine dunkelblonde Strähne aus dem Gesicht.

»Ich weiß genau, worauf Sie hinauswollen, ich würde aber gern über inhaltliche Sachen reden.« Nach meinen Erfahrungen mit den Medien war davon auszugehen, dass mein Gegenüber die Absicht hatte, mich wegen meines Äußeren als Tusse darzustellen, die sich mit ihrem Verein nur wichtig machen will. Sollte sie doch das alles mit Daniela Katzenberger besprechen oder ins *Dschungelcamp* gehen. Aber nicht mit mir!

Sie wollte nun mit mir übers Christentum sprechen und warum ich beschlossen hätte, keinen Sex mehr vor der Ehe zu haben. Und als ich es ihr geradezu geduldig erklärte, verstand sie gar nichts mehr.

Nach zwei Stunden verabschiedeten wir uns gequält voneinander, ich sagte noch, dass ich das Porträt vor der Veröffentlichung autorisieren wolle – wobei ich mir nicht vorstellen konnte, dass sie aus meinen einsilbigen Antworten überhaupt ein solches zustande bringen konnte. Aber seit der medialen Schlammschlacht in Österreich war ich sehr vorsichtig geworden.

Tatsächlich erschien zur Ausstrahlung der TV-Dokumentation auch kein Bericht über mich, sondern nur ein kurzer Hinweis zur Sendung.

Doch ich wurde bald aus meinen trüben Gedanken gerissen, als ich kurz nach dem Gerichtstermin mit Amina eine SMS von Faizah erhielt: »Hilf mir, ich sitze in Jordanien fest. Ich soll mein Kind dem Vater übergeben.« Die SMS war gleichsam eine göttliche Fügung, so schien es mir jedenfalls. Ein Hilferuf war es auf jeden Fall. Faizah konnte ich nicht einfach sagen: »Du, vor einer Woche habe ich eine schlimme Geschichte erlebt, ich mache meine Arbeit nicht mehr.« Das kam nicht in Frage.

Von Faizah hatte ich erfahren, nachdem im September 2010 eine Titelgeschichte über mich im Nachrichtenmagazin *Focus* erschienen war. Eine Freundin von Faizah hatte den Artikel gelesen und sich danach bei unserem Verein gemeldet, mit der Bitte, etwas zu tun. Faizah sei in Bremen geboren und aufgewachsen, erzählte sie, ihre Eltern seien Jordanier. Als Minderjährige hätte sie einen Jordanier geheiratet. Am Anfang hätte sie es nicht so schlimm gefunden, konnte sich einreden, sie hätte eine eigene Entscheidung getroffen, denn Mahir, ein junger Mann, hätte sehr westlich gewirkt. Zudem hätte er sich so gegeben, als sei er der beste Mann auf Erden, den sie überhaupt bekommen könnte. Kein Wunder, dass Faizah in die Ehe einwilligte. Viel zu schnell. Sie hatte – wie so oft bei diesen Geschichten – nicht weiter über die möglichen Folgen nachgedacht.

Unmittelbar nach der Hochzeit zeigte sich dann auch, dass alles nur vorgespielt war. Mahir zeigte sein wahres Gesicht, er wurde quasi über Nacht zu einem anderen Mann. Er agierte nach dem Motto: »Ich bin jetzt dein Oberhaupt, und ich kann mit dir machen, was ich will.« Immer war es das Gleiche. Durch den fließenden Wechsel vom Elternhaus zum Ehepartner lernen junge muslimische Frauen nie, selbständig Entscheidungen zu treffen. War erst der Vater das Oberhaupt der Familie, war es nach der Hochzeit der Ehemann. Hatte früher der Papa ihnen alle Gänge zu Ämtern und Behörden abgenommen, so übernahm nun der Mann diese Rolle.

Die ersten Schwierigkeiten fingen damit an, berichtete die Freundin von Faizah weiter, dass Mahir sie verprügelte, weil sie ihre Schulausbildung beenden wollte, er dies aber nicht duldete. Er meinte, ihre Schulpflicht sei beendet, sie könne als Frau eines Jordaniers nicht ihr früheres freies Leben fortsetzen. Trotz der Schläge weigerte sich Faizah, die Schule abzubrechen. Sie wurde schwanger, und nach einem Jahr Ehe brachte sie ihr Baby zur Welt.

Einige Zeit nach der Geburt sagte Mahir zu seiner Frau: »Wir werden nach Jordanien ziehen, dort wird alles besser werden.« Faizah willigte ein, in der Hoffnung, dass ihr Mann dann weniger aggressiv sein, sie nicht mehr so häufig schlagen würde. Aber auch wenn sie lieber in Bremen geblieben wäre, hätte sich Mahir kaum nach ihren Wünschen gerichtet. Doch Faizahs Hoffnungen erfüllten sich nicht. Auf dem Weg nach Vorderasien – sie reisten auf einem Schiff – schlug er sie so heftig wie nie zuvor, so dass sie am ganzen Körper blaue Flecken hatte. In Mahirs Heimat wurde es dann auch nicht besser, sondern nur noch schlimmer.

Während eines Besuchs bei ihren Verwandten in Jordanien erzählte Faizah ihrer Familie, dass sie nicht mehr länger mit Mahir zusammen sein wolle. Sie war davon überzeugt, dass ihr Vater sie nicht unterstützen würde. Er tat es jedoch, allerdings nur widerwillig, denn er sah, dass sie ständig verprügelt wurde.

Eine Scheidung ist im Islam zwar möglich, aber im Grunde nicht als Befreiung aus einem unerträglichen Leben akzeptiert. Deshalb ist für mich eine muslimische Familie erst dann eine freie Familie, wenn sie ihren Töchtern erlaubt, den Ehemann frei zu wählen und auch über eine Scheidung selbst zu bestimmen, wenn diese notwendig erscheint. Viele Europäer denken, wenn eine Muslimin ohne Kopftuch herumläuft, dann ist sie schon frei – das ist ein großer Irrtum.

Während Faizah ihre Verwandten in Jordanien besuchte, veranlasste Mahir eine Ausreisesperre für seine Frau, beantragt durch eine Rechtsanwältin. Nach dem islamischen Familienrecht kann ein Mann verhindern, dass die Ehefrau in ein anderes Land fährt – außer sie hat die ausdrückliche Erlaubnis dazu. Der Sinn dieses Gebots, dieses Privatrechts, ist es, die Ehe zu schützen.

Nachdem ich von Faizahs Schicksal gehört und sie mir die SMS geschickt hatte, fing ich an, für sie zu kämpfen. Da sie die deutsche Staatsbürgerschaft besaß, konnte ich mir nicht vorstellen, dass es größere Schwierigkeiten geben würde. Und so nahm ich zuerst Kontakt zur deutschen Botschaft in Jordanien und zu den Bremer Behörden auf. Faizah, so gab ich zu verstehen, sei deutsche

Staatsbürgerin, doch man ließe sie schon seit einigen Monaten nicht aus Jordanien ausreisen. Einmal hätte sie es versucht, aber sie und ihr Kind hätten das Flugzeug nicht besteigen dürfen. Man druckte ihr einen Stempel in den Pass, der darauf hinwies, dass sie im Land bleiben müsste. »Sie ist schon völlig verzweifelt«, berichtete ich weiter. »Jordanien ist für sie nichts anderes als ein großes Gefängnis. Außerdem lebt sie in einem radikalislamischen Gebiet.«

Wer nach den Rechten und Regeln der Schiiten lebt, noch dazu als Frau mit eigenen Freiheitsvorstellungen, konnte kaum mit Unterstützung der Gemeinde rechnen. Es erschien mir daher geradezu notwendig, mich um Faizah zu kümmern – die Probleme mit Amina traten in den Hintergrund, meine Kraft war wieder zurückgekehrt.

Die Sache wollte ich aber nicht nur den Bremer Behörden überlassen. Da es um eine deutsche Staatsbürgerin ging, war es auch eine Angelegenheit des Auswärtigen Amts. 2008 hatte ich ja im Bundestag über Zwangsehen gesprochen, und seitdem hatte ich gute Kontakte dorthin. Und so rief ich wieder Günter Nooke an, den damaligen Beauftragten für Menschenrechtspolitik und humanitäre Hilfe. »Sie müssen mir helfen«, bat ich ihn. Und er tat dies auch, indem er mich an den Menschenrechtsbeauftragten der Bundesregierung, Markus Löning, verwies. Zugleich hatte ich von Günter Nooke einen Ansprechpartner in der deutschen Botschaft in der jordanischen Hauptstadt Amman bekommen. Diesen kontaktierte ich als Erstes. In meinem Telefonat sagte ich: »Es gibt da den Fall von Faizah …«, und berichtete ihm von der jungen Frau.

Der Mann hörte mir zu, dann sagte er: »Wir wissen um die Situation der jungen Frau. Aber wer sind Sie eigentlich? Haben Sie eine Vollmacht von ihr? Dürfen Sie sich überhaupt um ihre Belange kümmern?«

Nein, eine Vollmacht hatte ich zugegebenermaßen nicht, aber sie hatte mich gebeten, ihr zu helfen. Sie saß irgendwo in Jordanien verzweifelt fest, da war es nicht gerade selbstverständlich, dass man an Vollmachten dachte.

»Außerdem«, fuhr er fort, »ist die Frau nicht nur deutsche Staatsbürgerin, sie besitzt auch die jordanische Staatsangehörigkeit.«

»Sicher«, erwiderte ich. »Aber es ist und bleibt auch eine deutsche Staatsbürgerschaft. Es mag sein, dass in einem solchen Fall das islamische Recht mit den deutschen Gesetzen in Konkurrenz tritt. Doch ich bin überzeugt, wer sich als der Stärkere erweist, der gewinnt. Wenn Sie also jetzt um Faizah kämpfen, könnte sie durchaus zurück nach Deutschland.« Ich dachte, dass ein paar offene Worte ganz nützlich sein könnten, um die Motivation zu vergrößern, sich für diese junge Mutter einzusetzen.

»Wie gesagt, uns ist die Geschichte nicht unbekannt, wir stehen mit dieser Dame in Verbindung und versuchen alles, was in unseren Möglichkeiten liegt.«

»Aber bislang ist nichts passiert.« So schnell wollte ich nicht aufgeben, wenn ich auch längst gemerkt hatte, dass der Diplomat mein Temperament wohl als Provokation auffasste. Ich wusste, dass ich mich nicht so in Rage reden sollte, aber wenn Menschenrechte verletzt wurden, gab es für mich keine Diplomatie. Wenn es sein muss, gehe ich auch mit dem Kopf durch die Wand. Wie soll man sich sonst für andere Menschen einsetzen? Mit netten, beschwichtigenden Worten kommt man in solchen Fällen nie sehr weit. Ich war ja keine Behörde, die man ernst zu nehmen hatte, nicht einmal eine Verwandte, wie man mir deutlich zu verstehen gegeben hatte.

»Wie gesagt, wir haben schon Verbindung aufgenommen.«

Damit war das Gespräch beendet. Weitere Informationen, das spürte ich, würde ich nicht bekommen, da konnte ich noch so viel bitten.

Wenn die deutsche Botschaft in Amman sich so bedeckt hielt, so musste ich es bei der nächsten Stelle versuchen. Günter Nooke hatte mir ja noch die E-Mail-Adresse von Markus Löning gegeben.

Ich setzte mich an den Computer und schrieb eine Mail an den FDP-Politiker, in der ich ein weiteres Mal das Schicksal von Faizah schilderte. Kurz darauf, am 13. Oktober 2010, bekam ich eine Antwort mit folgendem Inhalt:

Sehr geehrte Frau James,
ich danke Ihnen für Ihr Engagement für Frau ███████
███ *und ihr kleines Kind. Wie Sie wissen, ist auch das Auswärtige Amt über die Botschaft in* ██████ *mit dem Fall vertraut und unterstützt Frau* ████████.
Es ist nach ████████████ *Recht – wie Sie schreiben – in der Tat so, dass die Ehegatten gegeneinander und gegen ihre Kinder bei familienrechtlichen Streitigkeiten eine Ausreisesperre verhängen können. Diese Ausreisesperre kann durch den Richter aufgehoben werden, der sie angeordnet hat. Dafür ist in der Regel das Einverständnis des Antragstellers – hier also des Ehemannes – erforderlich. Daher ist nach Erfahrung des Auswärtigen Amtes in der Regel der erfolgversprechendste Weg, ein Vermittlungsverfahren zwischen den Eltern durchzuführen. Daneben besteht auch die Möglichkeit,* ████████████ *den Rechtsweg zu beschreiten, doch ist dieser Weg häufig langwierig. Die Erfolgsaussichten dafür kann abschließend nur ein* ████ ████████*Rechtsanwalt beurteilen. In jedem Fall ist dabei in Rechnung zu stellen, dass das* ████████████ *Familienrecht das Sorgerecht – abhängig von Konfes-*

sion und Geschlecht des Kindes – ab einem gewissen Alter ausschließlich dem Vater zuspricht. Auch vorher führt bei den islamischen Glaubensgemeinschaften das Recht der Mutter zur Pflege des Kindes – die sog. Hadanah – nicht zwangsläufig dazu, dass das Familiengericht der Mutter gestatten würde, mit den Kindern aus ███████████ auszureisen.

Nach Kenntnis des Auswärtigen Amtes ist die Gleichstellungsbeauftragte des Bezirks ██████ in den Vorgang involviert. Möglicherweise wäre das eine Stelle, mit der Sie Möglichkeiten der Einflussnahme auf den Kindsvater – unter ausdrücklicher Einbeziehung der weiteren zuständigen ██████ Behörden – besprechen können. Wenn ██████ Behörden deutlich gegenüber dem Mann Position beziehen, kann das für ein eventuelles Vermittlungsverfahren (siehe oben) hilfreich sein. Dabei sollten Sie mit Frau ██████ genau überlegen, ob und in welcher Form Öffentlichkeitsarbeit ihrem Ziel dient. Nach Erfahrung des Auswärtigen Amtes kann diese auch dazu führen, dass Gesprächskanäle verschüttet werden. Zugleich bitte ich um Ihr Verständnis dafür, dass das Auswärtige Amt zum aufenthaltsrechtlichen Status von Herrn ██████ keine Angaben machen darf. Wenn Frau ██████ weitere Beratung zu ihren Möglichkeiten ██████ wünscht – etwa die Vermittlung von Rechtsanwälten oder einer örtlichen NGO –, kann sie sich jederzeit an die Botschaft in ██████ wenden. Diese kann Frau ██ ████ allerdings nur innerhalb der ██████ Rechtsordnung unterstützen, der sie – unabhängig von ihrer Staatsangehörigkeit – ██████ unterliegt.

Unsere Botschaft in ██████ sowie die Rechtsabteilung des Auswärtigen Amtes haben mir die entsprechenden

Informationen zukommen lassen und bei der Beant-
wortung mitgewirkt.
Mit freundlichen Grüßen
Ihr

Markus Löning
Beauftragter der Bundesregierung für
Menschenrechtspolitik und humanitäre Hilfe

Schließlich gab man mir noch den Rat, mit dieser Sache nicht an die Presse zu gehen. Was war damit gemeint? Dass man mit einem solchen Vorgehen Faizahs Mann Mahir noch aggressiver machen und die Verhandlungen gefährden könnte? Mir war die Schwierigkeit des Falles bewusst, dennoch kam mir das alles so wenig konkret vor. Ich hatte auf praktische Hilfe gehofft, auf einen Hoffnungsschimmer für Faizah.

Ich war enttäuscht. So richtig enttäuscht. Alles klang zwar so, als würde man auf eine Lösung hoffen und auch dazu beitragen wollen, aber zugleich kamen mir die vorgeschlagenen Möglichkeiten so unbestimmt vor. Faizah litt in diesem Moment. Jeder weitere Tag war ein Tag zu viel. In meiner Verzweiflung wurde ich dazu verleitet, genau das zu tun, was man mir nahegelegt hatte, es nicht zu machen: Ich ging an die Presse. Ich sah das als letzte Chance, Druck auf die Behörden auszuüben. Sie sollten merken, dass es da einen Verein gab, der Faizah im Blick hatte. Zuvor hatte ich aber Faizah selbst gefragt, ob es auch in ihrem Sinne wäre, wenn ich die Öffentlichkeit einschalte, keineswegs wollte ich etwas über ihren Kopf hinweg anzetteln. Faizah tat sich schwer mit dieser Entscheidung, dennoch lenkte sie ein.

Dann erzählte sie mir noch: »Mahir ist nach Bremen geflogen.« Das haute mich glatt um. Es war unbegreiflich! Da saß eine deutsche Staatsbürgerin in Jordanien fest, und

der jordanische Ehemann, der durch seine Frau eine Aufenthaltsgenehmigung für Deutschland bekommen hatte,
flanierte vollkommen frei durch Gröpelingen oder Lin-
denhof und machte es sich in der früheren gemeinsamen
Wohnung, die sie nie aufgegeben hatten, gemütlich. Das
war krank. Anders konnte ich das nicht sehen. Das moti-
vierte mich noch mehr, Faizahs Geschichte musste bekannt werden.

Bestärkt wurde mein Entschluss auch durch ein anderes
Erlebnis. Genau an dem Tag, an dem ich die E-Mail von
Markus Löning erhalten hatte, bekam ich in Frankfurt am
Main von der Ingrid-zu-Solms-Stiftung den Menschen-
rechtspreis 2010 für meine Arbeit gegen Zwangsehen ver-
liehen. Verbunden war mit der Ehrung eine Podiumsdiskussion in der Steuben-Schurz-Gesellschaft, in der ich
auch von dem Schicksal von Faizah erzählte. Dabei stellte
ich fest, dass einige Zuschauer partout nicht glauben wollten, dass man eine Deutsche mit einer solchen Ausgangssperre belegen konnte. Erst als ein Jurist aufstand und sagte, er sei Anwalt für internationales Recht und was Frau
James eben gesagt hätte, würde stimmen, wurde meine
Aussage glaubwürdig. Einem Mann schien das nicht zu
passen, denn er verließ danach aufgebracht den Saal. Und
als ich weiter sagte, dass das islamische Familienrecht nicht
nur bei der Ausgangssperre, sondern auch in vielen anderen Bereichen gegen die Würde der Frau sei, es durchaus
immer noch Steinigungen von Frauen wegen Ehebruchs
gebe, meldete sich ein Professor zu Wort und hielt dagegen: »Ich kenne viele muslimische Frauen, die ein Kopftuch tragen, modern sind und als Feministinnen bezeichnet werden können.«

»Es gibt keine Feministinnen, die ein Kopftuch tragen«,
antwortete ich ruhig. »Ein Kopftuch erniedrigt die Frau
als sexuelles Wesen, das seine Reize verhüllen soll. In den

Koranschulen, die ich in Pakistan besucht habe, lernte ich, dass eine Frau den Schleier trägt, damit der Mann durch ihre Sexualität nicht in Versuchung gerät.« Ich ließ mich noch weiter über die »modernen« Kopftuchträgerinnen aus, bis eine Zuhörerin in die Luft ging: »Die ganze Diskussion hier ist mir viel zu antiislamisch.« Ein Teilnehmer der geschlossenen Veranstaltung in der Steuben-Schurz-Gesellschaft, ein Richter, pflichtete ihr bei: »Das hier, was Sie da betreiben, Frau James, ist Islam-Bashing.«

Am liebsten hätte ich in diesem Moment meine Tasche genommen und den Saal verlassen. Ich war hier als Anwältin für Menschenrechte ausgezeichnet worden, ich kämpfte für muslimische Frauen und nicht für diejenigen, die mir Islam-Bashing an den Kopf warfen. Musste man denn den Islam vor jeglicher Kritik schützen? Doch ich riss mich zusammen und entgegnete: »Ich habe in beiden Welten gelebt, ich kenne beide Welten, die westliche und die islamische. Der Koran war eines der Hauptthemen in meinem Leben. Was Sie denken, entspricht einer Wunschvorstellung, es ist nicht die Realität.« Die Botschaft, die mir hier begegnete, war die, die ich schon so oft empfangen hatte: Es kann nicht wahr sein, was nicht wahr sein darf. Viele Europäer gehen von einem Bild aus, von einer emanzipierten muslimischen Frau, die es auch gibt. Nur trifft dieses meist nicht auf Zahida von nebenan zu oder auf Fatima oder Aisha oder wie auch immer die Frauen heißen, die nicht zur Bildungsschicht eines Volkes gehören. Zwischen der einen Gruppe und der anderen herrscht eine große Kluft. Und um meine Meinung zu verdeutlichen, zitierte ich wieder einmal aus dem Koran die 4. Sure, Vers 34: »Und wenn ihr fürchtet, dass (irgendwelche) Frauen sich auflehnen, dann ermahnt sie, meidet sie im Ehebett und schlagt sie!«

Daraufhin erhob sich eine Frau, die sich als Professorin

für Recht in Frankfurt vorstellte. Sie sagte: »Ja, es stimmt, dass im Koran geschrieben steht, dass man die Frauen schlagen darf. Aber es heißt auch, man dürfe ihnen dabei nicht weh tun.«

Ein Raunen ging durch die Menge. Sanft schlagen. Das war dann doch zu viel. Aber bevor ich darauf eingehen konnte, fragte eine Journalistin: »Frau James, wenn Sie so gegen den Islam reden, kann es dann nicht sein, dass sie die jungen muslimischen Frauen mit Ihren Ansichten verschrecken?«

Die Antwort auf diese Frage fiel mir leicht: »In unserem Verein könnten wir uns jeden Tag um zehn neue Frauen kümmern, doch wir haben nicht genügend Mitarbeiter, um dies zu schaffen. Und den Frauen, die zu uns kommen und die wir unterstützen, denen ist es übrigens egal, wie wir denken, zumal sie selbst angefangen haben, den Islam zu hinterfragen und kritisch zu beurteilen, sonst hätten sie sich problemlos in ihr Schicksal gefügt.«

Die Diskussion zeigte mir wieder einmal: Es bestand Aufklärungsbedarf. Faizahs Geschichte musste an die Öffentlichkeit.

14

Gefangen in
Jordanien

Lange überlegte ich, welches Medium am besten dafür geeignet sei, denn Seriosität war für mich das wichtigste Auswahlkriterium. Schließlich entschied ich mich für eines der ältesten und seriösesten politischen Fernsehmagazine. Die Redakteurin, die ich aufgesucht hatte, wollte unbedingt über Faizahs Fall berichten, dazu flog extra ein Kamerateam nach Jordanien.

Einige Wochen später wurde der Bericht gesendet. Zum ersten Mal bekam ich Faizah zu Gesicht, eine hübsche junge Frau mit dunklen Haaren. Zu ihrer roten Bluse trug sie eine Jeans. Im Kinderwagen lag ihr kleines Kind. In dem Beitrag erzählt Faizah von den Schlägen, von ihrer Angst um sich selbst und um ihr Kind. Sie weint, und man sieht ihr an, dass sie nicht weiß, wie ihr Leben weitergehen soll. Der Ehemann Mahir wollte sich nicht vor der Kamera äußern.

In dem Film wird deutlich, dass universelle Menschen- und Freiheitsrechte gegen das schiitische Privatrecht scheinbar nichts ausrichten können, dass die deutschen Behörden machtlos sind. Als das Fernsehteam nachfragte, warum denn Mahir in Deutschland sein dürfe, bekam es von der Bremer Innenbehörde zur Antwort: Es werde »von der Ausländerbehörde geprüft, ob seine Aufenthaltserlaubnis beendet wird, weil seine Aufenthaltserlaubnis sich daraus herleitet, dass er mit einer deutschen Staatsangehörigen in Deutschland eine Ehe führt. Da der Betreffende erkennbar die Ehe nicht in Deutschland führen will (…), ergeben sich wahrscheinlich aufenthaltsrechtliche Konsequenzen.«

Nicht lange nach der Ausstrahlung des Berichts erhielt ich von den Bremer Behörden ein Schreiben, in dem stand, dass ich mich mit ihnen in Verbindung setzen solle, denn durch den Fernsehbeitrag hätten sich schwerwiegende Konsequenzen ergeben. Diese schwerwiegenden Konsequenzen bestanden darin – das erfuhr ich, als ich mich bei den Behörden meldete –, dass Mahir nicht mehr bereit war, die Ausreisesperre aufzuheben. Als wenn er je vorgehabt hätte, das zu tun. Voller Empörung erwiderte ich: »Wieso schützen Sie eigentlich diesen Typen? Er ist kriminell, er hat seine Frau nicht nur geschlagen, er hat überhaupt erst eine Ausreisesperre beantragt, die nach internationalem Menschenrecht und auch nach deutschem Recht verboten ist. Er hat sogar versucht, das Kind von Faizah zu entführen. Nur im letzten Moment konnte das verhindert werden. Eine Kindesentführung ist sogar nach islamischem Recht verboten, denn bis zum zweiten Lebensjahr darf das Kind bei der Mutter bleiben.« Und die darf all die Arbeit tun, bis sie es einigermaßen aufgezogen hat. Das dachte ich nur, das sagte ich nicht laut. »Wie können Sie als deutsche Behörde einfach akzeptieren, dass ein solcher Mann in Ruhe gelassen wird?«, fuhr ich fort. »Warum setzen Sie sich nicht für diese junge Frau ein? Wahrscheinlich plant ihr Ehemann schon einen zweiten Versuch, ihr das Kind wegzunehmen.« Von dieser Entführung hatte mir Faizah gerade erst erzählt, wenn ich bislang auch noch nichts Genaueres in Erfahrung gebracht hatte, wie diese abgelaufen war.

»Nun mal halblang«, bekam ich am anderen Ende der Leitung von einer weiblichen Stimme zu hören. »Sie stellen es so dar, als würden wir überhaupt nichts machen. Aber das stimmt nicht.«

»Entschuldigung, aber die junge Frau sitzt seit über drei Monaten in Jordanien fest. Bislang habe ich nicht feststellen können, dass sich etwas bewegt.«

»In den letzten drei Wochen konnte ich auch nichts machen, weil ich im Urlaub war.«

Kaum traute ich meinen Ohren, aber es schien zu stimmen, was ich da gehört hatte. »Wenn Sie so lange weg sind«, bemerkte ich, »dann hätten Sie doch einen anderen Mitarbeiter damit beauftragen können, sich dieser Geschichte anzunehmen.« Ich konnte förmlich das Schulterzucken am anderen Ende der Leitung hören.

Da es nichts weiter zu sagen gab, legte ich auf.

Mitarbeiter der Fernsehredaktion hakten immer wieder nach, was es denn mit Mahirs Aufenthalt in Deutschland auf sich habe, wobei sie zugleich darauf hinwiesen, dass man diesen Mann nicht abschieben dürfe, jedenfalls nicht bevor Faizah wieder zurück in Deutschland sei, er könnte sie sonst wieder in Jordanien misshandeln und auch ein weiteres Mal das Kind kidnappen. Aber es schien so zu sein, als wollten die Bremer Behörden genau dann ihre staatliche Autorität zeigen, wenn sich die Medien für eine Sache einsetzten. Denn trotz des ausdrücklichen Hinweises der Redaktion forderten sie Mahir auf, Deutschland umgehend zu verlassen.

Mahir packte in der Bremer Wohnung wutentbrannt seine Sachen. Vor seiner Abreise sagte er noch zu Faizahs Vater: »Ich werde deine Tochter zerstückeln.« Ich weiß nicht, wie der Vater auf diese Aussage reagierte, aber mit Sicherheit wird er nicht darum gebettelt haben, es nicht zu tun.

Die Redaktionsmitarbeiter schrieben daraufhin sofort eine E-Mail an die deutsche Botschaft in Amman, in der sie von Mahirs Rückkehr nach Jordanien und auch von seiner Drohung berichteten. Die Botschaft antwortete, man wüsste über den Fall Bescheid und man würde alles tun, um Faizah zu helfen. Ich wiederum rief Faizah an, als ich von Mahirs Abschiebung erfahren hatte. Um nicht gleich mit der Tür ins Haus zu fallen, fragte ich sie, ob man sie schon in der Botschaft empfangen habe. Ich wusste, dass sie nach der E-Mail von Markus Löning immer wieder mit jemandem telefoniert hatte, jedes Mal mit einem anderen Mitarbeiter, weil der vorherige, dem sie ihre Geschichte erzählt hatte, nicht da war. Faizah verneinte, man hätte ihr noch keinen Termin gegeben. Kein Kommentar. Danach konnte ich nicht mehr länger drum herumreden, und ich berichtete ihr, dass Mahir auf dem Weg nach Jordanien sei.

Am anderen Ende der Leitung vernahm ich nur Schweigen. Ich konnte mir vorstellen, was Faizah in diesem Moment überfiel: Angst.

So sagte ich: »Faizah, deine Familie wird dich nicht beschützen können. Lauf zur Botschaft! Nimm dein Kind, und lauf zur Botschaft. Mahir wird es dieses Mal schaffen, dein Kind zu kidnappen, und dann bekommst du es nie wieder.«

»Aber meine Familie wird mich beschützen«, erwiderte Faizah leise, fast ein wenig trotzig.

»Nein, das wird sie nicht tun. Sie kann dich auch nicht beschützen. Mahir wird, ist er erst in Jordanien, alles über Gerichte durchsetzen. Du hast keine Chance, es ist ein islamisches Land, da hast du als Frau keine Rechte. Die Justiz ist auf der Seite des Mannes. Faizah, du musst diesen Schritt machen, ich organisiere für dich Leute, die dich zur Botschaft begleiten.«

»Sabatina, die wollen mir dort nicht zuhören, die wimmeln mich doch schon am Telefon ab. Wenn ich nun auch noch persönlich erscheine und sage, dass ich eine sichere Unterkunft haben möchte, werden sie mich wegschicken.«

»Egal wie abweisend sie am Telefon waren, du hast als

deutsche Bürgerin das Recht, Schutz von der Botschaft zu bekommen.«

»Ich werde diesen Weg nicht gehen.«

Ich redete bestimmt noch eine halbe Stunde auf sie ein, sagte, sie dürfe sich durch das Verhalten der Botschaftsmitarbeiter nicht abschrecken lassen, aber sie blieb bei ihrer Meinung.

Und dann tauchte Mahir in Jordanien auf. Wie ich vermutet hatte: Er wusste genau, wie er sich durchsetzen konnte. Als Mann war er in einem islamischen Land der Held, der König. Faizah war in der Zwischenzeit zu ihren Verwandten gezogen, in der Hoffnung, so vor Mahir sicherer zu sein. Doch der schaffte es zuerst mit Hilfe einer Kopftuch-Anwältin, die richterliche Erlaubnis zu erhalten, sein Kind zu sehen. Hätte Faizah sich geweigert, diese Verfügung zu akzeptieren, hätte man – so ihre größte Befürchtung – ihr das Kind wegnehmen können, und sie selbst wäre ins Gefängnis gekommen. Also ließ sie es zu, dass Mahir das Kind sah.

Anfangs ging alles gut, Mahir holte das Kind ab und brachte es auch zur verabredeten Zeit wieder zurück. Eines Tages jedoch rief mich Faizah vollkommen aufgelöst an: »Mahir gibt mir das Kind nicht zurück. Es sind schon viele Stunden vergangen, seitdem er es hätte bringen müssen.«

Das war eine schreckliche Nachricht, aber ich hatte mir ihr gerechnet, und so konnte ich auch nur konstatieren: »Faizah, du kannst davon ausgehen, dass du das Kind auch nicht mehr bekommen wirst.«

Schluchzend sagte sie: »Ich werde mir eine Anwältin nehmen, es ist doch mein Kind.«

»Begreifst du das denn nicht, nach islamischem Recht gehört das Kind dem Vater ab dem zweiten Lebensjahr. Das Kleine ist jetzt ein gutes halbes Jahr alt, man wird es so lange verstecken, bis es zwei ist.«

»Aber warum gibt es in diesem Land keine Rechte für mich?«

Lautlos konnte ich nur seufzen. Ich wusste genau, dass Mädchen wie Faizah in diesem Moment an eine Frau wie Königin Rania von Jordanien dachten, die sich stets schön, ständig strahlend und unverschleiert in einem Designerkleid präsentiert und sich für die Gleichberechtigung muslimischer Frauen und Mädchen einsetzt. Mich selbst hatten Frauen wie sie einst beeindruckt, und jedes Mal hatte auch ich mich gefragt, wie es denn sein kann, dass eine Königin Rania oder eine Königin Nūr, die ihre Vorgängerin war, öffentlich so westlich auftreten dürfen. Und immer wieder sprachen muslimische Frauen davon, wie frei Jordanien und andere islamische Länder seien. Es gebe kaum noch Ehrenmorde in diesen Ländern.

Aber sah man Königin Rania nicht nur als Vorbild an, sondern folgte ihr auch noch, mussten normale islamische Frauen mit dem Tod rechnen. Das Leben der jordanischen Königin, die wie ein Model aussieht, hat nichts mit dem Leben von Frauen wie Faizah zu tun. Ich denke, dass Königin Rania das wohl weiß, aber dennoch Gegenteiliges behauptet. So war es auch kein Wunder, dass nicht nur viele Gäste der Veranstaltung in der Steuben-Schurz-Gesellschaft eine andere Islam-Vorstellung hatten, sondern auch die jungen muslimischen Frauen selbst, sogar dann, wenn sie in ihren Pässen den Stempel »Ausreisesperre« haben.

»Weil es der Koran vorschreibt«, antwortete ich auf Faizahs Frage, warum es denn für sie keine Rechte in Jordanien gebe.

Mahir hatte nach seiner Rückkehr nach Jordanien noch mit einer weiteren Anzeige gegen seine Frau gedroht, und zwar wegen Blasphemie. Natürlich hatte er den Fernsehbeitrag gesehen, und weil Faizah darin seiner Meinung nach den Islam verunglimpft hatte, glaubte er, mit dieser Anschuldigung durchzukommen. Dabei war in dem Bericht nicht ein einziges Mal das Wort »Islam« gefallen, es wurde nur einmal von einem »islamischen Familienrecht« gesprochen. Durch die Blasphemieverleumdung war aber klar, dass sie nicht länger in Jordanien bleiben konnte. Jetzt wurde es wirklich gefährlich. Es musste eine Möglichkeit geschaffen werden, dass seine Frau trotz Ausreisesperre das Land verlassen konnte. Hinzu kam, dass sie keine psychologische Betreuung hatte, obwohl der Druck immer größer wurde. Ich glaube, sie hatte das Gefühl, sie hätte Schande über die Familie gebracht, sei nur noch eine Last. Auf Dauer würde sie das nicht durchhalten können.

Um Faizah zu helfen, war es wichtig, ihre Geschichte möglichst oft vorzutragen und anzubringen. Je mehr Aufmerksamkeit sie bekam, umso größer war die Chance, etwas zu erreichen. Und nachdem mein Buch in Frankreich erschienen war, erhielt ich von einem französischen Anwalt für internationales Recht eine Einladung zur Teilnahme an einer Fachkonferenz der Europäischen Union zum Thema »Conference on Violence Against Women« in Brüssel. Abgeordnete des europäischen Parlaments, UN-Botschafter, Juristen, Mediziner, Soziologen sowie Vertreter internationaler NGOs sollten auf dieser Tagung über die Ursachen der Gewalt gegen Frauen diskutieren und erörtern, wie diese auf europäischer Ebene effektiver bekämpft werden könne. Keineswegs wollte ich mir dieses Forum entgehen lassen.

Es war ein Donnerstag im November 2010, an dem die Konferenz im Hilton-Hotel stattfand, im Salon Louise. Pünktlich um 9.15 Uhr wurde die zweitägige Veranstaltung mit einer Begrüßung der Gäste eröffnet. Anfangs ging es ganz allgemein um Gewalt, und man hatte den Eindruck gewinnen können, als wären allein patriarchalische

Strukturen dafür verantwortlich, dass Männer ihre Frauen peinigten. Im Stillen dachte ich, dass dies doch eine sehr einseitige Sichtweise ist. Niemand sprach von Ehrenmord, Zwangsheirat, Scharia oder einer religiösen Motivation von Gewalt. Ich hoffte auf den Nachmittag, denn dann standen spezielle Gewaltaspekte auf der Agenda.

Doch auch auf der späteren Podiumsdiskussion wurden keine weiteren Facetten von Gewalt thematisiert, vielmehr ging es um gelungene Formen von Integration. Für mich war das der Moment, mich zu melden und die These zu formulieren, dass es mir so schiene, als würde Integration hier nichts anderes bedeuten als eine aktive Ignoranz von Zwangsheirat, Ehrenmorden und der Scharia, als würde man vor solchen Tatsachen die Augen verschließen. Danach erzählte ich kurz meine Geschichte, sagte, dass ich eine NGO habe, um den Frauen, die zwangsverheiratet werden sollen, zu helfen, und trug in einer Kurzfassung das Schicksal von Faizah vor.

Zum Schluss sagte ich noch: »Den ganzen Tag über wurde darüber geredet, welche Formen von Gewalt es gegenüber Frauen gibt. Kein einziges Mal wurde darüber gesprochen, was der Koran Frauen wie Faizah antut, wie schrecklich es ist, unter dem Koran zu leben. Wenn ich etwas aus der Bibel kritisiere, dann werde ich dafür als Frau nicht totgeschlagen, doch wenn ich den Koran kritisiere, dann kann mir das passieren.«

Auf diese Bemerkung erhielt ich von einer Universitätsprofessorin eine Antwort, die mich zufriedenstellen sollte: »Es gibt auch Priester, die Kinder vergewaltigen.« Damit war das Thema Faizah auf der europäischen Fachkonferenz beendet, es wurde kein Wort mehr darüber verloren. Ich war fassungslos.

Nach der Debatte sprach ich einen Vertreter von Amnesty International an: »Auf Ihrer Homepage kann man nachlesen, was den Frauen in islamischen Ländern angetan wird. Warum haben Sie geschwiegen, als die Universitätsprofessorin diese Thematik mit ihrem Beitrag für beendet erklärte?«

Er sagte sinngemäß: »Es gibt so viel Islamophobie, aus diesem Grund halten wir uns zurück, Zwangsehen religiös zu begründen.«

»Entschuldigung«, entgegnete ich, »aber Sie wissen selbst, dass jeder Muslim in Deutschland das Recht hat, seine Religion zu leben, keiner erschießt ihn oder sperrt ihn deswegen ins Gefängnis ein. Im Gegenteil, hier werden sogar muslimische Väter freigesprochen, wenn sie ihre Töchter bedrohen. Es gibt unzählige Moscheen in Deutschland, Islamkonferenzen, man läuft den Muslimen geradezu nach, bettelt sie geradezu an – ›Bitte, bitte, integriert euch, wir lieben euch so‹ –, und da kommen Sie mir mit Islamophobie?«

Aber der Vertreter von Amnesty International wimmelte mich nur ab, versuchte es mit einer Argumentation – wie ich sie schon häufig gehört habe –, die zwischen Islamismus und Islam unterschied.

Einer UN-Botschafterin konnte ich an diesem Tag noch in einer Pause ausführlicher von Faizah erzählen, sagte, dass diese junge Frau in Jordanien festsitzen würde, da ihr Ehemann eine Ausreisesperre gegen sie veranlasst hätte und dass sie dringend Hilfe bräuchte.

Ihre Antwort: »In diesen Fällen mischen wir uns nicht ein.«

Jener Anwalt für internationales Recht, der hinter mir stand, meinte nur lapidar: »Die UN hält eine Konferenz nach der anderen ab. Sie scheint nichts anderes zu tun.«

Seit 1999 wird regelmäßig von Pakistan vor der Generalversammlung der UN eine Resolution eingebracht, mit dem Ziel, die Diffamierung des Islam zu verbieten. Bis

2010 war der Islam die einzige Religion, die in der Resolution Erwähnung fand.

Im März 2010 wurde eine neue Version beim Menschenrechtsrat eingebracht. Wieder bezog sie sich vor allem auf »Islamophobie«, erwähnte aber immerhin dieses Mal auch den Antisemitismus und die »Christianophobie«. Dennoch blieb der Schutz des Islam das eindeutige Ziel dieser Resolution.[15] Nutzte der Islam hier die Mittel der Demokratie, um Demokraten mundtot zu machen?

So sehr ich in Brüssel noch versuchte, andere für Faizah und ihre Probleme zu interessieren, es gelang mir nicht. Als ich wieder mit dem Zug nach Deutschland fuhr, dachte ich: Da gibt es Personen, denen die Verteidigung des Islam wichtiger ist als die Beachtung der Menschenrechte, der Rechte der Frauen. Eigentlich waren diese Personen Gutmenschen, aber in der Konfrontation mit den Fundamentalisten war das eine brisante Mischung. Und damit hatte ich ein Problem.

Irgendwann im Dezember 2010 rief mich Faizah an. Es war kurz vor Silvester, und ich lag mit einer schweren Grippe im Bett, hatte hohes Fieber, und es strengte mich an, überhaupt zu sprechen. Einige Tage zuvor hatte ich Faizah geraten, nach Amman zu gehen, um von dort aus mit ihr eine Flucht nach Saudi-Arabien zu planen. In Amman angekommen, rief sie mich an und fragte mich, wo sie nun bleiben solle.

»Ich weiß es auch nicht«, sagte ich mit krächzender Stimme. »Du hast doch von uns Geld bekommen, da wäre es jetzt in deiner Situation am sinnvollsten, wenn du in ein Hotel gehst und dir ein Zimmer nimmst.«

---

15   www.humanrights.ch/home/de/Instrumente/Nachrichten/Diverse_Gremien/idcatart_8576-content.html

»Aber ich kann doch nicht einfach als Frau in ein Hotel gehen?«

Krank wie ich war, suchte ich im Internet nach einer passenden Herberge. Als ich eine entdeckt hatte, rief ich in Amman an, und gab die Adresse der Unterkunft durch.

»Und wie komme ich dahin?«, fragte Faizah.

»Nimm ein Taxi.«

Später erzählte sie mir, dass der Taxifahrer sie gefragt hätte: »Vor wem läufst du weg? Vor deinem Vater?«

»Nein«, hatte Faizah geantwortet.

»Vor deinem Mann?«

»Nein. Ich laufe vor niemandem weg.«

»Aber warum willst du dann in ein Hotel?«

Faizah schwieg. Der Taxifahrer wird sie aller Wahrscheinlichkeit nach für eine Prostituierte gehalten haben.

Woche für Woche ging vorbei, nichts geschah. Nachdem die deutsche Botschaft meiner Meinung nach nichts Sichtbares getan hatte, rieten wir Faizah, illegal Jordanien zu verlassen. Wir boten ihr unsere Hilfe an. Das Schwierige jedoch war, dass sie diesen Ausweg nur zusammen mit ihrem Kind nehmen wollte. Durch einen Trick – den ich wieder nicht verraten darf –, gelang es ihr, das Kind für einige Stunden zu bekommen. In dieser kurzen Zeitspanne wurde Faizahs Flucht nach Saudi-Arabien vollzogen, zusammen mit zwei Leuten, die keiner Hilfsorganisation angehören. Es war eine gefährliche Unternehmung, da sie die Grenze allein, mit Kind und illegal überqueren musste.

Sie schaffte es. Als sie in Saudi-Arabien war, sagte ich ihr, sie solle sofort die deutsche Botschaft in Riad aufsuchen. Dort angekommen, wollte man ihr nicht einmal die Tür aufmachen, obwohl Faizah einen Pass der Bundesrepublik vorweisen konnte. Als sie mir das telefonisch mitteilte, rief ich voller Wut beim Bundestag an. Durch meine Kontakte kam ich an eine Abgeordnete, der ich das erzählte. Sie meldete sich persönlich bei der deutschen Botschaft in Saudi-Arabien, um die Mitarbeiter aufzufordern, Faizah in das Gebäude hineinzulassen. Das taten diese dann auch. Ich atmete erleichtert auf, als ich das hörte. Doch die Botschaft schickte sie wiederum nur in ein Hotel, die Kosten dafür übernahm Sabatina e. V. Man führte einige Gespräche mit Faizah. Da ich befürchtete, dass die Diplomaten womöglich den dortigen Behörden mitteilen würden, sie hätten da eine Frau, die vor ihrem Mann aus Jordanien geflohen sei, versuchte ich, ihnen in einem Telefonat klarzumachen, dass man in Jordanien keinesfalls von Faizah und ihrem Kind erfahren durfte. Doch vergeblich. Einige Tage später bekam ich keine Nachrichten mehr von ihr, dann an einem Morgen eine SMS, die aus drei Worten bestand: »Bin im Gefängnis!«

Ich schrie vor Wut. Wieder ein Anruf bei der deutschen Botschaft in Riad. Die Sachbearbeiterin, die ich am Apparat hatte, sagte mir, sie hätten alles versucht, aber man müsse eben mit offenen Karten spielen. Deswegen hätte man den saudi-arabischen Behörden erzählen müssen, dass Faizah aus Jordanien geflohen war. Ich dachte nur: Hätten sie die Flucht verschwiegen, hätte man sie aller Wahrscheinlichkeit nach Deutschland abgeschoben. Nun saß sie im Gefängnis, in Abschiebehaft, um zurück nach Jordanien gebracht zu werden. Im Gefängnis weigerte sich Faizah, mit anderen Kriminellen in einer Zelle zu sitzen. Also wurde sie in eine ekelhafte Unterbringung gebracht; einen Raum, in dem normalerweise gefoltert wird. In dem Zimmer gab es keine Dusche und kein warmes Wasser. So musste das Kind im Schmutz schlafen und erlebte schon im Säuglingsalter, was es bedeutet, seiner Freiheit beraubt zu werden.

Als ich Faizah am Handy erwischte, weinte sie, das Kind kreischte im Hintergrund. Sie sagte: »Ich werde gerade nach Jordanien abgeschoben, ich sitze schon im Auto. Ich habe solche Angst, dass ich jetzt dort ins Gefängnis komme.« Mit vielen Worten versuchte ich sie zu beruhigen, meinte, sie solle mir immer mitteilen, wohin man sie bringen würde.

Nach diesem Gespräch riss der Kontakt ab. Erneut setzte ich mich mit der deutschen Botschaft in Amman in Verbindung, da ich nichts mehr von ihr hörte. Dort erfuhr ich, dass sie in ein Frauenhaus ziehen müsse. Aber lange könne sie dort nicht bleiben. Da sie mit ihrem Kind geflohen war, hätte sie nach jordanischem Recht eine Straftat begangen.

Faizah kam in ein Frauenhaus – wobei man sich ein jordanisches Frauenhaus nicht wie ein deutsches vorstellen darf. Wer in einem solchen aufgenommen wird, hat einen Makel, hat die Ehre der Familie verletzt – keine Mitarbeiterin in einem solchen Haus, die an die Ehre glaubt, wird davon absehen können. Die Frauen, die in ihrer Not in Amman, Kabul, Islamabad oder Lahore ein öffentliches Frauenhaus aufsuchen, bekommen dort selten den Schutz, den sie zu finden hoffen.

Es gelang mir wieder nicht, Kontakt zu Faizah aufzunehmen.

Nach einigen Tagen rief sie mich an, meinte, sie hätte das Frauenhaus verlassen, dort sei es verboten gewesen zu telefonieren, deshalb hätte ich sie auch nicht erreichen können. Danach sagte sie mir noch, dass sie nun zu ihren Verwandten müsse.

»Das ist doch gefährlich«, warf ich ein. »Mahir kann von dort einfach das Kind entführen.«

»Ja, das ist gefährlich«, erwiderte Faizah leise. »Aber was soll ich machen?«

Es geschah das, was ich geahnt hatte. Mahir entführte sein Kind. Nun stand Faizah wieder alleine da, und bislang

hat ihr Mann die Ausreisesperre immer noch nicht aufgehoben.

Ende Mai gelang es mir, Faizah – wieder durch einen
Trick, den ich hier nicht verraten kann – zurück nach
Deutschland zu bringen. Aber leider musste sie ihr kleines
Kind zurücklassen.

Am Flughafen in Amman schrieb sie mir noch eine
SMS: »Habe es geschafft, durch die Passkontrolle zu kommen und fliege nach Hause. Bin so froh, der Horror ist
vorbei. Bin frei. Du hast mich auf meinem Weg begleitet.
Danke für alles.«

15

Was ist gut, was ist böse?
Oder:
Wie entstehen Werte?

Der Islam, wie er im Westen propagiert wird, im Fernsehen, in den Zeitungen, ist nicht der Islam, wie er wirklich ist. Den Menschen wird etwas vorgelogen – was aber auch Taktik ist. In der Koranschule lernte ich: »Wenn es der Ausbreitung des Islam dient, dürft ihr die Ungläubigen belügen.« In Deutschland habe ich Beispiele gefunden, wie diesbezüglich hervorragende Arbeit geleistet wird. Ich habe Vertreter von Islamverbänden kennengelernt, die ein doppeltes Gesicht haben, möglicherweise in dem Bestreben, das Land so zu unterwandern, dass man die Deutschen mit ihren eigenen Waffen schlägt.

Als ich vor einiger Zeit durch Mannheim ging, entdeckte ich auf den Litfaßsäulen große Plakate, auf denen Zitate des Propheten Mohammed zu lesen waren. In Schreibschrift stand da zu lesen: »Zum Guten anzuleiten ist, wie das Gute selbst zu tun.« Oder: »Der wahre Reichtum liegt in der Genügsamkeit.« Unter diesem Zitat war etwa eine junge, attraktive Türkin zu sehen, natürlich ohne Kopftuch, gleichsam, als würde sie hinter diesen Aussprüchen stehen. Und jeder Deutsche, der auf diese Plakate schaute und die untermalten Zitate in sich aufnahm, dachte wohl, dass mit »Gutes selbst zu tun« nichts anderes gemeint sein könnte, als armen und notleidenden Menschen zu helfen, Kindern, die auf der Straße leben, Essen und eine Unterkunft zu geben, sich um die Alten zu kümmern. »Gutes selbst zu tun«, dabei konnte es sich nur um ein humanitä-res Engagement handeln. Die Frage war nur: Hatte auch Mohammed solches im Sinn, als er diese Worte nieder-schrieb? Verstand auch er darunter humanitäre Hilfe? Ich denke nicht. Er hatte eine andere Vorstellung davon, was in seinen Augen gut war. Als der Prophet sechshundert Juden lynchte, glaubte er durchaus ethisch zu handeln. Über Menschen wie mich hätte er auch geurteilt. Moham-med sagte: »Wer immer seine Religion ändert, den tötet.« Das ist Gutes tun im Sinne des Propheten. Und die Men-schen, die den Koran lesen und die Lebensweise des Pro-pheten kennen, wussten genau, was gemeint war, als sie seine Aussprüche auf den Plakaten lasen, die an den Lit-faßsäulen in Mannheim angebracht waren. Sie fühlen sich durch eine derartige Aktion in ihrem Glauben nur noch mehr bestätigt, ihre Werte weiter zu tradieren. Die Plakate sind eine Einladung an die Nichtchristen, die eigenen Mo-ralvorstellungen nicht zu ändern, sondern sie zu festigen. Und davon wird ausführlich Gebrauch gemacht.

Diejenigen, die meinen, dass man sich über eine solche Plakataktion nicht so aufregen soll, verkennen, dass die Deutschen durch ihre nationalsozialistische Vergangenheit Scheuklappen aufgesetzt haben, wenn es um vermeintliche Diskriminierung von Menschen mit einer anderen Reli-gion geht, zumal bestimmte muslimische Wortführer mit ihrem chronischen Beleidigtsein, ihrer chronischen Op-ferhaltung dazu beitragen, dass die Unbedarftheit der Deutschen weiter geschürt wird. Dadurch wird nicht ge-sehen, dass das, was auf den Mannheimer Litfaßäulen stand, demokratiefeindlich ist. Und es wird nicht gesehen, dass diejenigen, die den Islam verteidigen und sich liberal nennen, fragen müssen, was den zunehmenden Antisemi-tismus in Deutschland verursacht. Nämlich auch eine Re-ligion, der Islam, der Juden nicht schützt.

Wie häufig wurde mir schon vorgehalten: »Frau James, wenn man Sie so sprechen hört, könnte man denken, der Islam wäre etwas furchtbar Schlimmes. Um jedoch eine Basis mit den Muslimen zu finden, um mit ihnen reden zu können, müssen wir tolerant sein.« Damit ein Dialog in Gang gesetzt wurde, initiierte Wolfgang Schäuble, damals Innenminister, 2006 die Deutsche Islamkonferenz. Jährlich wird sie seitdem abgehalten, 2010 unter Leitung von Thomas de Maizière.

Ein Teilnehmer dieser Konferenzen war Bekir Alboğa, der einstige Imam der Yavuz-Sultan-Selim-Moschee im Mannheimer Stadtteil Jungbusch. Benannt wurde die Moschee nach Sultan Selim I., genannt »Yavuz« (»der Gestrenge«), es ist die zweitgrößte Moschee Deutschlands. Bekir Alboğa, ein türkischer Islamwissenschaftler, war von Oktober 2007 bis März 2008 zudem Sprecher des Koordinierungsrats der Muslime in Deutschland, der in der Folge der Deutschen Islamkonferenz gegründet worden war. Die Mannheimer Moschee gilt als gläserne Moschee. Touristen besuchen dieses prächtige Gotteshaus mit der großen Kuppel und dem fünfunddreißig Meter hohen Minarett gern. Sie sind fasziniert, erinnert es doch auch ein wenig an das Taj Mahal, das Grabmal in der indischen Stadt Agra. Europäer denken sich: Was so schön ist, dahinter kann sich doch keine schlimme Religion verbergen. Doch ganz so gläsern und offen, wie sich die Yavuz-Sultan-Selim-Moschee gibt, ist sie dann doch nicht. Ein Freund von mir, ein Theologe, der sich viel mit dem interreligiösen Dialog beschäftigt, erwarb in ihrer Bibliothek zwei Schriften. Das eine Buch hatte der indisch-pakistanische Journalist Sayyid Abul A'la Maududi verfasst und hieß: *Als Muslim leben*. Erst einmal klingt der Titel des Werks harmlos, keiner würde einen besonderen Verdacht schöpfen. Nur muss man wissen: Sayyid Abul A'la Maududi war Gründer und lange Jahre der Vorsitzende der Jamaat-e-Islami, einer politisch-islamischen Bewegung, besser gesagt einer fundamentalistischen Terrororganisation. Maududi, der 1979 im Alter von sechsundsiebzig Jahren in der Nähe von New York starb, propagierte einen islamischen Staat – und zur Vorbereitung dessen den Dschihad, den Heiligen Kampf. Er schrieb: »… einer der Grundsätze des Islam (ist), dass wir einen geringeren Verlust auf uns nehmen sollten, um uns vor einem größeren Schaden zu schützen. Was bedeutet der Verlust einiger Menschenleben, selbst wenn es einige Tausend oder mehr sein sollten, gegenüber dem Unheil, das die Menschheit befallen würde, wenn das Böse über das Gute und der aggressive Atheismus über die Religion Gottes den Sieg davontragen würde.«[16]

Man stelle sich das vor: Die Schriften der pakistanischen Terrororganisation wurden in dieser gläsernen Moschee, die den Anspruch hat, einen modernen Islam zu vertreten, verkauft. Oder war und ist sie gar nicht so gläsern? Ein Spruch von Yavuz Sultan Selim I. (1470 – 1520) lautet: »Mein Kampf geht so lange weiter, bis das Gottesgesetz, die Scharia, auf der ganzen Welt herrscht – oder ich sterbe.«[17] »Der Gestrenge«, dieser Name passt hervorragend.

Die zweite Schrift war übrigens von Sayyid Qutb (1909–1966), einem Theoretiker der ägyptischen Muslimbruderschaft. Er ging von einer »absoluten Souveränität Gottes« aus, von Demokratie und einer Souveränität des Volkes war sein Denken weit entfernt. Was in diesem Buch steht, klingt gefährlich: »Ein Kampf mit dem gesprochenen Wort, durch Erklärung und Verbreitung des Richtigen

---

16 Sayyid Abul A'la Maududi: Weltanschauung und Leben im Islam. München 1994, S. 156 f.
17 Yavuz Sultan Selim: Necdet Sakaoglu, Bu Mülkün Sultanları, S. 129

und durch Zurückweisung und Entkräftung des Falschen, Unrechten anhand der vom Islam offenbarten Wahrheit. Jedoch auch ein physischer Kampf auf dem Weg, durch den die Hindernisse auf dem rechten Pfad entfernt werden, wenn brutale Gewalt ihn zu verbauen oder zu zerstören droht. In diesem Kampf wird einem Unglück und auch Leid widerfahren. Man wird sehr viel Geduld benötigen.«[18] Nicht von ungefähr prägte der Ägypter die Ideologien vieler militanter islamischer Nachfolgeorganisationen. Hat der deutsche Bürger eine Ahnung davon, welche Werke muslimischer Autoren wo zu erstehen sind?

Einmal konnte ich miterleben, wie Xavier Naidoo durch die Yavuz-Sultan-Selim-Moschee geführt wurde. Er zeigte sich begeistert, auch als ihm ein Herr von der Moschee sagte, jederzeit sei man für einen interreligiösen Dialog offen. Ich dachte nur: Xavier Naidoo kennt den Islam nicht. In einem *Spiegel*-Interview im Dezember 2005 sprach er über sein Verhältnis zum Islam und über die Versäumnisse der Kirche. Als man ihn fragte, ob er wegen seines Glaubens angefeindet worden sei, antwortete er: »Nein, von Muslimen nicht. Die respektieren mich gerade, weil ich einen Glauben habe, weil ich überhaupt an etwas glaube. Die sagen, der Typ steht für sein Ding und wir für unseres. Wenn ich Probleme hatte in der Vergangenheit, dann mit vielen Landsleuten, die bis heute der Meinung sind, dass das mit dem Glauben alles nur eine Masche ist.« Maududi hätte es besser gewusst. In seinem Buch *Als Muslim leben* heißt es: »Zieht aus und kämpft! Entfernt die Menschen, die sich gegen Gott aufgelehnt haben, aus ihren Führungspositionen und errichtet das Kalifat.«[19] Konkret heißt das: Entfernt die Menschen, die sich gegen Allah auflehnen.

18 Sayyid Qutb: Hadha'l-Din (Dieser Glaube), 1954, 21, 22
19 Sayyid Abul A'la Maududi: Als Muslim leben. Karlsruhe 1995, S. 260

Das ist die Vision, die in der gläsernen Moschee in Form einer Schrift verkauft wurde.

Wenn Deutsche das nicht wissen, wie sollen das die Kinder in den 20 000 pakistanischen Koranschulen wissen, die diese Lehre in der einen oder anderen Auslegung zu hören bekommen? Sie haben kaum Zugang zu Informationen – wie sollen sie da recherchieren, vor welchem Hintergrund diese fundamentalistischen Aussagen getroffen wurden? Sie haben kaum Möglichkeiten, Wikipedia anzuklicken und die richtigen Stichworte einzugeben. Und noch ein letztes Mal Maududi: »Wenn ihr an die Richtigkeit des Islam glaubt, bleibt euch nichts anderes übrig, als eure ganze Kraft einzusetzen, um sie auf Erden vorherrschen zu lassen. Entweder schafft ihr dies, oder ihr opfert euer Leben in diesem Kampf.«[20]

Wenn Bekir Alboğa auf den Deutschen Islamkonferenzen immer wieder zu verstehen gibt, wie liberal sie, die »gläsernen« Muslime seien, wenn ich sehe, wie die islamische Gemeinschaft Milli Görüş (»Nationale Sicht«), die von einigen Bundesländern der Gegnerschaft zur demokratischen Grundordnung bezichtigt und vom Verfassungsschutz beobachtet wird, diese Plakate mit den Zitaten des Propheten an den Litfaßsäulen Mannheims anbringen darf, dann nenne ich die PR-Aktion eine große Verwirrung. Die Waffe des Teufels, des Diabolus, ist die, die Menschen zu verwirren. Wenn ich etwas beobachte, wie die eben genannten Beispiele, dann kann ich aufgrund meiner Erfahrungen nur davon ausgehen, dass dahinter die Strategie steht, den deutschen Bürger zu irritieren, so dass er nicht mehr weiß, was er eigentlich denken soll. Wenn Claudia Roth das nächste Mal wieder eine Äußerung darüber macht, dass muslimische Polizistinnen in

20 Ebenda, S. 268

Deutschland wie in Schweden Kopftücher tragen sollten, empfehle ich ihr, ein Jahr in Kabul zu leben, unter einer Burka. Ich kann auch partout nicht verstehen, wenn Patrick Bahners, Feuilletonchef der *Frankfurter Allgemeinen Zeitung*, in seinem 2011 erschienenen Buch *Die Panikmacher* das Kopftuch beziehungsweise den Schleier äußerst merkwürdig interpretiert, nämlich als Beschneidung der Religion: »Sie (die verschleierte Frau) schützt sich vor zudringlichen Augen und will ihrerseits nicht aufdringlich sein. Mit einem Blick ordnen wir ihre Erscheinung einem elementaren moralischen Gefühl zu, für das der Begriff der Scham steht ... Dazu gehört auch das Wissen um den Sinn des Verhüllens. In Tücher eingehüllt wird normalerweise das Kostbare. Die Verschleierung ist ein Indiz der Vornehmheit.«[21]

Die Verschleierung ist nun wahrlich kein »Indiz der Vornehmheit«. Das Kopftuch muss getragen werden, weil der Islam besagt, dass die Frau ein sexuelles Wesen ist, das den Mann verführt. Eine Frau muss sich verhüllen, damit der Mann durch ihre Sexualität nicht in Versuchung gerät. Und wenn schon sechsjährige Mädchen in Mannheim oder Ludwigshafen verhüllt herumlaufen, so dass man nur noch ihre kleinen Gesichter sieht, so kann ich das nicht akzeptieren. Ich weigere mich, die Ansichten eines Propheten zu unterstützen, der sich in eine Sechsjährige verliebte, und die noch heute durch Verhüllung der kleinsten Mädchen zum Ausdruck gebracht werden.

Und wenn Bahners in seinem Buch die Islamisten verteidigt, aber Menschen wie die niederländische Politikerin Aayan Hirsi Ali kritisiert, die mit Theo van Gogh einen Film über Gewalt an islamischen Frauen machte, kann ich

---

21 Patrick Bahners: Die Panikmacher. Die deutsche Angst vor dem Islam. München 2011, S. 106

das ebenfalls nicht nachvollziehen. Aayan Hirsi Ali hat die Scharia am eigenen Leib erfahren, sie konnte ihren Vater erst wiedersehen, als er im Sterben lag und sie keine Angst mehr vor ihm haben musste. Sie musste sich verstecken, weil an der Leiche des von einem muslimischen Extremisten ermordeten niederländischen Filmregisseurs und Mitautors ihres Buches *Ich klage an*, Theo van Gogh, ein Drohbrief angebracht war, der ihr galt.

Es fehlte nur noch, dass man behauptet: Nicht die Islamisten, die die Bomben legen, sind schuld, sondern die, die das kritisieren. Mag man den besten Überblick über das Dritte Reich haben, so heißt das noch lange nicht, dass man sich in der Islamproblematik auskennt. Aayan Hirsi Ali und auch Necla Kelek, die in Istanbul geborene Sozialwissenschaftlerin und Islamkritikerin, können davon authentisch berichten, ebenso die türkisch-kurdische Frauenrechtlerin Seyran Ateş. Ich selbst gehöre zu den Frauen aus islamischen Ländern, die aufstehen und sagen: »Wir wollen nicht als sexuelles Wesen angesehen werden. Wir sind Menschen.«

Fereshta Ludin, eine in Deutschland eingebürgerte Afghanin, ist bis zum Obersten Gerichtshof gegangen, um durchzusetzen, dass muslimische Lehrerinnen an deutschen Schulen mit Kopftuch Unterricht geben dürfen. Unterstützt wurde sie dabei von der »potenziell verfassungsfeindlichen« Organisation Milli Görüş und dem Zentralrat der Muslime in Deutschland. Am Ende, nach vielen Jahren, wurde das Kopftuchverbot als rechtmäßig anerkannt. Grüne Politiker hatten sich aber immer wieder für Fereshta Ludin eingesetzt. Sie stellten sich damit gegen die islamischen Frauen, die die Werte ihrer Religion hinterfragen und sich dagegen erheben – nicht gegen die muslimischen Menschen, das ist zu trennen. Die Kulturrelativisten stehen auch meinem Vater im Weg, denn sie geben ihm keinen Grund, darüber nachzudenken, ob das, was Menschen wie er tun, richtig oder falsch ist. Wobei zu beachten ist: Die größten Islamkritiker kommen aus der Welt des Islam, die größten Kulturrelativisten aus dem Westen. Sie tendieren zu dem, was als Euro-Islamismus bezeichnet wird. Sie sind sozusagen Vertreter einer Light-Version des Islam.

Integration ist durch Kulturrelativisten schwierig. Die Ringparabel aus Gotthold Ephraim Lessings Drama *Nathan der Weise,* in der die drei großen Weltreligionen, das Christentum, der Islam und das Judentum, für gleichwertig gehalten werden und durch die der Dichter der Aufklärung den Gedanken der Toleranz zum Ausdruck brachte, ist für mich ein Irrglauben. Ich glaube auch nicht, dass alle Religionen und Kulturen gleich sind. Deshalb halte ich eine Anpassung an die Gesetze des jeweiligen europäischen, westlichen Landes für unabdingbar. Mit anderen Worten: Es muss viel mehr Anpassung gefordert werden. Was auch heißt, dass die Stimmen von Frauen wie Aayan Hirsi Ali, Necla Kelek oder Seyran Ateş mehr verteidigt werden müssen. Sie sind die großen Vorbilder für die Mädchen und Frauen, denen wir bei Sabatina e. V. helfen.

Als Nazan Eckes, Fernsehmoderatorin türkischer Herkunft, im November 2010 bei einer Preisverleihung tief dekolletiert Mesut Özil den Bambi in der Kategorie »Integration« überreichte, stellte sie sich als Muslimin dar, bei der die Integration eher leicht vonstatten gegangen ist. In diesem Moment dachte ich: Nazan Eckes, ich respektiere Sie, Sie sind eine tolle Frau, und ich bin der Meinung, dass mehr Migrantinnen ins Fernsehen sollten, aber eine ernstzunehmende Muslimin sind Sie nicht. Sie leben definitiv nicht nach der Scharia. Man könnte bei Ihnen auf den

Gedanken kommen, Sie vertreten das wahre Gesicht des Islam, Hauptsache, Sie sprechen gut Deutsch und haben einen deutschen Kindergarten und deutsche Schulen besucht.

Das wahre Gesicht des Islam zeigt sich aber nicht bei Menschen, die wie Nazan Eckes nicht mehr nach dem Koran leben, auch nicht unbedingt auf Deutschen Islamkonferenzen. Der wahre Islam ist der Koran und zeigt sich in der Lebensweise des Propheten Mohammed. Dieser Islam herrscht in Ländern wie Iran, Pakistan oder Afghanistan. Oder auch in Deutschland, wie ein weiteres Schicksal einer jungen Muslimin und ihrer Familie offenbart:

Als ich eine Zeitlang in Mannheim lebte – durch das Opferschutzprogramm wohnte ich nach Hamburg noch an mehreren Orten, die ich aber aus Gründen der Sicherheit nicht nennen darf –, wollte ich einmal bei einer Friseurin ein besonderes Pflegeprodukt kaufen. Ihr Studio lag ganz in der Nähe meiner Wohnung. Wir kamen ins Gespräch, und sie fragte mich, woher ich denn stamme. Als ich ihr sagte, dass ich aus Pakistan sei, verschloss sich ihr Gesicht augenblicklich.

»Sie scheinen keine guten Erfahrungen mit Pakistanern gemacht zu haben?«, fragte ich vorsichtig nach.

»Sehen Sie das Haus gegenüber?«, fragte sie und wies mit der Hand auf ein Geschäft, das gut durch ihr Studiofenster zu erkennen war.

»Meinen Sie den Gemüseladen? Den Gemüseladen Sayyed?«

»Genau. Der Besitzer ist ein Pakistaner, und er schlägt seine Tochter. Die Polizei ist Stammgast hier, aber nichts ändert sich.«

»Vielleicht kann ich helfen«, sagte ich. »Ich habe eine Hilfsorganisation für junge muslimische Frauen.«

»Bitte, wenn Sie etwas machen können. Die Tochter wird behandelt wie eine Sklavin. Der Vater prügelt brutal auf sie ein, aber sie weigert sich, der Polizei zu sagen, dass sie von ihm so schrecklich misshandelt wird. Ich habe dem Vater auch schon einmal gesagt, er solle sich benehmen, aber er hat mich nur beschimpft.«

»Ich werde mir etwas einfallen lassen.« Mit diesen Worten verabschiedete ich mich von der Friseurin. Während ich meinen Einkauf gedankenverloren in meine Tasche steckte, überlegte ich, wie ich es anstellen konnte, mich in diese Familie einzumischen. Als Sabatina James, die einen Verein hat, um Frauen wie der Tochter des Gemüseladenbesitzers zu helfen, konnte ich mich dort kaum blicken lassen. Das war viel zu gefährlich. Ich musste, überlegte ich weiter, als Pakistanerin auftauchen, die nichts anderes wollte, als die Tochter des Herrn Sayyed kennenlernen.

Am nächsten Tag erschien ich in dem Laden und ging direkt auf Herrn Sayyed zu. Er war kräftig, mit weißen Strähnen in seinem sonst noch dunklen Haar, großen Händen, wie ich sofort bemerkte. Er hatte einen bestimmten Blick – im Sinne von: das ist meins –, der mich darin bestärkte, dass er der Inhaber des Geschäfts war. Und ich hatte auch recht, als ich meine Vermutung aussprach. Danach stellte ich mich vor, mit einem falschen Nachnamen – das war für mich ja nichts Neues –, schwärmte von Pakistan und vom Propheten. Für diesen Auftritt hatte ich mich natürlich nicht zu aufreizend angezogen, aber auch nicht zu verhüllt, das wäre vielleicht auch wieder zu auffällig gewesen. Danach erzählte ich ihm, dass ich noch nicht lange in Mannheim sei und mich manchmal sehr einsam fühle. Das alles sagte ich ihm, mit einem großen Respekt, um an seine Tochter heranzukommen. Ich wusste genau, wie er mental gestrickt war.

Prompt meinte auch Herr Sayyed: »Du musst meine

Tochter treffen, Saphira ist ein nettes Mädchen. Sie ist ungefähr in deinem Alter.«

»Das würde ich gern«, erwiderte ich.

»Heute ist sie nicht im Laden, sondern oben in der Wohnung über dem Geschäft. Ruf sie an.« Er schrieb mir die Telefonnummer auf, ich kaufte ihm noch ein paar Tomaten ab.

Kurz danach traf ich Saphira, eine feingliedrige junge Frau mit langen dunkelbraunen Haaren und dem mir schon so oft begegneten leidensvollen Gesichtsausdruck. Sie begrüßte mich in der Wohnung, in der sie zusammen mit ihrem Vater lebte, und erzählte mir: »Meine Mutter ist in Pakistan, aber mein Vater hat hier in Mannheim noch eine deutsche Frau. Deshalb behandelt er meine Mutter nicht gut.«

Nun interessierte mich weniger das Schicksal von Saphiras Mutter, sondern mehr ihr eigenes. »Und wie geht es dir?«, fragte ich.

Saphira, das war schnell zu bemerken, vermochte nicht offen zu sprechen. Irgendwie sollte sie, wie ich aus ihren etwas wirren Worten heraushörte, verheiratet werden. Mehr konnte ich nicht in Erfahrung bringen. Stattdessen sagte sie: »Ich helfe meinem Vater im Laden, habe noch woanders eine Arbeitsstelle, so dass ich wenigstens meiner Mutter etwas Geld nach Pakistan schicken kann. Ich bin die Einzige, die sie noch versorgt. Mein Vater kümmert sich nicht um sie. Ich bin ihre einzige Hoffnung.«

Wir redeten noch eine Weile über belanglose Dinge, danach verließ ich sie, nicht ohne mich vorher wieder mit ihr zu verabreden.

Langsam gewann ich das Vertrauen von Saphira. Sie führte den Haushalt, schmiss im Grunde den Gemüseladen, da sich der Vater mehr auf den Kissen der deutschen Frau ausruhte, und sie ging abends noch putzen. Saphira wurde, wie die Friseurin mir zu verstehen gegeben hatte, tatsächlich wie eine Sklavin behandelt. Nach dem Willen ihres Vaters sollte sie bald in Pakistan einen Mann heiraten, aber eigentlich wolle sie noch nicht in eine Ehe gezwungen werden. Denn wer würde dann die Mutter unterstützen? Ich konnte mir vorstellen, dass es deswegen einigen Streit zwischen Vater und Tochter gab. Je älter Saphira wurde – sie war damals ungefähr zwanzig –, umso schwieriger würde es sein, für sie einen, wie ihr Vater meinte, »guten Mann« zu finden. Zum ersten Mal gab sie auch zu, dass ihr Vater sie wegen ihrer unterschiedlichen Ansichten verprügeln würde.

Eines Tages fragte sie mich: »Bist du Muslimin oder Christin?«

Erstaunt blickte ich sie an. »Wie kommst du denn darauf?«

»Na ja, vor längerer Zeit habe ich in der *Bild*-Zeitung die Geschichte einer Frau gelesen, die ihre Familie verlassen und einen Verein gegründet hat und zum Christentum konvertiert ist. Diese Frau, von der sie ein Foto abgedruckt hatten, sah genauso aus wie du. Bis du jetzt Christin oder Muslimin?«

Im ersten Moment musste ich tief Luft holen. Was sollte ich antworten? Lügen wollte ich nicht, das war nicht mit meinem Glauben vereinbar, also sagte ich: »Ich bin Christin. Ich bin die Frau auf dem Foto.«

Saphira fiel aus allen Wolken. »Warum bist du konvertiert?« Ich erklärte es ihr, erzählte ihr meine Geschichte. Es war zu spüren, wie erleichtert sie war, dass ich keine Atheistin war. Für Muslime ist es nur schwer zu verstehen, wenn jemand an gar keinen Gott glaubt. Saphira war eher neugierig, als dass sie mich skeptisch anschaute. Schon öfter hatte ich festgestellt, dass Musliminnen sich für meine christliche Überzeugung interessierten, weil sie damit ein

Leben verbanden, das freiheitlich war, aber trotzdem moralisch.

Nach diesem Treffen nahm ich mir vor, ihr bei der nächsten Zusammenkunft einen Videofilm über das Leben von Jesus Christus mitzubringen. Einerseits hatte ich große Furcht, dass Saphira ihrem Vater von mir berichtete und meine Sicherheit gefährdet war, andererseits mochte ich Saphira gern und wollte ihr helfen. Diesen Zwiespalt musste ich aushalten, er taucht bei jedem Mädchen auf, das unsere Unterstützung sucht. Hätte ich damit nicht umgehen können, hätte ich die Arbeit gleich aufgeben müssen. Und das kam nicht in Frage. Aber ich lernte mit der Zeit, besser auf mich aufzupassen.

An dem Tag, an dem ich den Videofilm über das Leben von Jesus mitbrachte, sagte Saphira plötzlich: »Wir sollten uns nicht mehr sehen.«

»Warum?«, fragte ich. »Hat das was mit deinem Vater zu tun?«

»Ja. Deine Geschichte, die in der *Bild*-Zeitung stand – mein Vater hat dich erkannt. Ich hatte die Geschichte nicht selbst gelesen, er hat mich darauf aufmerksam gemacht.«

Es war jetzt klar, dass ich Saphira nicht ein weiteres Mal besuchen konnte. Aber ich hatte den Videofilm dabei, und irgendwie wollte ich nicht die Wohnung verlassen, ohne dass sie ihn gesehen hatte. Er war sogar auf Urdu, so dass Saphira alles gut verstehen konnte. Also steckte ich die Kassette in den Videorekorder und ließ den Film laufen. Saphira sah gebannt zu, doch schon sehr bald verhakte sich das Band. Wir konnten nicht nur den Film nicht weitersehen, sondern bekamen auch die Kassette nicht mehr aus dem Gerät heraus. Panik überfiel uns.

»Wie erkläre ich nur meinem Vater, dass in unserem Videorekorder ein Film über Jesus hängen geblieben ist?«, fragte Saphira, die Augen vor Angst weit geöffnet.

»Das weiß ich leider auch nicht«, erwiderte ich. Mir ging eine Frage durch den Kopf, die sie mir einmal gestellt hatte: »Warum können muslimische Frauen nicht in Freiheit leben und trotzdem von der Familie geliebt werden?« Ich hatte ihr keine Antwort geben können.

Nach einer Weile meinte Saphira hektisch: »Pass auf. Es ist besser, wenn du jetzt gehst, denn bald wird mein Vater erscheinen. Ich werde das mit dem Film schon irgendwie hinbekommen.«

Ich nickte. Ich war mit diesem Vorschlag einverstanden, denn wenn Saphiras Vater wusste, wer ich war, konnte es für mich mehr als bedrohlich werden.

Draußen auf der Straße schaute ich mich um. Nirgendwo konnte ich Herrn Sayyed entdecken.

Damals, im Juli 2007, wohnte ich zur Untermiete nicht weit von Saphira entfernt, sogar in derselben Straße, aber das hatte ich ihr nie erzählt. Ich hatte sie im Glauben gelassen, ich würde am anderen Ende der Stadt wohnen, sie kannte nur die Telefonnummer meiner Vermieterin. Und wann immer ich Saphira verlassen hatte, wählte ich einen anderen Weg, oftmals einen langen Umweg, um zu meinem Zimmer zu gelangen. Diese Vorsichtsmaßnahme hatte ich ergriffen, denn es konnte sein, dass man mir nachspionierte. Damit musste und muss ich auch heute immer rechnen.

Auf dem Weg zu meiner Wohnung hörte ich wieder diese innere Stimme in mir: »Verlass das Haus, in dem du wohnst.«

Im ersten Moment dachte ich, das kann nicht die Stimme Gottes sein, es ist die Angst, die aus mir spricht. Und meine Vermieterin, eine ältere, sehr freundliche Dame namens Angelika Schenk, würde mich sicherlich für verrückt halten, wenn ich ihr zu verstehen gäbe, ich müsste wegziehen, weil mir dies eine göttliche Stimme aufgetragen hatte.

Als ich in meinem Zimmer war, sagte ich leise: »Okay, Gott, ich kann diesen Ort nicht schon wieder verlassen und woanders leben, ich will endlich meine Ruhe, endlich einmal Freunde haben.« In diesem Moment kam mir ein Bibelvers aus dem Matthäus-Evangelium in den Sinn: »Die Füchse haben ihre Höhlen und die Vögel haben ihre Nester. Der Menschensohn aber hat keinen Ort, wo er sein Haupt hinlegen kann.« Augenblicklich wusste ich, dass ich nicht länger in der Wohnung von Frau Schenk bleiben konnte.

Sofort ging ich zur ihr und sagte: »Frau Schenk, ich habe das Gefühl, dass ich hier nicht mehr sicher bin.«

»Wieso sollst du hier nicht mehr sicher sein?« Ich hatte Angelika Schenk meinen Hintergrund erklärt, und sie hatte sich einverstanden erklärt, mich aufzunehmen.

Ein wenig druckste ich herum, bis ich antwortete: »Eine innere göttliche Stimme sagt mir, dass ich von hier fortmuss.«

»Wenn ich nicht selbst Christin wäre, würde ich an deinem Verstand zweifeln.« Frau Schenk lächelte mich an. Sie reagierte so, wie ich es mir vorgestellt hatte.

»Ich muss diesen Schritt machen, noch heute.«

»Aber wo willst du denn hin? Du kennst doch kaum jemanden in Mannheim.«

»Ich könnte eine Frau anrufen, eine Freundin von der Mutter eines mir bekannten Sängers.«

»Mach das!« Angelika Schenk seufzte. Sie mochte mich und ich sie, wir beide fanden es traurig, so schnell wieder Abschied voneinander nehmen zu müssen.

Da diese Bekannte mich aber nicht aufnehmen konnte, musste ich woanders Unterschlupf finden. Ich durfte keine Nacht länger bei der netten Frau Schenk bleiben. Nachdem ich eine Tasche mit den wichtigsten Sachen gepackt und meine Vermieterin umarmt hatte, zog ich los, von Hotel zu Hotel. Jedes Mal wurde mir an der Rezeption gesagt, alle Zimmer seien belegt. Oder sie waren so teuer, dass ich es nicht bezahlen konnte. Inzwischen war die Nacht angebrochen, und schließlich überließ man mir aus Mitleid ein Zimmer mit einem Rabatt.

Am nächsten Tag suchte ich die Kirche auf, in der ich einige Leute vom Sehen her kannte. Sie waren so hilfsbereit, mir eine Unterkunft zu suchen. Für fast ein Jahr kam ich bei einer allein lebenden Frau unter, die eine große Wohnung besaß und sich freute, dass sie ein wenig Gesellschaft bekam. Nachdem sie mir mein Zimmer gezeigt hatte, rief ich bei Angelika Schenk an.

»Sabatina«, sagte sie, »es ist gut, dass du sofort gegangen bist. Dieses pakistanische Mädchen, von dem du mir erzählt hast, ich habe sie ständig am Telefon. Immer fragt sie nach dir. Weißt du, warum es so wichtig ist, dass sie dich erreichen will?«

»Vielleicht ist sie in Not«, bemerkte ich. »Vielleicht ist ihr etwas passiert.« Sofort bekam ich ein schlechtes Gewissen, nachdem mir Frau Schenk erzählt hatte, dass Saphira mehrmals nach mir gefragt hatte. Mit Schrecken dachte ich an die Videokassette. Hoffentlich hatte man ihr nichts angetan, weil ich sie möglicherweise missioniert haben könnte.

Im Anschluss wählte ich Saphiras Nummer. Zum Glück war ihr Vater nicht in der Nähe, und sie konnte sprechen.

»Sabatina«, sagte sie atemlos. »In der vergangenen Nacht habe ich gesehen, wie du in ein Hotel gegangen bist. Und am nächsten Morgen habe ich beobachtet, wie du es wieder verlassen hast. Mein Vater hat mir befohlen, dich nicht aus den Augen zu lassen. Ich wollte nur sagen, dass er weiß, wo du wohnst. Alle wissen Bescheid.«

»Was meinst du damit, ›alle wissen Bescheid‹?«, fragte ich nach.

»Sie haben sich in der Moschee getroffen und über dich geredet.«

Aha, die pakistanische Gemeinschaft hatte schon über mich geredet. Wie damals in Österreich. Nur handelte es sich dieses Mal um vollkommen fremde Menschen, die über mich urteilen wollten. Die Beamten, die für das Opferschutzprogramm zuständig waren, hatten immer gesagt, dass ich mich nicht vor Muslimen fürchten sollte, ich würde in Deutschland leben, mir würde nichts passieren. Der Meinung war ich nicht. Es war damals noch nicht allzu lange her, dass der niederländische Filmemacher Theo van Gogh ermordet wurde, der sich immer wieder provokativ über den Islam geäußert, ihn als aggressiv und rückständig bezeichnet hatte. Und ich formulierte nicht nur meine Meinung öffentlich, ich half auch den jungen Frauen. In den Augen muslimischer Väter war ich eine Verräterin, eine Verräterin des eigenen Volkes und der eigenen Religion noch dazu. Es musste nur einer dieser Väter durchdrehen oder auf die Idee kommen, mich töten zu wollen.

Natürlich wusste ich, dass es nicht alles schlimme Menschen waren, die in der Moschee über mich sprachen, auch die Männer waren auf ihre Weise mindestens genauso gefangen wie die Frauen, denen Gewalt angetan wird. Ihr Gefängnis ist ähnlich groß, das hatte und habe ich bei aller Kritik nie vergessen. Aber ich musste trotzdem mit allem rechnen.

»Ich wohne nicht mehr bei Frau Schenk«, beruhigte ich Saphira. »Mach dir keine Gedanken mehr über mich, kümmere dich um dein eigenes Leben.«

»Aber was soll ich tun?«

»Du kannst in ein Frauenhaus gehen. Ich kann dir auch eine Wohnmöglichkeit über unseren Verein besorgen, aber dafür musst du aus Mannheim fortziehen. Es gibt zwei, drei Orte, von denen ich weiß, dass du dort gut aufgehoben wärst. Wo Sozialarbeiterinnen tätig sind, die sich sehr um die psychische Situation von misshandelten muslimischen Frauen kümmern. Und falls dein Vater dir droht, dich umzubringen, kann ich dich auch mit Sicherheitsleuten zusammenbringen. Du musst nur selbst deinen Weg gehen. Ich kann dir deine Entscheidung nicht abnehmen.«

»Aber kann mich die Polizei wirklich beschützen?«

Die Frage von Saphira war berechtigt. Eine sechzehnjährige Türkin, die zwangsverheiratet werden sollte, hatte einmal Zuflucht bei uns gesucht. Sie hatte erzählt, dass sie nicht zur Polizei gegangen sei, weil dort ein Bekannter ihres Vaters arbeiten würde. Der Vater hatte ihr angedroht: »Wenn du von zu Hause wegläufst, werden wir dich über die Polizei finden.« Als ich recherchierte, ob es möglich wäre, jemanden trotz Auskunftssperre ausfindig zu machen, erfuhr ich, dass es für einen Polizisten immer eine Möglichkeit gibt, wenn er es darauf anlegt, entsprechende Informationen zu bekommen. Daraufhin hatte ich mich mit dem LKA in Hamburg in Verbindung gesetzt und dieses Problem geschildert. Der Beamte, der sich alles anhörte, meinte schließlich: »Frau James, wie stellen Sie sich das vor? Soll die deutsche Polizei deswegen keine Türken oder andere Migranten einstellen?« Ich dachte daran, dass die Grünen in Österreich mehr Migranten bei der Polizei gefordert hatten.[22] Alev Korun, die damalige Integrationssprecherin der Grünen in Wien, war der Meinung, dass die Polizei dadurch mit der Realität der vielfältigen Zusammensetzung der Gesellschaft konfrontiert werde und lerne, damit umzugehen. Und den Migranten würde das Signal gegeben, dass sie willkommen seien.

---

22 http://diepresse.com/home/politik/innenpolitik/398947/Migranten-bei-der-Polizei_Gruene-fordern-bundesweites-Modell

Alles hat seine zwei Seiten. Mit einer Emigrantenquote bei der Polizei, die auch in Deutschland gefordert wurde, kann man Muslime in die wichtigsten Positionen des Staates integrieren. Ja. Aber was passiert, wenn ein korangläubiger Polizist mit einer Frau konfrontiert wird, die von zu Hause weggelaufen ist?

Von Saphira hörte ich nie wieder. Noch einige Male versuchte ich sie anzurufen, aber nie ging jemand ans Telefon. In die Nähe des Gemüseladens von Herrn Sayyed wagte ich mich nicht mehr.

16

Exodus –
die Vernichtung der Christen
in islamischen Ländern

Warum sind die islamischen Länder so rückständig? Warum passieren in den islamischen Familien so viele Ehrenmorde? So oft habe ich mir in den vergangenen Jahren Gedanken darüber gemacht, was mich von meinem Vater getrennt hat. Hatte er einen schlechten Charakter? War er mit einem solchen vielleicht sogar zur Welt gekommen? War es der Druck von außen, der ihn so handeln ließ, der ihn dazu brachte, dass er über mich, seine Tochter, das Todesurteil fällte, weil ich vom Islam zum Christentum übergetreten war? Ich bin der Meinung, dass es der Koran war, der Islam.

Auf Urdu und Persisch bedeutet Pakistan das »Land der Reinen«. Indem ich aber Christin wurde, war ich nicht mehr rein im Geiste. Mit meinem Glaubensübertritt habe ich die schlimmste aller Sünden begangen, die ein Moslem begehen kann. Ich habe Allah verraten, den Propheten Mohammed, den Koran. Ich habe mich nicht der Religion unterworfen, jener Religion, in die ich hineingeboren wurde. Nach und nach wurde mir bewusst, dass alles mit der Religion verwoben ist, auch das mir unverständliche Verhalten meiner Eltern mir gegenüber. Sie, die nur das Glück ihrer Tochter im Auge hatten, können wohl bis heute nicht verstehen, warum ich die Ehre der Familie beschmutzt habe. Aber für diese Ehre werden die eigenen Kinder geopfert.

Viele werfen mir vor, dass ich gegen den Islam hetze. Sie geben zu, dass in vielen islamischen Ländern Frauen große Ungerechtigkeiten erleiden müssen, dass Zwangsheiraten an der Tagesordnung sind, dass Frauenrechte, wenn sie denn in der Verfassung vorhanden sind, in der Realität mit Füßen getreten werden. Sie sind aber davon überzeugt, dass nicht die Religion, nicht der Islam dafür verantwortlich ist. Tatsächlich sehen sie kulturelle und traditionelle Zwänge als Ursache dafür, dass den Frauen Unrecht getan wird. Doch nicht nur das. Sie gehen in ihrer Argumentation noch weiter. Schuld trifft nicht den Islam, sondern die Muslime, die den Koran als Vorwand benutzen, um Prügelstrafen für Frauen, Steinigungen oder Zwangsheiraten zu rechtfertigen. Nicht der Islam, so behaupten sie, ist heuchlerisch, sondern Verantwortung tragen allein die Männer, die die Suren benutzen, falsch interpretieren. Nach dieser Auffassung wird die Religion missbraucht, wie manche Frauen in islamischen Familien missbraucht werden. Aha.

Auf das Leben des Propheten und auf den Koran ist die gesamte Scharia aufgebaut, das gewalttätige Denken ist nicht nur das von wenigen Radikalen. Das weiß ich noch besser, seitdem mir im März 2011 Fotos und Videos übergeben wurden, die zeigen, wie Christen in der islamischen Welt gefoltert und hingerichtet werden. Mögen diese Greueltaten als schlimmste Auswüchse gelten, so ist dennoch eines nicht zu ignorieren: Nach Schätzungen der Internationalen Gesellschaft für Menschenrechte 2008 wird jeder zehnte Christ – weltweit gibt es rund 2,8 Milliarden Christen – diskriminiert.[23] Bislang zeigten die westlichen Medien etwa bei Emmanuel aus Multan, der aufgehängt

---

23 www.igfm.de/Detailansicht.384+M5a0531c1437.0.html

worden war, kaum ein Interesse an dieser Thematik, nicht einmal, wenn es dabei um Mord geht.

Die Dokumente wurden unserem Verein zugespielt, da Mitarbeiter von Sabatina e. V. in Kontakt mit Personen aus dem Umfeld der Betroffenen stehen.

Auf einem Foto war Ephaim zu sehen, sein Kopf lag abgeschnitten auf der Straße. Ephaim war siebzehn Jahre alt, Iraker und ging noch zur Schule. Jeder Gang dorthin war von Angst begleitet, aus gutem Grund, denn schon mehrfach hatte seine Familie Todesdrohungen von Muslimen erhalten, meist vorgefertigte Briefe: »Entweder ihr konvertiert zum Islam oder ihr verlasst das Land. Wenn nicht, dann seid ihr tot!« Einen ähnlichen Brief bekam auch unsere Organisation.

Eines Tages wurde Ephaim auf dem Weg von der Schule nach Hause von dreizehn maskierten Männern festgenommen und geköpft, mitten auf der Straße. Einer der Männer fotografierte die Enthauptung, das Bild wurde anschließend in den Briefkasten von Ephaims Familie gesteckt, wieder begleitet von einem Drohbrief: »Entweder ihr konvertiert zum Islam, verlasst das Land oder euch passiert dasselbe!«

Eine ehrenamtliche Helferin von Sabatina e. V. hatte Ephaims Schwester getroffen, die ihr die Aufnahmen der grausamen Hinrichtung übergab. Hinrichtungen von Abgefallenen (Apostaten) waren ein Befehl Mohammeds. »Der Prophet sagt: ›Wenn ein Muslim seine Religion verlässt, dann töte ihn.‹ (Bukhari V4 B52 N260) Weisen Kulturrelativisten hierbei auf die historischen Kreuzzüge hin, so kann ich nur dagegenhalten, dass sie nicht in der Lehre des Religionsgründers des Christentums standen.

Unsere Mitarbeiterin hatte mir zudem von einem Vergewaltigungs-Dschihad erzählt und unzählige Bilder als Beleg dafür gemalt. Bilder von jungen Christinnen, denen die Brüste amputiert worden waren, denen man die Vagina herausgeschnitten hatte.

Ein anderer Fall, wieder im Irak: Ein vierzigjähriger Christ war der Inhaber eines Getränkeladens, in dem er Alkohol verkaufte. Er erhielt nahezu den gleichen Drohbrief wie Ephaim. Auch hier: Weder konvertierte der Vater mehrerer Kinder zum Islam, noch verließ er seine Heimat. Mit der Folge, dass Muslime sein Geschäft stürmten, die Alkoholflaschen zu Boden schmissen und den Ladeninhaber kidnappten. Der Vierzigjährige wurde bei lebendigem Leib mit einer Säge zerlegt, zuerst trennte man die Beine ab, danach die Arme, am Ende den Kopf. Insgesamt waren es neun Teile. Alles in der Hoffnung, eines Tages dafür in das Paradies von Allah zu kommen. Die zerstückelte Leiche wurde auf einem Foto festgehalten, das die Ehefrau des getöteten Geschäftsbesitzers unserer Mitarbeiterin übergab. Sie war mit ihren Kindern aus dem Irak geflüchtet. Konfrontiert man Muslime im Westen mit diesen Geschichten, antworten sie: »Es gibt keinen Zwang im Glauben, das steht im Koran.« Wohl wissend, dass die entsprechende Sure 2, 256 in der islamischen Theologie nicht für Ungläubige beziehungsweise Apostaten gültig ist.

Nochmals Irak: Ein christlicher Junge wurde 2006 zu Ostern gekreuzigt. Die Muslime, die das taten, riefen: »Wenn du einen Gott hast, dann sag ihm, dass er dir helfen soll.« Ein anderes Video aus demselben Land: Ein junger Mann von ungefähr fünfunddreißig Jahren soll seiner Familie einen Brief schreiben, in dem steht, dass er Moslem geworden ist, dass er von nun an Mohammed heißen würde. Der Christ sagt: »Ich verrate hier gerade meinen Glauben für mein Leben. Aber ich mache das nicht. Ich tue das nicht. Lieber sterbe ich, als Moslem zu werden.« Der Mann sitzt da, sein ganzes Gesicht ist angeschwollen, man kann das Leid erkennen, das ihm zugefügt worden ist. Er schaut voller Angst um sich: Wer kommt jetzt, wer schlägt mich gleich? Er zittert. Hinter ihm stehen Muslime mit Kalaschnikows, die wohl Koranverse vor sich hinmurmeln. Sie sind schwer zu verstehen, deshalb kann ich nicht mit Sicherheit sagen, ob es Koranverse sind. Weil die Augen des Christen so furchterfüllt sind, werden sie ihm schließlich verbunden, damit er nicht mehr mitbekommt, was man als Nächstes mit ihm machen wird. Einer der Männer nimmt ein Schwert in die Hand, ein anderer packt den Kopf des Christen und hält diesen in ein kleines silbernes Becken. Der Moslem mit dem Schwert trennt den Kopf des Christen ab. Das Blut wird in dem silbernen Becken gesammelt. Es ist kostbar, es soll, so wird gesagt, für Tausende von Dollar verkauft werden, wohl nach Afghanistan oder Saudi-Arabien. Es ist ein Ritual, die Hände im Blut der Ungläubigen zu waschen, damit sie leuchten, wenn man im Paradies bei Allah ist. Ein Zeichen dafür, dass man die getötet hat, die sich weigerten zu konvertieren.[24]

Waren es 2003, vor dem Sturz von Saddam Hussein, noch über eine Million Christen, die im Irak lebten, so sollen es heute nur noch rund 300 000 sein, die meisten von ihnen flohen nach Kurdistan, Syrien und Jordanien oder wurden grausam hingerichtet. »Die Tage der Christen (im Irak) sind gezählt«, titelte die *taz* im September 2010.[25]

Ein nächstes Beispiel: Ägypten, in einem Slum von Kairo, mitten in einem Viertel mit vielen Müllbergen. Im Februar 2009 bringen Muslime neun Christen um. Sie glauben, dass sie durch das vergossene Blut der Ungläubigen in den Himmel kommen. Was dabei zum Ausdruck kommt,

---

24 Hanna Aydin. Die syrisch-orthodoxe Kirche in Antiochien. Ein geschichtlicher Überblick. Glane-Losser 2006, S. 51

25 www.taz.de/1/politik/nahost/artikel/1/die-tage-sind-gezaehlt/

ist der Hass gegenüber Menschen, die anders denken, die nicht dieselbe Ideologie verfolgen.

Der Islam ist für mich keine Religion. Ich suchte in ihm vergeblich eine Spiritualität, wie andere Glaubensrichtungen sie haben. Stattdessen erlebte ich immer wieder, wie er versuchte, sich mit Gewalt auszubreiten. Auch das Christentum missioniert – aber anders als Mohammed predigte Jesus Liebe als das höchste Gebot und wandte auch niemals selbst Gewalt an.

Die traurigen Fälle hören aber auch nicht auf, wenn es um höchste politische Ämter geht. Shahbaz Bhatti war der erste Minister für Minderheiten in der pakistanischen Regierung unter dem seit September 2008 regierenden Präsidenten Asif Ali Zardari. Bhatti war ein Christ, ein Katholik. Er war überhaupt der einzige christliche Minister im Kabinett von Zardari, der mit der 2007 bei einem Attentat getöteten Benazir Bhutto verheiratet war. Bhatti hatte sich gegen das viel zu strenge Blasphemiegesetz meiner Heimat gewehrt, das seit 1986 besteht. Er forderte eine Reform dieses Gesetzes, des Artikels 295-C des pakistanischen Strafgesetzbuchs, da es dazu missbraucht werde, gegen Andersgläubige vorzugehen. Pakistan hat rund 156 Millionen Einwohner; davon sind 96 Prozent Muslime, 2,3 Prozent Christen und 1,5 Prozent Hindus. In dem Artikel 295-C heißt es: Wer sich abfällig über den Propheten Mohammed äußert, soll mit dem Tod bestraft werden. Bhatti hatte zweifelhafte Verfahren bei der Urteilssprechung in solchen Blasphemieprozessen zur Sprache gebracht. So wurden Gerüchte einfach für Wirklichkeit genommen, Ermittlungen vernachlässigt. Im März 2011 wurde Shahbaz Bhatti erschossen, als er aus seinem Haus in Islamabad trat, auf dem Weg zu seinem Büro. Zu der Tat bekannte sich Tehrik Taliban Fidayan Mohammad Punjab, eine Taliban-Gruppe aus dem Punjab.

Shahbaz Bhatti hatte sich, kurz bevor er erschossen wurde, für jene bereits erwähnte Christin Asia Bibi eingesetzt. Er hatte sie im Gefängnis besucht und sich mit ihr ablichten lassen. Das war ein eindeutiges Zeichen, dass er ihre Strafe für ungerechtfertigt hielt, für menschenunwürdig. Er selbst wurde dadurch zu einem Hoffnungsschimmer für sie, für alle Christen in Pakistan.

Die Vorgeschichte: Alles begann damit, dass in dem Dorf Ittanwali, in der Nähe der ostpakistanischen Metropole Lahore, der Imam Qari Muhammad Salam im Juni 2009 Anzeige gegen die Tagelöhnerin und Mutter von mehreren Kindern erstattet hatte. Vorausgegangen war, dass Asias Ziege ausgebrochen war und den Futtertrog einer Nachbarin zerstört hatte, einer Muslimin. Sehr zu deren Missfallen. Als die Christin einige Tage später aus dem Dorfbrunnen Wasser schöpfte – in Ittanwali leben 1500 Familien, davon sind nur zwei christlich –, regten sich die Nachbarin und andere muslimische Frauen derart auf, dass sie sich schließlich beschwerten und sagten, das Wasser könnten sie nicht mehr trinken, es sei verunreinigt, von der Ungläubigen verseucht worden. Die Christin hätte es ja angerührt. Wieder kam es zum Streit. Asia Bibi soll dabei gesagt haben, der Prophet Mohammed hätte seine erste Frau Chadidscha nur wegen ihres Geldes geheiratet und der Koran sei kein heiliges Buch – so ist es in der Anklageschrift nachzulesen.[26] Dabei hatte sie nur versucht, sich zu verteidigen, gemeint, sie sei doch kein schlechter Mensch; nur weil sie Christin sei, könne sie doch das Brunnenwasser nicht unrein machen.

Empört darüber, dass eine Christin es wagen würde, sich über sie, die muslimischen Frauen, zu erheben, gingen

---

26 Siehe: Christine Möllhoff: Ein Staat versinkt im religiösen Wahn. In: *Stuttgarter Zeitung* vom 27. Januar 2011

diese zum Dorfmullah und beschuldigten Asia Bibi, den Propheten und damit auch den Islam beleidigt zu haben – im Wissen um das zukünftige Schicksal der Christin. Ich konnte mir kaum vorstellen, dass Asia Bibi Mohammed angegriffen hat. Aufgrund meiner Erfahrungen während meiner Reise mit Mira und Rasul durch Pakistan konnte ich mir nicht vorstellen, dass eine Christin in diesem Land das wagen würde. Aber allein die Tatsache, dass sie versucht hatte, sich zu verteidigen, dass sie es gewagt hatte, sich selbst nicht als schlechten Menschen darzustellen, war wohl für die Musliminnen Grund genug gewesen, ihrem Hass mit ihrer Anklage Ausdruck zu verleihen.

Die Frauen konnten dann wohl auch voller Schadenfreude beobachten, wie der islamische Mob in Asia Bibis Haus eindrang. Man riss ihr die Kleider vom Leib, und die kleinen Kinder mussten mit ansehen, wie ihre Mutter von all den Männern überfallen wurde. Aufgrund der Anzeige des Imam, der sie wegen Blasphemie denunziert hatte, wurde die Christin schließlich von Polizisten abgeholt und ins Gefängnis gebracht. Ihr Mann Ashiq Masih und die Kinder mussten aus dem Dorf fliehen. Da Christen in Pakistan meist in bettelarmen Verhältnissen leben, auch weil sie nicht dieselben Berufe ergreifen dürfen wie Muslime, gelang es dem Fünfzigjährigen nur schwer, einen Job zu finden. Meist übt er Tagelöhnerarbeit aus, erhält gerade genug Rupien, damit seine Familie nicht verhungert. Einen Anwalt für seine Frau kann er sich nicht leisten.

Auf der Akte von Asia Bibi ist deutlich erkennbar das Wort »Christ« vermerkt, was ein Hinweis darauf ist, dass man sie vor Gericht und im Gefängnis nicht so behandeln muss wie Muslime. Im Klartext bedeutet dies: Keiner wird zur Verantwortung gezogen, sollte sie etwa vergewaltigt werden. Menschen mit diesem Vermerk werden auch als nicht so wichtige Fälle eingestuft. Viele Christen müssen länger als üblich auf ihren Prozess warten. Asia Bibi verurteilte man 2010 für ihr »Vergehen« zum Tod. Weltweit setzte man sich für Asia Bibi und ihre Familie ein, die im Geheimen leben muss. Auch Papst Benedikt XIV. Aber das hat bei den Pakistanern dazu geführt, dass die Wut gegen die Christen nur noch größer wurde.

Mag man die Behauptungen der beiden muslimischen Frauen aus Ittanwali als persönlichen Rachefeldzug sehen, um der christlichen Dorfbewohnerin eins auszuwischen, das Gesetz jedoch zeigt die Geisteshaltung, um die es geht: Wird im Christentum Toleranz gegenüber anderen Religionen gefordert, verlangt der Islam Unterwerfung. Keine andere Religion darf neben dem Islam gleichberechtigt existieren. Alle Andersgläubigen gelten als unrein, als *dhimmi*, als eine Art Unterworfene. Genau das habe ich gelernt, als ich ein halbes Jahr lang die Koranschulen in Lahore besuchte.

Asia Bibi sitzt noch immer im Distriktgefängnis von Sheikhupura, in Einzelhaft. Es gab Gerüchte, dass Präsident Zardari die inzwischen fünfundvierzigjährige Mutter begnadigen wollte. Doch das Gericht von Lahore stellte sich dagegen.

Das Blasphemie-Gesetz war schon zwei Monate vor der Tötung von Minister Shahbaz Bhatti, dem Gouverneur der Provinz Punjab, Salman Taseer zum Verhängnis geworden. Taseers Leibwächter hatte die Waffe gegen den sechsundsechzigjährigen Politiker, der ebenfalls Asia Bibi im Gefängnis besucht hatte und das Blasphemie-Gesetz reformieren wollte, erhoben und ihn auf einem Markt kaltblütig ermordet. Der Elitebodyguard Mumtaz Quadri wurde für seine Tat an Salman Taseer wie ein Held gefeiert, ohne dass man diesen Volksjubel in die Schranken wies. Er erntete für die Selbstjustiz nur Zustimmung. Als man ihn in

Gewahrsam nahm und er in einem Wagen davonfuhr, warf die Menschenmenge Rosenblätter auf das Auto.

Das alles hatte ich auf einem Videofilm gesehen, der über YouTube ins Netz gestellt worden war. Ich war so betroffen gewesen, als ich das am Computer verfolgte. Es erinnerte mich an meine Zeit in der Koranschule. Dort waren die Helden die Mudschaheddin gewesen. Für sie mussten wir Lieder singen.

In diesem Moment fiel mir auch ein, wie ich Kassetten hörte, die meine Eltern besaßen. Es waren Kassetten mit Erzählungen über das Leben von Mohammed und die Märtyrer des Islam – ich lauschte ihnen andächtig, selbst als ich schon in Österreich lebte. Hatte ich sie zu Ende gehört, ging ich in mein Zimmer und weinte. So sehr hatte ich mit der Familie des Propheten gefühlt.

Bevor der Leibwächter von Salman Taseer nach seiner Festnahme ins Auto stieg, hatte er noch gesagt: »*I did it for Islam* – ich tat es für den Islam.« Und das konnte nur so ausgelegt werden: Wer sich gegen das islamische Gesetz auflehnt, der wird ein ähnliches Schicksal wie Taseer erleiden. Pakistan stand hinter dem vollbärtigen Mumtaz Quadri, wie sehr, zeigte sich daran, dass sich innerhalb von Stunden auf Facebook Zehntausende zu Wort meldeten und ihn dafür priesen, dass er den Gouverneur von Punjab umgebracht hatte. Westliche Journalisten sprachen von einer Tat, die von Fundamentalisten verübt worden war. Nicht zu überhören war der Zusatz, dass es davon jedoch nur einige geben würde, kleine Gruppierungen, die Masse der Menschen würde nicht dahinter stehen. Angesichts der Facebook-Einträge kann ich das nicht so sehen. Darin wurde deutlich, dass die Gruppe kaum als klein zu bezeichnen war, die den Leibwächter als Helden feierte. Ein Großteil der Menschen befürwortet die Tat, und es sind nicht nur Ungebildete, die für ihn in weiteren Demonstrationen auf die Straße gingen. Bislang ist Mumtaz Quadri nicht verurteilt worden.

Im Internet hörte ich ein Interview mit Sherbano Taseer, der Tochter des ermordeten Gouverneurs von Punjab. Mutig sagte sie, dass es sie sehr verletzt hätte, dass sich Rechtsanwälte nicht gegen diesen Mord geäußert hätten, dies wäre doch ihre Pflicht gewesen.[27] Sie gab damit indirekt zu verstehen, dass die Anwälte in Pakistan nicht mit der Justiz konform gehen, sondern mit der Scharia. Die Gesetze in Pakistan wären nur zum Schein da, ebenso die Menschenrechts-Charta, die man nur unterschrieben hätte, um Geld aus dem Westen zu bekommen. Anwenden würde man die Menschenrechte nicht. Und dies ist nicht nur bei der Verfolgung von Christen zu sehen. Man kann dies auch in jenen Fällen beobachten, in denen es um Ehrenmord geht. Wird eine Frau in Pakistan aus Gründen der Ehre umgebracht, wird von einer Strafverfolgung abgesehen, wenn einer aus der Familie, zu der die Ermordete gehörte, der Täterfamilie verzeiht – oder der Vater dem Sohn verzeiht, wenn dieser seine Schwester umgebracht hat.

Immer wieder wurde auch mir zugetragen, dass in Städten wie Islamabad oder im Punjab, einer besonders religiösen Region, Frauen verbrannt werden, von ihren Ehemännern, von ihren Vätern und Brüdern. Bei lebendigem Leib. In Islamabad allein sind in den vergangenen Jahren über viertausend Frauen lebendig verbrannt worden.[28] Die Dunkelziffer ist wahrscheinlich deutlich höher.

Als ich mit Mira und Rasul nach Multan reiste, um die

27 www.allvoices.com/contributed-news/7847541-sherbano-taseer-daughter-of-assassinated-governor-salman-taseer-my-father-died-for-pakistan
28 www.womensenews.org/story/domestic-violence/021027/pakistans-fiery-shame-women-die-stove-deaths

Christin Ruchsana zu treffen und von ihr die Geschichte über ihren Sohn Emmanuel zu erfahren, hatte ich mich nur um gepeinigte muslimische junge Frauen gekümmert – das hat sich seitdem geändert.

In meinen Augen ist der Islam eine Religion, die zur Gewalt auffordert. Im Westen wird das unterschätzt. Besonders bei den Grünen habe ich oft den Eindruck, dass sie sich gern diesem Unterwerfungsgedanken entziehen. Sie wollen den muslimischen Gemeinden in Deutschland die gleichen Rechte zugestehen wie den christlichen, wobei aber nicht gesehen wird, dass Muslime durch ihren Glauben per se keine Gleichstellung dulden. Nicht einmal bei der Kopftuchdebatte sind sie sich einig. Die einen halten das Kopftuch für einen Ausdruck von Unterdrückung, die anderen für ein Symbol des Glaubens. Der bayerische Grünen-Landesvorsitzende Dieter Janecek sagte dazu nur: »Unsere Gesellschaft muss kopftuchtragende Lehrerinnen aushalten.«[29] Und wenn Politiker anfangen, den gewalttätigen Koranversen friedvolle entgegenzuhalten, um einen Religionskrieg zu vermeiden, dann habe ich das Gefühl, dass wir längst schon in einem sind.

Auch das Thema Christenverfolgung wird in Deutschland nicht gern aufgegriffen. Die Grünen sind der Meinung, man wolle sich dieser Problematik nicht annehmen, weil man die Muslime nicht provozieren wolle. Es könnte als Affront aufgefasst werden.

Am 8. März 2011, dem Internationalen Frauentag, gab es auf dem Tahrir-Platz in Kairo, dem Platz, von dem der Sturz des ägyptischen Präsidenten Husni Mubarak ausging, eine Demonstration unter der Losung »Million wo-

---

29 www.epv.de/node/6849/print

men march«. Dabei kam es zu sexuellen Übergriffen gegen Demonstrantinnen, einzelne Frauen wurden von bärtigen Männern eingekreist, verprügelt und verscheucht.[30] Und wieder stellt sich hier für mich die Frage: Was verstehen die Menschen, die Mubarak entmachteten, unter Freiheit? Was verstehen sie wirklich unter Demokratie? Aus einer Umfrage des amerikanischen PEW Research Centers, eines renommierten Instituts zur Durchführung weltweiter Umfragen, ging im Frühjahr 2010 hervor, dass 59 Prozent der Ägypter die Demokratie jeder anderen Staatsform vorziehen würden und Freiheit ersehnen. Zugleich wünschten sich aber 95 Prozent der Ägypter einen stärkeren Einfluss des Islam auf die Politik. 82 Prozent waren der Ansicht, dass Ehebrecherinnen gesteinigt, 77 Prozent dafür, dass Dieben die Hände abgehackt werden sollten. Und 84 Prozent befürworteten die Todesstrafe bei Konversion zu einer anderen Religion.[31] Unter Demokratie scheinen die Ägypter nicht unbedingt Menschenrechte zu verstehen, auch nicht Glaubensfreiheit oder Freiheit der Frauen, sondern sie verstehen unter Demokratie, dass die Rechte des Islam wieder intensiviert werden.

In meinen Augen wird die Kultur eines Landes, einer Gesellschaft, immer noch von den Werten ihrer Religion geprägt. Das gilt auch für das Christentum: Martin Luther King, der amerikanische Bürgerrechtler und Baptistenpastor, hatte in seinen Predigten deutlich gemacht, dass nicht weniger Christentum für die Beseitigung von Ungerechtigkeit notwendig ist, sondern im Gegenteil: sogar mehr.

---

30 www.newstatesman.com/blogs/laurie-penny/2011/03/women-world-violence-tahrir

31 http://pewglobal.org/2010/12/02/muslims-around-the-world-divided-on-hamas-and-hezbollah/

Und wie Jesus sich an einen Tisch mit den Zöllnern und Verbrechern setzte, so engagierte Martin Luther King sich in den sechziger Jahren in ähnlicher Weise. Wenn alle Menschen Ebenbild Gottes sind, heißt das nicht, dass alle gleich aussehen, den gleichen Glauben haben müssen. Es heißt: Je mehr man versucht, nach der Bibel zu leben, umso mehr liebt man die Menschen. Und umso weniger lässt man zu, dass andere Religionen wie der Islam instrumentalisiert werden, um Gewalt zu rechtfertigen.

Das Problem ist: Fatima aus Hintertupfingen kann dem Hans aus Hintertupfingen den Islam so erklären, dass dieser ihn versteht und auch akzeptieren kann. Nur Mohammed aus Pakistan, der würde Fatima vorhalten: »Du verstehst den Koran falsch.« In Deutschland wird der moderate Islam gelebt, der Euro-Islam, bei dem man sich das Gute herausgepickt und alles andere weggelassen hat. Das Gute sind meist die früheren Suren, die Mohammed verfasst hat, als er noch hoffte, dass die Christen und Juden ihn akzeptieren würden. Als er merkte, dass dies nicht der Fall war, schrieb er die Suren, die als seine endgültige Meinung angesehen werden können, es sind die Suren, die größere Gewalt zum Ausdruck bringen. Sie sind im Islam Mainstream, nicht die früheren Suren, die immer wieder in Integrationsdebatten herangezogen werden und somit für eine Art Euro-Islam stehen. Aber der Koran in Österreich oder Deutschland ist identisch mit dem in Pakistan, Saudi-Arabien, Afghanistan, Ägypten oder dem Sudan. Vertreter von europäischen Islamverbänden werden sich über diese Meinung sicher aufregen, jeder Muezzin, so glaube ich, würde diese Feststellung jedoch unterschreiben.

Wenn wir in Europa dem Dschihad nichts entgegensetzen können, wird sich der militante Islam mit seinen klaren Regeln und Vorgaben und Werten auch im Westen ausbreiten und nicht mehr davon abrücken. Eine entchristlichte Gesellschaft, die sich nicht mehr auf ein klares Wertebild einigen kann, steckt in einem Dilemma, wenn sie diesen Muslimen nicht entgegenhält: »Ihr seid herzlich willkommen, aber wir haben unsere Gesetze und Werte, von denen wir nicht abweichen und an die ihr euch anpassen müsst.« Der erste Schritt zur Integration ist also der, sich selbst zu definieren: Wer sind wir, was ist unser Glaube, was für Werte und Vorstellungen haben wir? Jeder wird in einem Dialog überrumpelt werden, der keine klaren Positionen hat. Ich selbst hatte damals gedacht, als ich noch Muslimin war: Recht hat der Koran! Wenn die Ungläubigen nicht wissen, woran sie glauben sollen, dann muss man ihnen unsere Religion aufzwingen.« Muslime werden ein leichtes Spiel haben, wenn sie nicht mit Menschen konfrontiert werden, die genau wissen, was richtig und was falsch ist. Mit anderen Worten: Wir alle müssen klar definieren, was in unseren Augen gut und böse ist – und was die Grundlage für unser Wertesystem bildet.

Mögen manche behaupten, dass ich eine einseitige Meinung über den Islam habe, meinen, ich würde so hart urteilen und die Muslime beschuldigen, weil ich selbst eine schreckliche Vergangenheit durchgemacht habe, dann kann ich darauf nur entgegnen: »Sollte dies eine einseitige Meinung sein, die ich über den Koran habe, dann präsentieren Sie mir eine friedfertige Meinung von Anhängern des Propheten Mohammed über Ungläubige.« Wenn das gelingt, bin ich bereit, weiter über meine Einseitigkeit nachzudenken.

Und keineswegs akzeptiere ich es, wenn man mich als traumatisiert hinstellen will. Die Schläge meiner Mutter habe ich verkraftet, es waren körperliche Attacken, sie haben sich nicht in meinem Herzen gehalten. Und Gott sei Dank denke ich auch nicht mit meinem bitteren Herzen, sondern mit meinem Verstand. Und der sagt mir, dass Millionen von Mädchen im Kindesalter verheiratet werden, beschäftigt sich mit Millionen verfolgter Christen, von denen die meisten in islamischen Ländern leben. Das alles sind keine traumatisierten Seelen, die unbedingt ins Fernsehen wollen. Es sind Menschen, die keine Stimme haben, und genau die möchte ich ihnen geben.

Epilog
Der Preis für die Wahrheit –
allein leben

Manchmal packt mich ein Schuldgefühl, weil ich nicht in die Ehe mit meinem Cousin Salman einwilligte. Es war ja mein Vater, der mich nach Österreich geholt hatte, ohne ihn hätte ich nicht die Möglichkeit bekommen, so zu denken, wie ich heute denke. Oft genug hatte er auch mir gegenüber betont: »Ich habe dich nach Europa gebracht, und was hast du mir zurückgegeben?« Und in diesen Momenten des schlechten Gewissens muss ich mich stark zusammenreißen, um zu sehen, dass das, was ich getan habe, nichts Falsches war. Zu viele Muslime, auch junge Frauen, haben mir zu verstehen gegeben, dass ich, weil ich meine Familie so behandelt habe, schlecht sei. Sie betrachteten nicht mich als Opfer, sondern meine Eltern und Geschwister. Ich habe mich einfach nicht ihren Regeln unterworfen, den Regeln des Islam. Erst nach und nach habe ich begriffen, dass die Werte, die diese Menschen vertraten, nicht meine Werte waren. Über diese Erkenntnis war ich sehr erschocken, denn das hieß, dass ich eine andere geworden war. Nur noch in ganz wenigen Dingen schien ich pakistanisch zu sein.

Für meine Schwester Aisha muss die gesamte Situation schwierig sein, da man ihr eine bestimmte Rolle auferlegt hat: Sie muss das, was ich an Ehre verletzt habe, wiedergutmachen. Heute ist sie zweiundzwanzig, sie studiert, ich glaube Betriebswirtschaft, und bislang ist sie nicht verheiratet. Für mich ist das ein kleiner Sieg. Möglicherweise habe ich sie vor einer zu frühen Ehe bewahrt. Und es kann auch durchaus sein, dass sie sich nicht »freiwillig« einem Mann unterwirft, sondern ein viel freieres Leben führt, als ich es damals konnte. Aber genau weiß ich es nicht, weil wir keinen Kontakt mehr haben. Doch ich gehe davon aus, dass sie von unseren Eltern und Brüdern nicht so gemaßregelt wird wie ich. Sie haben schon eine Tochter, eine Schwester verloren, sie wollen bestimmt nicht noch eine Tochter, eine Schwester verlieren.

Mein jüngster Bruder Adnan schrieb mir einmal eine E-Mail, in der er mich als Hund beschimpfte, der immer bellt, wenn man ihm sagt, dass er bellen soll. Er sagte mir deutlich, dass ich aufhören solle, Bücher zu schreiben und darin den Islam zu kritisieren, auch den Großvater, den Mullah, der ja das Ehrenoberhaupt der Familie sei. Zum Schluss meinte er nur, dass die Familie mich nicht brauchen würde.

Das zu lesen tat weh.

Bei beiden Brüdern konnte ich trotz ihres Studiums beobachten, dass ihre Einstellung zum Islam und zum Propheten gleich blieb. Sie priesen ihn, verteidigten ihn demonstrativ, als wollten sie zeigen, dass sie es ausbaden müssen, was ich getan habe. Aber wie es heute ist, weiß ich nicht. Auch zu Adnan und Hassan habe ich keinen Kontakt mehr. Ich weiß nicht, was sie beruflich tun, ob sie verheiratet sind.

Von meiner Mutter hörte ich nur einmal über eine Frau, die ich aus Linz kannte. Sie erzählte mir, dass sie nur über ihre beiden Söhne berichten würde, besonders aber über ihren Jüngsten. Kein Wort über Aisha, kein Wort über mich. Adnan scheint derjenige zu sein, der die Ehre der Familie am meisten wahren will.

Oft habe ich mich gefragt, wie es sein würde, sollte ich noch einmal meinen Eltern begegnen. Ja, ich möchte sie treffen, und ich wünsche mir, dass Gott ihnen ein langes und erfülltes Leben schenkt und dass sie mich nicht vermissen. Manchmal geht es mir sehr schlecht, wenn ich an meinen Papa denke. Aber ich weiß, dass es keinen Sinn macht, wenn ich jetzt zu ihm zurückgehen würde. In den Jahren, in denen ich immer wieder in der Notschlafstelle übernachtete, hatte ich es versucht – und mein Vertrauen war missbraucht worden.

Theo van Gogh war mit dem Fahrrad unterwegs gewesen, als er von einem Mann eingeholt wurde, der ebenfalls auf einem Rad fuhr. Der Mann schoss den holländischen Filmemacher nieder, und anschließend, als er am Boden lag, schnitt ihm der Attentäter – der sechsundzwanzigjährige Marokkaner Mohammed Bouyeri – noch die Kehle durch. Ich habe Angst, dass mir Ähnliches passieren könnte. Wenn jemand es darauf abgesehen hat, nützt es nichts, dass ich im Opferschutzprogramm bin. Dazu trete ich viel zu häufig in der Öffentlichkeit auf. In unserem Verein hatten wir auch schon mal den Fall einer Frau, die vortäuschte, unter familiären Problemen zu leiden. Dabei stellten wir fest, dass sie mit einer islamistischen Vereinigung vernetzt war. Mitglieder dieser Gruppierung schrieben mir mehrere E-Mails, in denen stand, dass ich den Islam nicht verstanden hätte. Sie versuchten mich zu einer Rückkonversion zu bewegen. Diese Männer werden vom Verfassungsschutz beobachtet, und es sind nicht nur Muslime, die in irgendeiner deutschen Stadt Döner verkaufen.

Besonders zu leiden haben die pakistanischen Mitarbeiter von Sabatina e. V. Im März 2011 haben Muslime einer anderen islamischen Terrororganisation, Tehrik-e-Gazi Bin Shahid genannt, sowohl in einem Brief als auch telefonisch Rasul und Mira, die inzwischen mehr und mehr für unseren Verein arbeiten, gedroht: Sie und ihre vier Söhne sollen das Land verlassen, oder man würde bald ihre Leichen finden. Aufgrund dieser Drohung flüchteten sämtliche Mitarbeiter von Sabatina e. V. von Lahore nach Islamabad. Doch auch dort wurden sie von fundamentalistischen Muslimen ausfindig gemacht. Am 27. April 2011 wurde auf Joas, Miras Sohn, geschossen. Schwer verletzt und in Lebensgefahr schwebend kam er mit drei Kugeln, die auf ihn abgefeuert wurden, ins Krankenhaus. Joas leitete eine Schule in Lahore, über die wir vor drei Jahren die Schirmherrschaft übernommen haben.

Die Beamten, die im Opferschutzprogramm tätig sind, geben mir häufig genug zu verstehen: »Sie sind ein Alptraum für unseren Job.« Aber für mich ist es nicht mehr möglich, mit meiner Arbeit aufzuhören. Wenn sie mich eines Tages mein Leben kostet, dann ist das so. Ich hätte Angst vor den Schmerzen, wenn man versuchen würde, mich umzubringen. Es gibt aber Maßnahmen, die mich schützen. Auf öffentlichen Veranstaltungen erhalte ich Polizeischutz, manchmal gibt es Zeiten, da sagen die Leute vom Landeskriminalamt: »Könnten Sie in Zukunft nicht vielleicht ein bisschen kürzer treten?« Das kommt für mich aber gar nicht in Frage. Das hieße, eine Art Appeasement-Politik zu betreiben und nachzugeben. Nach dem Motto: »Gebt den Muslimen, was sie wollen, sonst machen sie den nächsten Terroranschlag. Sonst könnten sie noch böser werden.« Man würde seine Sicherheit erkaufen, indem man sich dem Islam unterwirft.

Alles habe ich aufgegeben, weil ich mich nicht verstellen wollte, weil ich dieses Doppelleben satthatte. Aus diesem Grund ist es auch für mich schwer, unter dem Opferschutzprogramm ein erneutes Doppelleben zu führen, eines, bei dem ich mich eigentlich verstecken und meine Identität verleugnen müsste. Keineswegs werde ich mir meine Haare abschneiden oder mich als graue Maus tarnen. Ich will das alles nicht.

Jeden Morgen, wenn ich aufstehe, gehe ich mutig in den Tag. Ich denke nicht daran, dass mich jemand töten könnte. Dennoch gibt es Zeiten, vor allem dann, wenn ich in der Wohnung, in der ich jetzt lebe, allein bin, in denen ich Angst habe. Ich habe Angst, dass jemand einfach einbricht und mich umlegen will. Es gibt Augenblicke, da sitze ich auf dem Sofa und überlege, wie weit jemand vom Fenster entfernt sein muss, um mich zu treffen. Das sind Gedanken, die ein durchschnittlicher Bürger in Deutschland nie hat. Tauchen sie in mir auf, habe ich das Gefühl, dass ich für eine Zeitlang aus diesem Land verschwinden und nach Amerika gehen sollte.

Jener Anwalt für internationales Recht, der mich mit nach Brüssel genommen hatte, erzählte mir, er sei mitten in Paris in einen Buchladen gegangen. Der Anwalt fragte den Buchhändler, einen Araber, ob er mein Buch hätte. Seine Antwort: »Nein, haben wir nicht. Und wenn ich dieser Frau auf der Straße begegnen würde, ich würde sie töten.« Was hatte der Bodyguard gesagt, als er den pakistanischen Politiker Salman Taseer mit der Dienstwaffe von hinten erschoss? »Ich tat es für den Islam.«

Für mich bedeutet dies, dass ich nicht weiß, wem ich wirklich vertrauen kann. Wenn ich in Deutschland ein Taxi rufe, kann ich damit rechnen, dass jeder zweite Fahrer aus einem islamischen Land stammt. Doch ich steige in kein Taxi mehr, bei dem ein Moslem hinter dem Steuer sitzt. Ich will deren Blicke nicht spüren, sie machen mir Angst. Meist sage ich bei der Zentrale, wenn ich doch ein Taxi bestellen muss, dass sie bitte keinen Muslimen schicken sollen. Oft genug bekomme ich mit einem Lachen zu hören: »Dann können Sie zu Fuß gehen.«

Nie weiß ich genau, ob mich ein Mann ansieht, weil er

mich einfach nur anschaut oder weil er ein bestimmtes, für mich riskantes Motiv hat. Einer der LKA-Leute, die mich beschützen, fragte mich, als ich mit ihm in einem Café auf jemanden wartete:

»Ist Ihnen der Herr dahinten aufgefallen?«

»Nein«, antwortete ich.

»Aber er beobachtet Sie schon die ganze Zeit.«

Wie soll ich erkennen, ob eine Person harmlos ist oder mir etwas Schlimmes antun will? Auch wenn ich seit fast zehn Jahren im Opferschutzprogramm lebe, nie einen unbeschwerten Alltag habe, kann ich nur aus dem Bauch heraus entscheiden, ob es brenzlig für mich werden könnte. Doch mit jedem Jahr wird mein inneres Warnsystem verlässlicher, das mich schon in der Situation mit Saphira und meiner Untermieterin Angelika Schenk gerettet hat.

Trost gibt mir die Bibel, in der es heißt, dass der Tag des Todes bei jedem Menschen festgelegt ist. Wir können weder einen Tag hinzufügen noch einen Tag wegnehmen. Ich weiß: Es ist besser, in Freiheit zu sterben als in Unterwerfung zu leben. Deswegen kann ich überhaupt nicht begreifen, wenn Frauen sich persönlich gegen die Freiheit entscheiden und zum Islam konvertieren.

Vor einiger Zeit hatte ich einen Fragebogen vor mir auf dem Küchentisch liegen. Ich sollte ihn ausfüllen, und eine der Fragen lautete: »Was sind die Probleme der deutschen Frau, welche die von Musliminnen?« Die Schwierigkeiten von islamischen Frauen konnte ich sofort benennen. Ich schrieb und schrieb. Bei den Problemen der deutschen Frauen stockte ich. Mir fiel nichts ein. Ich fragte einen meiner Mitbewohner, der gerade mit einem Geschirrtuch in der Hand vor einem Berg Teller und Tassen stand: »Du, Johannes, was sind die Probleme von deutschen Frauen?«

»Hmmh«, sagte er, anscheinend fiel ihm so schnell auch nichts ein. Schließlich meinte er: »Das Älterwerden.« Das schrieb ich dann auch auf, ebenso die Angst davor, dass der Partner sie betrügen könnte, der ungleiche Lohn von Männern und Frauen.

Sabatina e. V. ist ein Anfang, um islamischen Frauen und nun auch verfolgten Christen zu helfen. Es ist ein Anfang in Liebe, weil es ein Anfang in Wahrheit ist. Wahrheit und Liebe sind für mich nicht voneinander zu trennen. Und die Wahrheit wiederum beginnt für mich, wenn ich frage: »Ist der Islam überhaupt mit den Gesetzen der Demokratie und des Christentums vereinbar? Ist er friedensfähig?« Ich habe das Recht, diese Fragen zu stellen.

Für misshandelte muslimische Frauen setze ich mich ein, weil ich es für gefährlich halte, wenn dieses Thema den Rassisten und Neonazis überlassen wird, die fordern: »Ausländer raus!« Ein Land ohne eine multikulturelle Gesellschaft ist langweilig. Doch Menschen wie dem Vater von Sohaila muss man deutlich zu verstehen geben, dass sie in Europa nicht machen können, was sie wollen. Man darf nicht zulassen, dass sie sich in einer Opfermentalität einrichten können – nur dann fangen sie an, darüber nachzudenken, dass es vielleicht doch falsch gewesen sein könnte, einfach blindlings ihrem Glauben zu folgen.

Ich sagte, dass ich Angst habe, Angst vor den Schmerzen, wenn man mich zu ermorden versucht. Aber als Christin kann man meinen Körper töten, nicht jedoch meine Seele. Man kann mich ermorden, aber nicht meinen Mut, meine Zivilcourage, nicht das, was ich durchgemacht habe und wodurch ich vielen anderen Menschen Hoffnung gegeben habe. Das ist mein Lebensprinzip. Die Saat, die ich säe.

Literatur

Ateş, Seyran: Der Multikulti-Irrtum. Wie wir in Deutschland besser zusammen leben können. Berlin 2008

Bahners, Patrick: Die Panikmacher. Die deutsche Angst vor dem Islam. Eine Streitschrift. München 2011

Hirsi Ali, Ayaan: Ich klage an. Plädoyer für die Befreiung der muslimischen Frauen. München 2005

Hossain, Sara und Welchman, Lynn: Honour, Crimes, Paradigms, and Violence against Women. London 2005

James, Sabatina: Sterben sollst du für dein Glück. Gefangen zwischen zwei Welten. München 2004. (Die Originalausgabe erschien unter dem Titel: Vom Islam zum Christentum. Ein Todesurteil. St. Andrä-Wördern 2003)

Kelek, Necla: Himmelsreise. Mein Streit mit den Wächtern des Islam. Köln 2011

Kelek, Necla: Die fremde Braut. Ein Bericht aus dem Innern des türkischen Lebens in Deutschland. Köln 2005

Mai, Mukhtar: Die Schuld, eine Frau zu sein. München 2006

Maududi, Sayyid Abul A'la: Als Muslim leben. Karlsruhe 1995

Y. Inci: Erstickt an euren Lügen. Eine Türkin in Deutschland erzählt. München 2005

Danke

Ich danke meinen Freunden, vor allem denjenigen, die mir in den schwierigsten Stunden beigestanden haben. Ich danke auch den Menschen, durch die unsere Welt zu einer besseren geworden ist: Königin Esther, Ruth, Shahbaz Bhatti und den Geschwistern Scholl.

Liebe Leserinnen
und Leser,

Freiheit und Sicherheit – dafür steht Sabatina e.V. Zum einen für die mehr als 100 Millionen Christen, die weltweit aufgrund ihres anderen Glaubens um ihr Leben fürchten müssen. Zum anderen für muslimische Frauen, denen das Recht auf ein selbstbestimmtes Leben entzogen ist.

Schon neunjährige Mädchen werden zu ehelichem Geschlechtsverkehr gezwungen. Was sich wie ein erfundenes Drama liest, ist traurige Wahrheit: 60 Millionen Mädchen leben weltweit in einer sogenannten Kinderehe. Allein im Rechtsstaat Deutschland wird die Zahl der jährlichen Zwangsverheiratungen auf etwa 3000 Fälle geschätzt – die Dunkelziffer ist wesentlich höher.

Sabatina e.V. konnte schon viele Frauen und Mädchen vor ihrem grausamen Schicksal bewahren und verfolgten Christen helfen.

Doch mit der akuten Rettung ist es häufig nicht getan – viele dieser Menschen müssen noch jahrelang vor Rache, Blutfehden oder sogar Mord geschützt und unterstützt werden. Sie sind auf unsere Hilfe angewiesen.

Jährlich gibt es über 5000 registrierte Ehrenmorde an muslimischen Frauen. Ihre Hilfe rettet Leben. Machen Sie mit.

In Dankbarkeit,
Ihre

Sabatina James

Bitte spenden Sie jetzt.

Bank für Sozialwirtschaft Köln
Konto: 1173200
BLZ: 37020500

IBAN: DE89 3702 0500 0001 1732 00
BIC: BFSWDE33XXX

Informationen zu Sabatina e.V. finden Sie unter:
www.sabatina-ev.de

Wir freuen uns auf Sie. Schreiben Sie uns unter:
info@sabatina-ev.de

oder postalisch an
Sabatina e.V.
Postfach 1607
34486 Korbach

Sabatina James

Sterben sollst du für dein Glück

Gefangen zwischen zwei Welten

Ihre Eltern sind Muslime. Sie leben in einem kleinen österreichischen Dorf. Hier wächst Sabatina auf. Doch dann
wird sie 16, und ihre Eltern finden, dass sie zu westlich
geworden ist. Sie schicken sie in eine Koran-Schule nach
Pakistan, wo sie geschlagen und misshandelt wird. Als Sabatina auch noch gegen ihren Willen heiraten soll, flieht sie
aus dem Martyrium und kehrt nach Europa zurück. Doch
trifft sie dort die harte Antwort des Islam umso mehr: Ihre
Familie kündigt an, sie zu töten. Erneut muss sie fliehen
und sich verstecken …

Sabatina James

Scharia in
Deutschland

Wenn die Gesetze des Islam
das Recht brechen

Islamunterricht an deutschen Schulen. Öffentliche Auf-
rufe zum Mord an Andersgläubigen. Forderungen, auch
in Deutschland die Scharia einzuführen. Stellen radikale
Islamisten immer mehr eine Bedrohung für unsere demo-
kratische Ordnung dar?

Sabatina James, Aktivistin und Publizistin, warnt vor den
Folgen unserer übertriebenen Toleranz und erklärt, warum wir dabei sind, unsere Werte aufs Spiel zu setzen.